STAATSBÜRGERSCHAFTEN

STAATSBÜRGER-SCHAFTEN
FRANKREICH, POLEN, DEUTSCHLAND SEIT 1789

DORLIS BLUME,
DIETER GOSEWINKEL,
RAPHAEL GROSS (HG.)

PIPER

Inhalt

Raphael Gross

Vorwort

Am Anfang dieser Ausstellung stand meine Überlegung, mich mit dem – wie ich denke – sehr deutschen Begriff »Heimat« zu beschäftigen. Darüber sprach ich mit Dieter Gosewinkel, noch bevor ich 2017 am DHM angefangen hatte. Er gab mir bei der Gelegenheit sein gerade neu erschienenes umfangreiches Werk über Staatsbürgerschaft in Europa im 20. und 21. Jahrhundert. Es war zwar noch nicht der Moment, etwas zu verabreden, trotzdem stand seit damals die Idee im Raum, gemeinsam am DHM eine Ausstellung zur Geschichte der Staatsbürgerschaft zu machen. Damit hatte sich nun also der Blick verschoben: Weg von der Frage nach dem »Gefühl« von Heimat oder dem »Gefühl« einer nationalen oder staatlichen Identität hin zu der Frage, wie sich historisch Staatsbürgerschaft als wichtiges Moment unseres Lebens entwickelt hat. Oder nochmals anders formuliert: hin zu dem historisch immer neu sich ausformenden Zusammenhang von Staatlichkeit, Recht und Zugehörigkeit.

Heute wird in Europa wieder auf Leben und Tod gekämpft, insbesondere in Donezk und in Luhansk und, während ich schreibe, zunehmend in der gesamten Ukraine. Man möchte meinen, es gehe in hohem Maße um Fragen der Staatsbürgerschaft. Dabei spielen offensichtlich Emotionen eine große Rolle, und zwar in sehr unterschiedlicher Konstellation und ideologischer Aufladung.

Unsere Ausstellung nähert sich der Frage nach Staatsbürgerschaft jedoch nicht direkt emotional. Sie enttäuscht damit vielleicht manche gängigen Klischees, die eine bestimmte emotionale Aufladung oder Ideologie mit einem bestimmten Typus von Staatsbürgerschaft verbinden. Sie zeigt insbesondere sowohl die möglichen positiven wie die negativen Folgen der Verrechtlichung von Staatsbürgerschaft. So etwa, wenn sie die Mechanismen von Ein- und Ausschluss in der rechtshistorischen Entwicklung aufzeigt. Diese können sich vielfältig darstellen: etwa in den Diskriminierungen in den Kolonien, in der Ungleichbehandlung von Frauen und in der Diskriminierung von Juden. Die Ausstellung verdeutlicht auch, dass es nicht eine chronologisch gleichförmig positive historische Entwicklung gibt, hin zu jeweils offeneren und diskriminierungsfreieren Formen oder auch zu mehr transnationaler Durchlässigkeit. Diese Entwicklung ist immer fragil und kennt auch Brüche und Abgründe, deutlich etwa im Entzug von Staatsbürgerrechten für die deutschen Juden im NS-Staat. Sie werden in der Ausstellung dokumentiert. In der Ausstellung wird insbesondere deutlich, welchen Gewinn man daraus ziehen kann, Geschichte und Entwicklung von Staatsbürgerschaften jenseits ihrer zahlreichen emotionalen und nationalen Aufladungen zu begreifen.

Dank gebührt an erster Stelle Dieter Gosewinkel, der das Konzept für die Ausstellung entwickelt hat und auch für die Konzeption dieses Begleitbandes wesentlich war. Unterstützt hat ihn dabei als sehr erfahrene Projektleiterin am DHM Dorlis Blume. Danken möchte ich – auch in ihrer beider Namen – allen Kolleginnen und Kollegen, die *Staatsbürgerschaften. Frankreich, Polen, Deutschland seit 1789* mit großer Leidenschaft und Energie realisiert haben. Besonderer Dank gebührt den wissenschaftlichen Mitarbeiterinnen Marie Czarnikow und Paulina Szoltysik, dem Projektassistenten David Pfeffer, den Volontären Lisa Sophie Gebhard und Maximilian Auth sowie Dominique Hipp, Crawford Matthews und Brigitte Vogel-Janotta vom Fachbereich Bildung und Vermittlung, die das Projekt von Beginn an begleitet haben. Die Registrar Nicole Schmidt kümmerte sich um den Leihverkehr mit den nationalen und internationalen Partnern und Dorit Aurich lektorierte nicht nur den hier vorliegenden Band, sondern auch sämtliche Ausstellungstexte. Begleitet wurde die Ausstellungsvorbereitung von einem engagierten Fachbeirat bestehend aus Andreas Fahrmeir, Claudia Kraft, Sarah Mazouz, Pierre Monnet, Joachim von Puttkamer, Katarzyna Stokłosa, Dariusz Stola und Claire Zalc.

Die Gestaltung der Ausstellung lag in den Händen der beiden DHM-Gestalterinnen Ingrid Jebram und Kira Soltani Schirazi. Sie haben die Wege und Umwege der Staatsbürgerschaften in eine Architektur gebracht, die denen in den drei Staaten Frankreich, Polen und Deutschland Rechnung trägt. Für das wissenschaftliche Begleitprogramm zeichnet Nike Thurn verantwortlich. Abschließend gilt unser Dank allen Leihgebern sowie den Autorinnen und Autoren der hier vorgelegten Publikation sowie Ilka Linz und Anne Stadler für die engagierte Betreuung des Bandes.

Dorlis Blume, Dieter Gosewinkel

Einleitung

»Der Pass ist der edelste Teil von einem Menschen. Er kommt auch nicht auf so einfache Weise zustand wie ein Mensch.«

Bertolt Brecht, *Flüchtlingsgespräche*

Staatsbürgerschaft hat viele Bedeutungen. Sie bezeichnet ein Ideal guter Ordnung, einen Appell zur Gemeinschaft, eine politische Forderung nach Freiheit, Gleichheit, Teilhabe und Schutz. Sie bedeutet aber auch und vor allem einen Status des Rechts. Dieser führt Menschen zusammen und trennt sie zugleich. Die Staatsbürgerschaft scheidet damit Zugehörige von Nichtzugehörigen. Sie stiftet einerseits nationale und politische Gemeinschaften. Andererseits markiert sie den Unterschied und Vorrang gegenüber denjenigen, die außerhalb der Gemeinschaft stehen. Diese tiefe Ambiguität in der Zuordnung von Menschen trug der Staatsbürgerschaft immer zugleich nachdrückliche Unterstützung wie scharfe Gegnerschaft ein. Das lag an der existenziellen Bedeutung, die sie seit der revolutionären Wende zum 19. Jahrhundert gewann. In ihrer immer engeren Verbindung mit dem modernen Nationalstaat wurde sie zum Gegenstand elementarer Kämpfe um Zugehörigkeit und Teilhabe. Sie stärkte Identitätskonstruktionen, mit denen sich ein Nationalstaat vom anderen abgrenzte. Die Staatsbürgerschaft teilte Rechte auf staatliche Daseinsvorsorge und politische Mitbestimmung zu und auferlegte mit dem Wehrdienst die Pflicht, für den Staat sein Leben einzusetzen.

Die Staatsbürgerschaft stieg daher seit dem 19. Jahrhundert zur bestimmenden Form politischer Zugehörigkeit auf. Dies ist die Ausgangsthese der Ausstellung im Deutschen Historischen Museum (DHM), die dieser Begleitband in vertiefenden Essays analysiert und veranschaulicht. Mehr noch: Gezeigt wird, dass die Staatsbürgerschaft kraft der ihr innewohnenden ambivalenten Funktion, zugleich über Ein- wie Ausschluss zu bestimmen, zum zentralen Instrument der Verteilung von Lebens- und Überlebenschancen in den europäischen Staaten des 19. und 20. Jahrhunderts wurde.

Die elementare politisch-soziale Bedeutung von Staatsbürgerschaft soll bis in die Ebene des Alltagslebens fassbar werden. Dabei geht es über staatliche Akteure hinaus auch um diejenigen, die von den Regelungen der Staatsbürgerschaft betroffen waren, diese erstritten und erlitten, von ihnen Schutz oder Ausschluss zu gewärtigen hatten. Denn Staatsbürgerschaft manifestiert sich nicht nur in Pässen, Gesetzen und behördlichen Maßnahmen, sondern in hohem Maße auch in den durch sie ausgelösten widersprüchlichen und starken Gefühlen – der Sicherheit wie der Schutzlosigkeit, der Anerkennung wie der Ablehnung, des Stolzes wie der Missachtung.

Ausstellung und Begleitband zeigen die Entwicklung der Staatsbürgerschaft als Instrument der Ein- und Ausschließung seit dem Beginn des »nationalen Zeitalters« im Zuge der Französischen Revolution exemplarisch anhand dreier Länder: Frankreich, Polen und Deutschland. Mehr noch als andere waren diese drei Nationalstaaten im Herzen Europas als Nachbarn in intensiver Weise durch existenzielle Konflikte und politische Kooperation miteinander eng verflochten. Zwischen Frankreich, Deutschland und Polen haben tiefe ideologische Gegensätze sowie gewaltsame Auseinandersetzungen in Gestalt von Besetzung und Vertreibung, aber auch wechselseitige Lernprozesse und Adaption über zwei Jahrhunderte die Geschichte der Staatsbürgerschaft in ihrer Vielfalt ausgeprägt.

Beiträge der Autorinnen und Autoren

Einleitend stecken vier Essays den Gegenstand sowie das zeitliche und räumliche Feld dieses Bandes ab. *Dieter Gosewinkel* erklärt die zugrunde gelegte doppelte Bedeutung von Staatsbürgerschaft. Sie bezeichnet zum einen den rechtlichen Status der Mitgliedschaft in einem Staat, die Staatsangehörigkeit, zum anderen die individuellen Rechte, die grundsätzlich durch die Staatsangehörigkeit vermittelt werden. Unterschiedliche Ausprägungen von Staatsbürgerschaf*ten* spiegelten und verfestigten über lange historische Perioden die gegenseitige Abgrenzung von Nationalstaaten. Die Länder Frankreich, Polen und Deutschland eignen sich angesichts ihrer spannungsreichen Nachbarschaftsverhältnisse in besonderer Weise, um die extremen Verwendungsmöglichkeiten der Staatsbürgerschaft vor Augen zu führen: von der ausgleichenden Regelung der Nachbarschaftsbeziehungen bis hin zur Unterdrückung und Verdrängung. Die Verflechtung der drei Staatsbürgerschaften wird anhand fünf historischer Phasen aufgezeigt, die von der Epoche der Französischen Revolution bis zur europäischen Wende nach 1989 reichen.

Das französische Staatsbürgerschaftsrecht, so der zunächst überraschende Befund von *Patrick Weil,* vergab mit dem Code Civil von 1803 das erste Mal überhaupt in Europa die Staatsangehörigkeit aufgrund der Abstammung. Gleichwohl, so Weils These, entwickelte und bewahrte die französische Staatsbürgerschaft ihren spezifisch einschließenden Charakter. Frankreich wurde im Verlauf des 19. Jahrhunderts zum Einwanderungsland und wollte seinen demografischen Nachteil gegenüber dem bevölkerungsstärkeren Deutschland ausgleichen. Dies trug maßgeblich dazu bei, dem Territorialprinzip wieder ausschlaggebende Bedeutung zu geben und in Frankreich geborene Kinder von Ausländern zu Franzosen zu machen. Ungeachtet dreier »ethnischer Krisen«, in denen ein von der französischen Rechten getragenes ethno-nationales Gegenkonzept das Territorialprinzip infrage stellte, setzte sich die französische Linke mit seiner Verteidigung durch. Dabei spielten das Argument, das »Blutsprinzip« komme aus Deutschland, und die Erinnerung an das vom nationalsozialistischen Modell inspirierte rassistische Staatsbürgerschaftsrecht des Vichy-Regimes eine maßgebliche Rolle.

Nicht geradlinig, vielmehr »sinusförmig« verlief nach *Jerzy Kochanowski* die Entwicklung der Staatsbürgerschaft in Polen. Sie war von Frankreich beeinflusst, litt aber an der brüchigen Eigenstaatlichkeit Polens im 19. und 20. Jahrhundert. Nach der frühen ersten Erwähnung des *obywatel* (Bürger) in der polnischen Verfassung vom 3. Mai 1791 dauerte es bis 1918, dass der dann wieder errichtete polnische Staat eine gesamtstaatliche polnische Staatsbürgerschaft schuf. Sie vermittelte erstmals umfassende politische und soziale Rechte – auch für Frauen – und stand dennoch von Beginn an unter Druck, zumal die polnische Regierung nur widerwillig die staatsbürgerliche Gleichberechtigung der nationalen und religiösen Minderheiten anerkannte. Während des Zweiten Weltkriegs waren die Polen, vor allem die polnischen Juden, Ziel von Diskriminierung und Vernichtung, die die deutsche und die sowjetische Besatzungsmacht maßgeblich mithilfe des Staatsbürgerschaftsrechts ins Werk setzten. Nach 1945 diente der neuen Volksrepublik Polen das Staatsbürgerschaftsrecht vor allem der ethnischen Homogenisierung, unter anderem durch den Ausschluss der großen Mehrheit Deutschstämmiger.

Die Staatsbürgerschaft als Rechtsbegriff entwickelte sich in Deutschland später als in Frankreich und Polen. *Andreas Fahrmeir* verweist aufdie große Bedeutung des Abstammungsprinzips in der Entwicklung der deutschen Staatsbürgerschaft. Eingeführt in das deutsche Recht wurde es nach dem als besonders modern geltenden französischen Vorbild in der ersten Hälfte des 19. Jahrhunderts. Überhaupt war die Staatsbürgerschaft im föderalen Deutschland unterschiedlich ausgestaltet. Nach der Reichsgründung 1871 setzte in Preußen eine Politik der ethnischen Homogenisierung ein, die sich insbesondere gegen Polen und Juden richtete. Das Reichs- und Staatsangehörigkeitsgesetz von 1913 verfestigte die Abstammung als alleiniges Prinzip des Geburtserwerbs der Staatsangehörigkeit, indessen ohne diese an die Zugehörigkeit zu einem deutschen Volk zu binden. Die Ethnisierung der deutschen Staatsbürgerschaft setzte sich schließlich im nationalsozialistischen Recht durch, das den vollen Rechtsstatus des »Deutschen«, des Reichsbürgers, aus der Zugehörigkeit zur »arischen Rasse« ableitete. Erst nach der deutschen Wiedervereinigung vollzog sich schrittweise der Abschied vom reinen Abstammungsprinzip, als 2000 mit der Einführung des Territorialprinzips – ähnlich wie in Frankreich – in Deutschland geborene Kinder von lang ansässigen Ausländern die deutsche Staatsbürgerschaft erhielten.

Stetig verschränkt waren die Staatsbürgerschaftssysteme der drei Länder durch die Arbeitsmigration. Frankreich und Deutschland waren die wichtigsten Zielländer von Arbeitsmigranten aus Polen, das während der Zwischenkriegszeit zum zweitwichtigsten Auswanderungsland der Welt nach Italien aufstieg. *Malgorzata Radomska* untersucht diese Entwicklung und veranschaulicht, dass der mindere Rechtsstatus der polnischen Arbeitsmigranten gegenüber deutschen und französischen Staatsbürgern im ökonomischen Interesse der Einwanderungsländer lag. Statt sie einzubürgern, schlossen diese die Eingewanderten von der politischen und sozialen Teilhabe aus und regelten die arbeits- und sozialrechtliche Grundsicherung der Migranten durch befristete bilaterale Verträge. Dies lag auch im Interesse des polnischen Staates, der den Überschuss an inländischen Arbeitskräften abbauen konnte, ohne den Kontakt zu seinen auswandernden Staatsbürgern zu verlieren. Freilich bevorzugte Polen dabei die Angehörigen polnischer Nationalität, während es bei Angehörigen nationaler Minderheiten, vor allem Juden, die endgültige Auswanderung förderte. Mit dem Beitritt Polens zur Europäischen Union 2004 wurde Deutschland wieder zum wichtigsten Einwanderungsland für polnische Staatsbürger, die dort als Unionsbürger einen ungleich besseren Rechtsstatus genießen als je zuvor.

Seit ihrer Entstehung im Zuge der Französischen Revolution war die Staatsbürgerschaft eng mit dem Militärdienst verbunden. Die Aufhebung eines gesonderten Militärstandes in einer Gesellschaft der Freien und Gleichen verlangte von diesen selbst die Organisation einer Streitmacht, die fortan in der Massenaushebung und der Wehrpflicht aller (männlichen) Staatsbürger bestand. *Jens Boysen* thematisiert diese Erfindung des *citoyen-soldat*, dessen Idee in den großen französischen und polnischen Rechtsdeklarationen der Zeit ihren Niederschlag fand und bis in die preußischen Heeresreformen reichte. Die »totale Mobilmachung« im Ersten Weltkrieg erhob den einfachen Soldaten zum Protagonisten. Auch als Reaktion auf die Gewaltexzesse der Wehrpflichtarmeen im Zweiten Weltkrieg kam es in der Bundesrepublik Deutschland zur Wiederbelebung des Ideals vom *citoyen-soldat*, dem »Staatsbürger in Uniform«. Doch die gegenwärtige technische Entwicklung und die weitgehende Aufhebung der Wehrpflicht lösen die Verbindung zum Militärischen auf, die über zwei Jahrhunderte konstitutiv für die Staatsbürgerschaft war.

»Die Frau ist frei geboren und bleibt dem Manne gleich in allen Rechten«, forderte Olympe de Gouges als Vorkämpferin für Frauenrechte schon während der Französischen Revolution. Wie lang und beschwerlich der Weg bis zur verfassungsmäßigen Gleichstellung war, zeigt *Claudia Kraft* auf. Polinnen und Deutsche erhielten zwar nach dem Ersten Weltkrieg, Französinnen nach dem Zweiten Weltkrieg das aktive und passive Wahlrecht, das Recht auf körperliche Selbstbestimmung von Frauen hingegen ist bis heute hart umkämpft. Auch die Institution der Ehe erwies sich lange Zeit als Einbahnstraße, erhielten zwar Ausländerinnen bei Heirat die deutsche Staatsbürgerschaft, deutsche Frauen hingegen verloren ihre Staatsbürgerschaft, wenn sie einen Ausländer heirateten.

Nach einem jahrhundertelang prekären Status erlangten Jüdinnen und Juden erstmalig in der französischen Verfassung von 1791 rechtliche Gleichstellung mit ihren christlichen Mitbürgern. Wie diese Erfahrung Veränderungsprozesse in Deutschland einleitete, beschreibt *Miriam Rürup* vornehmlich am Beispiel der deutschen Staaten. Einen ersten Durchbruch stellte das »Juden-Edikt« von 1812 dar, das Juden als »Einländer und preußische Staatsbürger« den Christen gleichstellte. Vollends umgesetzt wurde die Gleichstellung mit der Reichsgründung 1871. Mit dem Ende des 19. Jahrhunderts aufkeimenden Antisemitismus und dessen Radikalisierung durch die Nationalsozialisten verloren Jüdinnen und Juden die Staatsbürgerrechte in Deutschland und in allen besetzten Gebieten. Häufig führte dies in die Staatenlosigkeit. 1955 leitete die Bundesrepublik Deutschland eine Wiedergutmachung auf staatsbürgerlicher Ebene ein: Allen Personen und deren Nachkommen, die aus politischen, religiösen oder rassistischen Gründen ausgebürgert worden waren, räumte sie ein Recht auf Wiedereinbürgerung ein.

Mit der Entstehung von Nationalstaaten und ihrer Abgrenzung gegeneinander wurde die doppelte Staatsangehörigkeit zu einem potenziellen Konfliktherd, gerade auch zwischen den benachbarten Staaten Polen, Frankreich und Deutschland. *Sarah Mazouz* arbeitet hier einen historisch begründeten Unterschied heraus: Frankreich als Einwanderungsstaat, der lange über stabile Grenzen verfügte und die Eingliederung von Fremden in die Nation auf das Recht des Bodens *(ius soli)* gründete, verfolgte im Allgemeinen das Prinzip der Indifferenz gegenüber der Doppelstaatsangehörigkeit. Deutschland und Polen hingegen, die sich bis in die jüngere Vergangenheit als Auswanderungsländer begriffen und zahlreiche Grenzänderungen erfuhren, stützten die Zugehörigkeit zum Staat auf das Abstammungsprinzip *(ius sanguinis)*. Beide Länder standen der Doppelstaatsangehörigkeit ablehnend gegenüber, es sei denn, diese bildete das Band zu ihren ausgewanderten Staatsbürgern und deren Nachkommen. Die Frage bleibt virulent, zumal sich die heutigen Gegner der doppelten Staatsangehörigkeit auf Muster eindeutiger nationaler und »rassischer Identität« berufen, die gerade in postkolonialen Gesellschaften wie Frankreich heftige Konflikte auslösen.

Kathrin Kollmeier definiert Staatenlosigkeit als »das Fehlen der rechtlichen Verbindung zwischen Individuum und Staat, einer Staatsangehörigkeit«. Nach dem Ende des Ersten Weltkriegs und der Entstehung neuer Nationalstaaten wurde die Staatenlosigkeit zum Massenphänomen in Europa. Der Völkerbund suchte dem unter anderem durch die Einführung von Identifikationspapieren wie dem Nansen-Ausweis entgegenzuwirken, scheiterte aber spätestens 1938, als das NS-Regime die Staatenlosigkeit gezielt gegen Juden als Vorstufe der Vernichtungspolitik einsetzte. Nach Ende des Zweiten Weltkriegs schwoll die Zahl der Staatenlosen unter den *Displaced Persons* erneut immens an und führte zur Etablierung der internationalen Flüchtlingsorganisation UNHCR in Genf 1951, die sich für die Einhaltung von Menschenrechten auch gegenüber Staatenlosen einsetzte. Im weiteren Verlauf des 20. Jahrhunderts verlagerte sich das Massenphänomen der Staatenlosigkeit zunehmend in nichteuropäische Regionen.

Die Publizistin, Moderatorin, Autorin und Übersetzerin *Olga Mannheimer* schildert im Interview die Erfahrungen ihrer Familie, die nach der antisemitischen Kampagne in Polen zunächst nach Frankreich und dann nach Deutschland ausgewandert ist. Über die verschiedenen Ausweispapiere, die sie in ihrem Leben in Polen, Frankreich und Deutschland erhalten hat, sagt sie, dass diese Papiere zwar kein Gefühl der Zugehörigkeit, wohl aber der Akzeptanz und des Schutzes vermittelt hätten. Ihrer Meinung nach bedürfe es für die Staatsbürgerschaft keiner patriotischen Gefühle, wohl aber des Respekts vor der gesellschaftlichen Ordnung. Aus ihrer persönlichen Erfahrung heraus konstatiert Mannheimer, dass die Staatsangehörigkeit die Möglichkeiten, am Staat zu partizipieren, deutlich verbessere, und sie unterstreicht, wie wichtig es sei, Menschen ohne Staatsbürgerschaft vor Rechtlosigkeit zu schützen.

Seit dem Beitritt Polens zur Europäischen Union wird die nationale Staatsangehörigkeit in Frankreich, Polen und Deutschland um die europäische Bürgerschaft, die sogenannte Unionsbürgerschaft, ergänzt. *Christoph Schönberger* führt aus, dass die Verknüpfung der Unionsbürgerschaft mit der nationalen Staatsangehörigkeit das wichtigste Charakteristikum der europäischen Bürgerschaft ist und ihre Wurzeln im Föderalismus hat. Gleichzeitig weist er auf die Gefahren hin, die sich daraus ergeben, dass allein der jeweilige Mitgliedstaat darüber entscheidet, wer die Staatsbürgerschaft und damit automatisch auch die Unionsbürgerschaft erhält: Die Unionsbürgerschaft kann zum Beispiel gegen die Zahlung einer vereinbarten Geldsumme an wohlhabende Investoren aus Drittstaaten verliehen werden, ohne dass die Europäische Union eine Handhabe hat, dies zu verhindern.

Dass die Unionsbürgerschaft keineswegs die nationalen Staatsbürgerschaften abgelöst hat, zeigt *Christian Joppke* am Beispiel der Reaktionen auf die Coronapandemie ab 2020 auf: Eine der Errungenschaften der Unionsbürgerschaft, die unbeschränkte Freizügigkeit zwischen den Mitgliedstaaten, wich panikartig aufgestellten Schlagbäumen zur Abriegelung während des Lockdown. Auch veranlasste die Pandemie dazu, über eine soziale Staatsbürgerschaft neu nachzudenken – eine Vision, die der britische Soziologe Thomas Marshall bereits Anfang der 1950er-Jahre entwickelt hatte. Unabhängig von der Pandemie habe sich, so Joppke, mit dem beginnenden 21. Jahrhundert die Auffassung durchgesetzt, dass eine Staatsbürgerschaft »verdient« werden müsse, was umgekehrt auch dazu führe, dass die Staatsbürgerschaft, sofern sie nicht durch Geburt zugewiesen werde, schwerer zu bekommen, aber leichter zu verlieren sei.

Dass im Alltag eine Staatsbürgerschaft nicht nur schwer zu erlangen ist, sondern von manchen Minderheiten häufig auch nachgewiesen werden muss, beschreibt *Dominique Hipp* anhand eines Hip-Hop-Songs und bislang marginalisierter Perspektiven von People of Colour, Migrantinnen und Migranten. Da nicht zuletzt durch Politikerinnen und Politiker wiederholt Gefühle instrumentalisiert und Ängste geschürt werden, besitzt das Thema Staatsbürgerschaften auch eine emotionale Komponente.

Biografien und Abbildungen

Die Essays werden ergänzt um Biografien und Abbildungen von Ausstellungsobjekten rund um die vertiefenden Themen. So zeigen die Lebensläufe Frédéric Chopins und Marie Curies ihren Weg vom russisch besetzten Teil Polens in die französische Staatsbürgerschaft, wohingegen die Familie Rosa Luxemburgs von Frankfurt am Main nach Polen emigrierte und Luxemburg eine Eheschließung instrumentalisierte, um die preußische Staatsangehörigkeit zu erlangen, weil sie für ein politisches Engagement in der SPD notwendig war. Hubertine Auclert, Paulina Kuczalska-Reinschmit, Louise Otto-Peters und Käthe Schirmacher stehen für den Kampf für staatsbürgerliche Mitbestimmungsrechte der Frauen in Frankreich, Polen und Deutschland. Welche Nachteile aufgrund von Kolonialismus und Rassismus entstehen können, wird anhand der Biografien des Politikers Amadou Lamine Guèye, des Soldaten Bayume Muhammed Hussein und des Fußballers Christian Karembeu aufgezeigt. Charles de Gaulle, Zygmunt Bauman und Hannah Arendt waren in unterschiedlichen Zeitspannen Staatenlose.

Der Band ist reich bebildert mit ausgewählten Objekten der Ausstellung. Sie stammen aus der Sammlung des DHM und zahlreichen internationalen Museen und Archiven wie dem Musée national de l'histoire de l'immigration, der Bibliothèque Marguerite Durand und der Bibliothèque nationale in Paris, den Nationalmuseen in Stettin, Krakau und Warschau, den Jüdischen Museen in Berlin, Frankfurt am Main und New York sowie dem Archiv der deutschen Frauenbewegung in Kassel.

»Und ich mußte immer an das Wort denken, das mir vor Jahren ein exilierter Russe gesagt: ›Früher hatte der Mensch nur einen Körper und eine Seele. Heute braucht es noch einen Paß dazu, sonst wird er nicht wie ein Mensch behandelt.‹«

Stefan Zweig, 1942

1 EINLEITENDE ESSAYS

Dieter Gosewinkel

Frankreich – Polen – Deutschland: Verflochtene Staatsbürgerschaften

Warum nimmt eine Ausstellung über die Geschichte der Staatsbürgerschaft gerade die Länder Frankreich, Polen, Deutschland in den besonderen Blick? Warum diese und nicht drei andere Länder? Dafür gibt es mehrere Gründe.

Warum Frankreich, Polen, Deutschland? Drei Antworten

Die erste Antwort ist politischer Natur, von der Gegenwart geleitet: Die drei Staaten bilden seit nunmehr drei Jahrzehnten das sogenannte Weimarer Dreieck, ein ständiges Forum des trilateralen außen- und sicherheitspolitischen Informationsaustausches. Die Außenminister der drei Länder erklärten 1991 bei der Gründung: »Europa steht an einem historischen Wendepunkt seiner Geschichte. Seine Völker und Staaten haben den Weg zu neuen Formen des Zusammenlebens beschritten. Wir sind uns bewußt, daß für das Gelingen zukunftsfähiger Strukturen europäischer Nachbarschaft Polen, Deutsche und Franzosen maßgebliche Verantwortung tragen.«[1] Diese vom historischen Impetus der Wendezeit und den Erfahrungen der Kriegsgeneration getragene friedens- und europapolitische Stoßrichtung des Dreibunds ist seit der Gründung allerdings immer wieder auf die Probe und infrage gestellt worden. Allzu sehr divergieren die Interessen etwa in sicherheits- und europapolitischen Problemfeldern. Der Multilateralismus als solcher geriet unter Druck. Ein gegenwärtiges politisches Bündnis ist als Antwort auf die Ausgangsfrage schon deshalb nicht ausreichend.

Die zweite Antwort zielt auf die Eigenart der Staatsbürgerschaft als eines rechtlichen und politischen Konzepts, das grundsätzlich, und zwar in doppelter Hinsicht, auf Grenzüberschreitungen angelegt ist. Während der Rechtsstatus der Staatsbürgerschaft von seinem Ausgangspunkt her *im Innern* einer Gesellschaft Grenzen des Standes, der Religion, der Klassen und Ideologien überschreitet, indem er rechtliche Gleichheit unter den Angehörigen verschiedener Gruppen herstellt, richtet er sich seit dem 19. Jahrhundert zunehmend auch *nach außen.* Mit der Entwicklung zum Nationalstaat, im Zuge wechselseitiger Abgrenzung der europäischen Nationalstaaten nach politischen, kulturellen, ethnischen oder »rassischen« Kriterien, erhielt auch der Mitgliedschaftsstatus der Staatsbürgerschaft eine nach außen gerichtete Abgrenzungswirkung. Die nationale Ausformung der Staatsbürgerschaftskriterien nach innen hatte damit immer zugleich eine transnationale Reflexwirkung, die sich sowohl in der Ausübung territorialer wie personaler Hoheitsgewalt des Staates auswirkte. Es ist daher von der Sache her geradezu zwingend, das historische Funktionieren der Staatsbürgerschaft anhand von benachbarten Staaten zu zeigen, die durch Migration, wechselseitige Beobachtung und Beeinflussung sowie durch territoriale Konflikte eng miteinander verbunden sind. Allerdings hätte man unter diesem Gesichtspunkt auch andere Nachbarstaaten wählen können: im Hinblick auf Frankreich das gleichfalls imperiale Spanien; neben Deutschland die kulturell verwandten, aber territorial und politisch verschiedenen Gebiete der Schweiz und Österreichs; für Polen den jahrhundertelangen geopolitischen Konkurrenten und hegemonialen Gegner Russland.

Die dritte und maßgebliche Antwort, warum in der Ausstellung über die Geschichte der Staatsbürgerschaft die Länder Frankreich, Deutschland und Polen zusammengespannt werden, liegt in der spezifischen Art und Entwicklung ihrer Nachbarschaften begründet. Es handelt sich um politische, kulturelle und militärische Nachbarschaftsverhältnisse von herausragender Intensität. Sie reichen von kultureller Bewunderung und Adaption über kühle machtpolitische Annexionspolitik bis hin zu exterminatorischer Feindschaft. Neben den sogenannten Erbfeinden Deutschland und Frankreich wird mit der Paarung Polen–Deutschland ein nicht minder lang anhaltender, ideologisch aufgeladener und territorial ausgetragener Antagonismus behandelt. Was diese drei Länder im Herzen Europas in besonderer Weise verbindet, ist ihre Geschichte von nationalstaatlicher Abgrenzung und Gewalt. Frankreich, Deutschland und Polen bilden wie die »Bloodlands«, die Länder Ost- und Mitteleuropas unter stalinistischer und nationalsozialistischer Gewaltherrschaft,[2] eine Schütterzone, die bis in die Vormoderne zurückreichende Konkurrenzverhältnisse, Gewalterfahrungen und Kreisläufe revisionistischer Politik ausprägten. Anders als in den »Bloodlands« wirkten sich die Konflikte zwischen Frankreich, Deutschland und Polen, an der Schwelle zwischen West- und Osteuropa, auf das politische Gefüge des gesamten Kontinents aus. Deutschland konnte nur durch die Einverleibung Polens und die Niederringung Frankreichs zur europäischen Großmacht aufsteigen. Polen seinerseits konnte nur durch die militärische Niederlage Deutschlands mithilfe Frankreichs als Nationalstaat entstehen. Die grenzüberschreitende Dimension und die Regelungsfunktion der Staatsbürgerschaft waren aufgrund der anhaltenden Abgrenzungskämpfe zwischen diesen Ländern und ihren Völkern bei der Zuordnung von Territorien und Gruppen ständig herausgefordert. Mit dem Rechtsinstrumentarium und einer Politik der Staatsbürgerschaft mussten die Folgen von Okkupationen – beispielsweise nach 1918 im französisch besetzten Rheinland, nach 1939/40 unter deutscher Besatzung in Polen und Frankreich – sowie von Annexionen – beispielsweise 1871 in Elsass-Lothringen, nach 1918 und 1945 in den ehemals deutschen Gebieten Polens und Frankreichs – bewältigt werden. Auf der anderen Seite stand der in Friedenszeiten dominante wirtschaftliche und kulturelle Austausch, der, im europäischen Vergleich, zwischen Frankreich, Deutschland und Polen besonders intensiv war. Frankreich und Deutschland gehörten über weite Strecken des 19. und 20. Jahrhunderts gegenseitig zu den wichtigsten Handelspartnern und hatten, wenn auch in geringerem Umfang, dauerhaft Austausch in der Arbeitsmigration.[3] Deutschland war für Polen vom ausgehenden 19. Jahrhundert bis zum Zweiten Weltkrieg das wichtigste Zielland der Arbeitsmigration[4] und stieg nach 1989 zu Polens wichtigstem Handelspartner und Auswanderungsland auf.[5] In diesen Bereichen wurde das Recht der Staatsbürgerschaft zu einem wichtigen Regulativ, das über die Aufenthaltsberechtigung und die Integration im anderen Land durch Eheschließung und Einbürgerung entschied.

Die in Konflikt und Austausch besonders enge historische Verflechtung der drei Nachbarländer Frankreich, Deutschland und Polen im Herzen Europas tritt in der Geschichte ihrer Staatsbürgerschaften zutage und wird im Recht der Staatsbürgerschaft institutionell verstetigt. Das ist bisher noch kaum erkannt und behandelt worden.[6] Auch in diesem Sinn betritt eine Ausstellung über Staatsbürgerschaften in Frankreich, Deutschland und Polen Neuland.

Was bedeutet Staatsbürgerschaft? Konzeptionelle Dimensionen

Die Staatsbürgerschaft ist in ihrem Kern und Ausgangspunkt ein rechtlich geformter Status der Mitgliedschaft, der in seiner Entstehung und praktischen Wirkung Gegenstand politischer Kämpfe ist.[7] Diese Kämpfe werden aufgrund der doppelten Grenzziehung, die die Staatsbürgerschaft markiert, sowohl im Innern eines Staates als auch in der Abgrenzung gegenüber anderen ausgetragen. Kämpfe um die Staatsbürgerschaft sind somit Kämpfe um Zugehörigkeit. Die Geschichte der Staatsbürgerschaft ist in doppelter Weise nicht nur ein genaues Abbild dieser Kämpfe, sondern zugleich einer ihrer konstituierenden Faktoren: Einmal getroffene politische Entscheidungen über Zugehörigkeit verfestigen sich im Recht der Staatsbürgerschaft, das eine hohe institutionelle Beharrungskraft zu entwickeln vermag, wie etwa das prinzipiell noch heute geltende Territorialprinzip der Staatsangehörigkeit in Frankreich von 1889 oder das – mit Einschränkungen – dem Grunde nach bis heute beibehaltene Abstammungsprinzip in den Gesetzen Deutschlands 1913 und Polens 1920 und 1951. Damit prägen diese Gesetzesentscheidungen vielfach über längere historische Phasen die Verteilung des Zugangs zu grundlegenden Rechten, aber auch Konstruktionen nationaler Identität und Abgrenzungsvorstellungen gegenüber dem Nichtzugehörigen.

Die Funktion doppelter Grenzziehung, die der Staatsbürgerschaft immanent ist, verweist auf die zwei Dimensionen, die der Begrifflichkeit von »Staatsbürgerschaft« zugrunde liegen. Beide Dimensionen werden in diesem Band zusammengedacht, sie sind jedoch analytisch zu unterscheiden, zumal sie auf zwei Kernbedeutungen der Staatsbürgerschaft verweisen: *Staatsangehörigkeit* und *Staatsbürgerschaft im engeren Sinn* von staatsbürgerlichen Rechten. Mit *Staatsangehörigkeit* ist die rechtlich definierte und geformte Zugehörigkeit zu einem Staatsverband gemeint und damit ein rechtlicher Status der Mitgliedschaft. *Staatsbürgerschaft im engeren Sinn* bezeichnet die individuellen Rechte, die – grundsätzlich, wenn auch nicht durchweg – durch die Staatsangehörigkeit vermittelt werden. Die *Staatsangehörigkeit* stellt die »äußere« Seite der Staatsbürgerschaft dar. Sie entscheidet über Ein- und Ausschluss mit Blick auf die Gemeinschaft der Mitglieder des Staates. Sie repräsentiert eine wirksame und nationalpolitisch hart umkämpfte Grenzziehung. Denn die Staatsangehörigkeit bildet historisch die Voraussetzung für die Inanspruchnahme staatsbürgerlicher Rechte und ist eng mit der Entwicklung des Nationalstaats verbunden. *Staatsbürgerschaft im engeren Sinn,* das heißt die staatsbürgerlichen Rechte, wird in ihrem politischen, sozialen, kulturellen usw. Gehalt politisch erstritten, rechtlich ausgeformt und erweitert, bisweilen mit Pflichten verbunden, die Rechte werden aber auch zurückgenommen oder aufgehoben. Im allgemeinen Sprachgebrauch der Gegenwart hat »Staatsbürgerschaft« als Oberbegriff die Unterscheidung zwischen dem rechtlichen Mitgliedschaftsstatus und den individuellen Rechten eingeebnet. Wir schließen uns dem grundsätzlich an, wobei wir dann, wenn nur der rechtliche Mitgliedschaftsstatus gemeint ist, den präzisen Begriff *Staatsangehörigkeit* verwenden.

Die Dimension der staatsbürgerlichen Rechte betrifft die Zuteilung – und Vorenthaltung – von elementaren bürgerlichen, politischen und sozialen Rechten in den jeweiligen Gesellschaften und legt dabei die Diskriminierung bestimmter Gruppen offen. Dies wird in der Ausstellung an den Beispielen von Frauen und Juden gezeigt. Dabei treten neben Gemeinsamkeiten auch Unterschiede zwischen Frankreich, Polen und Deutschland hervor. Die Dimension der Staatsangehörigkeit, die Bestimmung von Mitgliedschaft, hingegen zeigt in ihrer transnationalen Ausrichtung die tiefe Verflechtung der drei Länder.[8]

Wenn zum Beispiel die Einbürgerungsschranken für polnische Einwanderer in Deutschland und Frankreich erhöht bzw. gesenkt wurden, beeinflusste das neben ökonomischen und militärischen Erwägungen auch die politischen Beziehungen zwischen den Ländern. Die Behandlung der jeweiligen Minderheiten konnte von der Wertschätzung für das jeweils andere Land zeugen, aber auch zu feindseliger Diskriminierung und militärischen Interventionen führen. Der Umgang mit den jeweils anderen Staatsbürgern in Kriegszeiten und nach Gebietsabtrennungen prägte die Beziehungen zwischen den drei Ländern auf lange Zeit. So hatten zum Beispiel die Gewährung bzw. die Vorenthaltung von Optionen und deren praktische Umsetzung nach Kriegen – 1871, 1918, 1945 – erhebliche Auswirkungen auf die politischen Beziehungen und kollektiven Erinnerungen in den drei Ländern.

Historische Knotenpunkte und Verflechtungen

Die Bedeutung von Staatsbürgerschaft im Verhältnis der drei Länder zueinander zeigt und entwickelt sich an historischen Knotenpunkten, die von besonders intensiven politischen und ökonomischen Kontakten bzw. kulturellen und militärischen Konflikten gekennzeichnet sind. Hier verflechten sich die staatsbürgerschaftlichen Beziehungen zwischen den drei Ländern. Diese Verdichtung soll exemplarisch anhand von fünf historischen Etappen gezeigt werden.

Die Geschichte der Staatsbürgerschaft in Europa setzt ein mit dem *Zeitalter der Französischen Revolution.* Die europäische Avantgarde der revolutionären Verfassungsstaaten – die polnische Adelsrepublik sowie die französische konstitutionelle Monarchie, beide aus dem Jahr 1791 – schrieb dem aufklärerischen Begriff des »Bürgers«, des *citoyen* bzw. des *obywatel* maßgebliche Bedeutung zu. Die französische Verfassung besaß in dem die Nation konstituierenden *citoyen* den zentralen Legitimationspunkt aller politischen Gewalt; die polnische Verfassung teilte »allen Bürgern« die Aufgabe zu, »Vertheidiger der Unverletztheit und Freiheit der Nation« zu sein.[9] Damit waren zwei Kernfunktionen der Staatsbürgerschaft begründet. Über diese frühen Verfassungstexte drang sie als Lehnwort (Staat, Bürger) im deutschen politischen und konstitutionellen Sprachgebrauch durch, und zwar erstmals in der bayerischen Verfassung von 1808, die stark vom französischen Verfassungsdenken bestimmt war.[10] Diese historische Umbruchphase verband Polen, Frankreich und Deutschland unter demselben Einfluss aufklärerischen Vernunftdenkens und -rechts und machte den politischen Begriff des »Bürgers« bzw. »Staatsbürgers« zu einem gemeinsamen Ausgangspunkt. Im Unterschied zu Frankreich und Deutschland indessen, die fortan den Begriff des »Bürgers« bzw. »Staatsbürgers« in der Sprache ihrer Verfassungen forttrugen, verschwand mit der Aufhebung des Königreichs

Polen 1832 der letzte Rest polnischer Staatlichkeit. Erst mit dem Wiedererstehen eines unabhängigen Polen als Zweiter Republik nach dem Ersten Weltkrieg und schließlich als Dritter Republik nach 1989 war wieder eine Übereinstimmung in der politischen Begrifflichkeit und Rechtstradition zwischen den drei Ländern erreicht. Zwar zeichnet sich die polnische Tradition der Staatsbürgerschaft durch Elemente einer ausgeprägt kommunitaristischen, auf die »moralische Gemeinschaft«, Gruppenzugehörigkeit und Pflichtbindung abhebende Konzeption aus, die bis in die Gegenwart spürbar ist und sich von einer primär liberal geprägten Staatsbürgerschaftskonzeption in Frankreich und im gegenwärtigen Deutschland abhebt.[11] Jedoch überwiegt – noch – die aus der Zeit um 1800 herrührende gemeinsame, vernunftrechtlich-liberale Rechtstradition, die die individualrechtlichen Kodifikationen des europäischen Unionsrechts mit verbindlicher Wirkung für alle drei Länder bestimmt.

Die Kriege und nationalpolitischen Konflikte zwischen Frankreich, Polen und Deutschland, *von 1870/71 bis zum Ausgang des Ersten Weltkriegs,* steigerten die gegenseitige nationale Abgrenzung. Sie markierten Momente, in denen das Recht der Staatsbürgerschaft zum Teil konfliktverschärfend, zum Teil aber auch konfliktregulierend die politischen Verflechtungen der Länder verstärkte. Der stetige, sich wechselseitig steigernde Konflikt zwischen Angehörigen deutscher und polnischer Nationalität im Osten Preußens seit den 1880er-Jahren brachte die von Sezessionsfurcht getriebenen preußischen Behörden dazu, die Einbürgerungen ausländischer Polen scharfen Restriktionen zu unterwerfen. Der deutsche Nationalstaat konturierte sich maßgeblich, indem er Polen – und Juden – von seiner Staatsbürgerschaft fernhielt.[12] Auch das ausgeprägte Abstammungsprinzip *(ius sanguinis)* des neuen deutschen Staatsangehörigkeitsgesetzes von 1913, das den Erwerb der deutschen Staatsangehörigkeit qua Geburt aufgrund der Abstammung von deutschen Eltern vorsah, diente diesem Zweck. Demgegenüber suchte das neue französische Staatsangehörigkeitsrecht von 1889 mit der Kodifikation des Territorialprinzips (doppeltes *ius soli*) seine Staatsbürgerschaft möglichst weit gegenüber einbürgerungswilligen Migrantinnen und Migranten zu öffnen: Franzose wurde, wer auf französischem Boden geboren wurde und von Eltern abstammte, die ihrerseits in Frankreich geboren waren. Viele Polen machten davon Gebrauch und wanderten aus dem preußischen Staat, dem ihre Nationalität zunehmend suspekt wurde, nach Frankreich aus. Der Hauptzweck des neuen französischen Rechts aber bestand darin, Defizite nicht nur am Arbeitsmarkt, sondern vor allem in der demografischen Entwicklung auszugleichen und nach dem verlorenen Krieg gegen Deutschland 1870/71 das künftige Potenzial an Rekruten zu steigern. Im Kontext wachsender militärischer Spannungen mit Deutschland bewertete die französische Öffentlichkeit die Zulassung der doppelten Staatsangehörigkeit im deutschen Staatsangehörigkeitsgesetz von 1913 als feindseligen Akt, der angeblich in Frankreich eingebürgerte Deutsche an ihrer staatsbürgerlichen Loyalität gegenüber Deutschland festhalten sollte.[13] Während in all diesen Fällen das Staatsangehörigkeitsrecht als Waffe im nationalpolitischen Kampf eingesetzt wurde, sollte es im Rahmen des Optionsrechts nach den Kriegen und Gebietsabtretungen von 1870/71 und 1918/19 dem nationalen Ausgleich dienen. Die Option für die französische Staatbürgerschaft im annektierten Elsass-Lothringen, für die polnische Staatsangehörigkeit durch Reichsangehörige polnischer Nationalität nach dem Ersten Weltkrieg sowie die Option für das Deutsche Reich durch viele Deutsche ab 1920 in den an Polen abgetretenen Gebieten sollten die nationalen Konflikte entzerren. Doch ging die vielfach unter politischem oder wirtschaftlichem Druck erfolgende »Wahl« der Staatsangehörigkeit des anderen Landes einher mit der Pflicht, das angestammte Territorium zu verlassen, was neues Leid in allen drei Ländern hervorrief und tiefe Ressentiments ausprägte, die ihrerseits militärische Revisionsforderungen schürten.

»Befreiungskleid« aus Elsass-Lothringen, 1918

Der nationalen Abgrenzung zwischen den Ländern standen im Zeitalter der Industrialisierung und ökonomischen Liberalisierung zunehmende *Ströme der Arbeitsmigration und des Handels* gegenüber. Angehörige polnischer Nationalität wanderten, vielfach aus den russischen und österreichischen Teilungsgebieten Polens kommend, nach Deutschland aus.[14] Nicht wenige zogen weiter nach Frankreich, einige kehrten, vor allem seit dem Ende der 1920er-Jahre, in den neu gegründeten polnischen Nationalstaat zurück.[15] Trotz der nationalpolitischen Konflikte übte das Deutsche Reich auf Gruppen polnischer Zuwanderer – Arbeiter wie auch Studenten – aus den österreichischen und russischen Teilungsgebieten eine beträchtliche kulturelle und ökonomische Anziehungskraft aus.[16] Gleiches galt wechselseitig für Deutsche und Franzosen, die ungeachtet der anhaltenden außenpolitischen Spannungen und des Handelseinbruchs nach dem Krieg 1870/71 einen lebhaften ökonomischen und kulturellen Austausch wiederaufnahmen.[17] Franzosen wanderten nach Deutschland und investierten dort – und umgekehrt. Hier stabilisierte und lenkte das Recht der

Staatsbürgerschaft den Austausch, indem es ermöglichte, dass ausländische Personen und Unternehmen ansässig sowie (Arbeits-)Migrantinnen und Migranten eingebürgert werden konnten; es regelte diese Handlungsmöglichkeiten rechtlich verlässlich und hielt sie vielfach auch entgegen nationalpolitischen Ressentiments offen. Dies war umso wesentlicher, als zunächst Frankreich, sodann Deutschland in den 1890er-Jahren im Zuge der boomenden Industrialisierung zu Einwanderungsländern wurden, in denen die Einbürgerung zum Massenphänomen geriet und die Einbürgerungszahlen – unterbrochen durch den Ersten Weltkrieg – bis zur Weltwirtschaftskrise am Beginn der 1930er-Jahre stark anstiegen.[18] So trug zum Beispiel das neue französische Staatsangehörigkeitsrecht von 1927 dem erhöhten Einwanderungsdruck Rechnung, indem es vor allem aus demografischen – durchaus auch gegen den deutschen Militärstaat gerichteten – Gründen die Einbürgerungshürden senkte und damit unter anderem der großen Gruppe polnischer Einwanderer die Einbürgerung erleichterte.[19]

Plakat aus dem Vorfeld des Plebiszits in Oberschlesien, 1920

Die Epoche begrenzter Offenheit, verdichtet in den Migrationsströmen und verflochten mit ökonomischen Interessen zwischen den drei Ländern, schlug im Verlauf der 1920er-Jahre in eine Phase der *Zuspitzung und Radikalisierung ethnonationaler Konflikte* um, in der die ökonomischen Interessen an einem offenen Arbeitsmarkt schließlich den militär- und nationalpolitischen Zielen unterlagen. Vorboten waren die Stigmatisierung und Internierung »feindlicher Ausländer« *(enemy aliens)* während des Ersten Weltkriegs in Deutschland und Frankreich sowie die Denaturalisierung (Ausbürgerung), mit der Frankreich seit 1915 eingebürgerte »feindliche Ausländer« – insbesondere Deutsche und Österreicher – sanktionierte. Die Phase von den späten 1920er-Jahren bis in die Zeit unmittelbar nach dem Zweiten Weltkrieg zeigt wie keine zuvor, in welchem Maße das Staatsbürgerschaftsrecht als Instrument ethnonationaler, schließlich offen rassis-

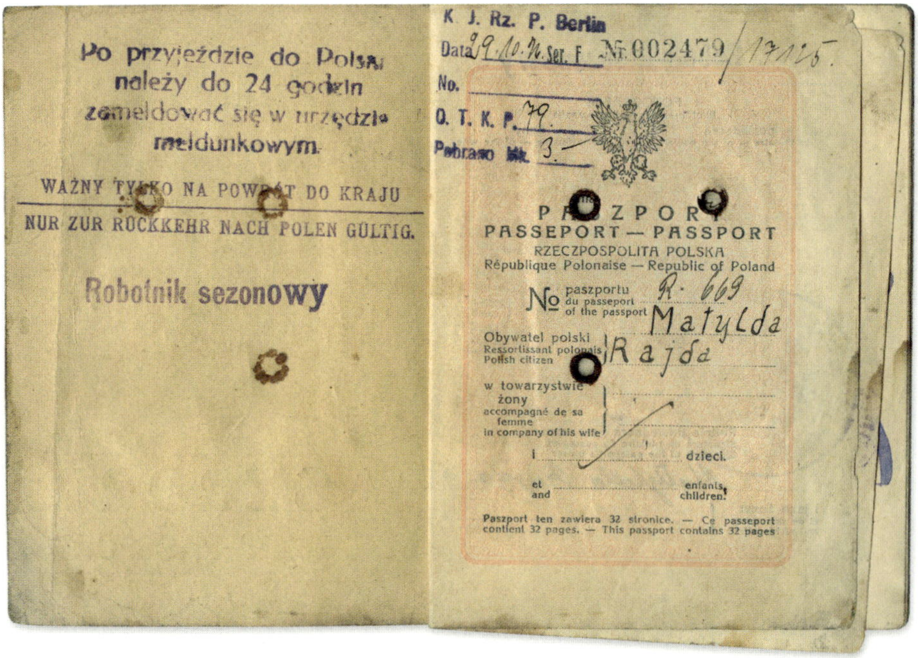

Pass für eine polnische Saisonarbeiterin mit Rückkehrstempel nach Polen, 1926

tischer Selektion eingesetzt werden konnte und ein Maximum an Segregation und Exklusion zwischen den drei Ländern hervorrief. Unter dem ethnonationalen Primat der Zurückdrängung des »polnischen Elements« innerhalb wie außerhalb der deutschen Grenzen kehrte zunächst das Deutsche Reich zur antipolnischen Einbürgerungspolitik zurück und erneuerte 1927 den Rückkehrzwang für polnische Arbeitsmigrantinnen und -migranten, auf die das Reich zugleich angewiesen war.[20] Die diktatorischen Regime des Nationalsozialismus und später des État français von Vichy betrieben bzw. stützten nach 1939 im besetzten Polen und Frankreich eine Staatsbürgerschaftspolitik des »Rassestaats«. Die systematische Selektion »Eindeutschungswürdiger« unter den polnischen Staatsbürgerinnen und -bürgern diente letztlich einem eliminatorischen Zweck: der Vernichtung der polnischen Elite und der Unterwerfung des polnischen Volkes unter deutsche Herrschaft. Hier war der extreme Tiefpunkt in der Staatsbürgerschaftspolitik der drei Länder erreicht, an dem sich 1945 die Fronten umkehrten: Die neu entstehende Volksrepublik Polen wandte die staatsbürgerschaftliche Segregationspolitik gegen die deutschen Besatzer, trieb die »Deutschstämmigen« aus Polen heraus und verwehrte ihrer ganz überwiegenden Mehrheit den Zugang zur polnischen Staatsbürgerschaft.[21]

Die *blockpolitische Zweiteilung des europäischen Kontinents nach 1945* fror den ethnonationalen Konflikt gewissermaßen ein und unterband den Austausch. Die einzige nennenswerte Migrationsbewegung von Polen Richtung Westen betraf die Gruppe der sogenannten Volksdeutschen, die aufgrund eines verfassungsrechtlichen Privilegs für »Vertriebene«[22] anstelle der polnischen die deutsche Staatsangehörigkeit erhielten, wenn sie nach Deutschland migrierten. Erst die europäische Wende, die von der polnischen Solidarność maßgeblich mit herbeigeführt wurde, eröffnete erstmals seit der Zwischenkriegszeit die Möglichkeit zu unmittelbaren Kontakten im Hinblick auf die staatsbürgerlichen Konzepte und Migrationsbeziehungen zwischen den drei Ländern. Die

Karte zur Erfassung der polnischen Staatsangehörigen in Frankreich, 1935

polnische Verfassung von 1997 entspricht mit der umfassenden Gewährleistung individueller staatsbürgerlicher Rechte dem gefestigten Bestand individueller bürgerlicher und sozialer Grundrechte, der sich nach 1945 in den Verfassungen Westeuropas und der Europäischen Menschenrechtskonvention herausgebildet hatte. Auch die Ambivalenz des Staatsbürgerkonzepts – zwischen einem ethnischen und einem staatsbürgerlich-politischen Konzept von Staatsbürgerschaft[23] – verbindet die polnische Verfassung mit dem deutschen Grundgesetz, welches den Begriff »Volk« zwar primär demokratisch-formal als Summe seiner Staatsangehörigen versteht, zugleich aber im ethnonationalen Sinn offenhält für »Flüchtlinge oder Vertriebene deutscher Volkszugehörigkeit«.[24] Auch das normative Ideal der französischen *citoyenneté* als eines rein politisch-demokratischen Konzepts deckt sich empirisch nicht mit Einschränkungen des Zugangs zur französischen Staatsangehörigkeit, die sich in den letzten Jahrzehnten unter dem Einfluss ethnonationaler Bestrebungen im französischen Staatsangehörigkeitsrecht niederschlugen.[25] Die große Klammer aber, welche die Konvergenz der drei Länder mittels des Staatsbürgerschaftsrechts fördert, besteht im Recht der Europäischen Union. Die gemeinsame Unionsbürgerschaft, welche die drei Länder nach dem Beitritt Polens zur Europäischen Union 2004 zusammenspannt, enthält erstmals in der Geschichte der drei Länder gemeinsame verbindliche Maßstäbe für die Ausgestaltung ihres Staatsbürgerschaftsrechts. Lang tradierte, mit nationalpolitischen Vorbehalten und Ressentiments aufgeladene Beschränkungen der Einwanderung, des Eigentumserwerbs, der Einbürgerung usw. für die Angehörigen der jeweils anderen Staaten unterfallen dem strikten Diskriminierungsverbot der Unionsbürgerschaft und sind deshalb schlicht rechtswidrig.[26] Die durch Angst, Überheblichkeit, ökonomische Berechnung oder Aggressivität motivierten Hemmnisse, die dem Verkehr von Staatsbürgerinnen und -bürgern zwischen diesen drei Ländern von jeher entgegengesetzt wurden, haben vor der Unionsbürgerschaft keinen rechtlichen Bestand. Indessen steht und fällt dieser Gewinn an staatsbürgerlicher Freiheit und Sicherheit mit der Bereitschaft, den – vermeintlichen – nationalpolitischen Vorteil der bindenden Kraft des europäischen Staatsbürgerschaftsrechts unterzuordnen.

Fazit

Im Dreieck zwischen Polen, Frankreich und Deutschland zeigen sich alle historischen Spielarten der Ausgestaltung und Verwendung von Staatsbürgerschaft in ihren Extremen – von der Stiftung geregelter und ausgeglichener Nachbarschafts- und Integrationsbeziehungen bis hin zur Unterdrückung und Verdrängung. Deutlich wird, wie sehr Konzepte und Praktiken der Staatsbürgerschaft nicht nur die Qualität der politischen Beziehungen zwischen den drei Ländern abbilden, sondern diese auch maßgeblich mitbestimmen. Von der Zeit der Französischen Revolution bis zur europäischen Einigung formten sich Unterschiede ebenso wie Gemeinsamkeiten in den Staatsbürgerschaftskonzepten der drei Länder aus. Die Unterschiede lagen vor allem in den Konzepten der Staatsbürgerschaft, und zwar in Bezug auf die phasenweise starke Akzentuierung von kommunitaristischen (Polen), ethnonationalen (Deutschland) und politischen (Frankreich) Elementen. Doch zeigt der Gang durch zwei Jahrhunderte moderner Geschichte zwischen den drei Ländern, wie sehr sich der Umgang mit Staatsbürgerschaft und ihre rechtliche Form in Abhängigkeit von politisch-sozialen Konstellationen und Interessen wandelten. Es verfehlt jedenfalls die historisch-politische Entwicklung, Frankreich nur mehr als Land des offenen, assimilationsgeneigten Territorialprinzips einzustufen, das wesensgemäß verschieden Deutschland und Polen als Gebieten eines ethnonational bzw. kommunitaristisch verengten Abstammungsprinzips der Staatsbürgerschaft gegenübersteht.[27] Der Blick auf das zentrale Gelenkstück zwischen West- und Osteuropa – die Länder Frankreich, Deutschland und Polen – zeigt hingegen, wie sehr die sich wandelnden Erfahrungen und politischen Interessen im Hinblick auf das jeweils andere Land immer wieder einen neuen Umgang mit der Staatsbürgerschaft bewirkten – und bewirken.

1 Gemeinsame Erklärung der Außenminister 1991.
2 Snyder 2012.
3 Dedinger 2012 zeigt zwar, dass der Handelsaustausch zwischen den beiden Ländern aufgrund des Krieges von 1870/71 scharf zurückging, bestätigt aber, dass Deutschland vor 1913 unter den drei wichtigsten Handelspartnern Frankreichs und ab 1950 der wichtigste war.
4 Vgl. Radomska 2019, S. 192 und Lucassen 2005, S. 50–73.
5 Für die Zeit von 1990 bis 2001, vor dem Eintritt Polens in die EU 2004, vgl. Currle 2004, S. 375–377.
6 Bis auf von Thadden u. a. 2007; in Ansätzen Bizeul 2000.
7 Eingehend zum Folgenden Gosewinkel 2019b, S. 5 f., 18–26.
8 Zu Vergleich und Beziehungsgeschichte methodologisch Kaelble 2021, S. 103–126.
9 Verfassung vom 3. 5. 1791, Abschnitt 11. Bewaffnete Macht der Nation, in: Gosewinkel/Masing 2006, S. 377–386, hier S. 386.
10 Vgl. Weis 2005, S. 381 f.
11 Vgl. Kraft 2007, S. 114, 117, 120, 128; Skąpska 2001.
12 Vgl. Gosewinkel 2003, S. 263–277.
13 Vgl. Weil 2002, S. 70–72; Caglioti 2020, S. 94.
14 Vgl. Trevisiol 2006, S. 59–96.
15 Zur starken Zunahme von Polinnen und Polen in Frankreich nach dem Ersten Weltkrieg und zur relativen Stabilität der deutschen Bevölkerungsgruppe in Frankreich, die erst nach dem Ersten Weltkrieg stetig abnahm, vgl. Weil 1995, Annexes, S. 556; zu Zahlen der Polen in Frankreich vor und nach dem Ersten Weltkrieg vgl. Ponty 1988, S. 226 f., 238 ff.; Kleßmann 1978, S. 152, 162, 166.
16 Vgl. Kleßmann 1992, S. 497.
17 Vgl. Dedinger 2012.
18 Vgl. Trevisiol 2006, S. 95.
19 Vgl. Weil 2002, S. 76–81; Noiriel 2006, Annexes, évolution de la population totale par nationalités, 1931.
20 Vgl. Trevisiol 2006, S. 153; Oltmer 2005, S. 425–482; für die Zeit nach 1933 vgl. Radomska 2019, S. 383 (Arbeitswanderung

von Polen nach Deutschland 1936–1938), S. 481.

21 Vgl. Ahonen 2003, S. 23 f.; Madajczyk 2001.

22 § 6 über die Angelegenheiten der Vertriebenen und Flüchtlinge (Bundesvertriebenengesetz) vom 19. 5. 1953, in: BGBl. I, S. 204.

23 Präambel der Verfassung der Republik Polen vom 2. 4. 1997; Stefaniuk 2009; Gosewinkel 2016, S. 523, FN 9.

24 Art. 116 Abs. 1 Grundgesetz vom 23. 5. 1949.

25 Vgl. Brubaker 1992, S. 138 ff.; Fulchiron 2017.

26 Art. 20 des Vertrags über die Arbeitsweise der Europäischen Union (AEUV) in der Fassung des Vertrags von Lissabon vom 13. 12. 2007.

27 Dazu näher Gosewinkel 2016, S. 21–25, 636–638; Gosewinkel 2021, S. 8 f., 423–425.

Patrick Weil

Die französische Staatsangehörigkeit – eine einschließende Staatsangehörigkeit

Nationalstaaten organisieren die Welt der Menschen, indem sie Grenzen ziehen. Sie stecken Territorien für ihre jeweilige Bevölkerung ab. Jeder Staat verfügt somit über ein Gebiet, über das er Souveränität ausübt und in dem er die Staatsangehörigkeit derjenigen regelt, die das Staatsvolk bilden. Der souveräne Staat scheint, in Bezug auf die anderen Staaten, mit der absoluten Macht ausgestattet zu sein und allein zu bestimmen, wer zu seinen Staatsangehörigen zählt. Dieses staatliche Verfahren verleiht der Staatsangehörigkeit einen doppelten Charakter: Sie stellt eine Art Club dar, zu dem – aus Sicht der Außenstehenden – der Zutritt legitimerweise mittels Einbürgerung kontrolliert wird; und sie stellt ein öffentliches, gemeinsames Gut dar, das Mitglieder des Clubs in vollem Umfang und ohne staatliche Kontrolle genießen. Wenn auch der Staat den Zugang kontrolliert, so hat er doch keinerlei Einfluss auf die Anzahl der Staatsangehörigen, die von den Mitgliedern des Clubs durch Abstammung erzeugt werden.[1]

Frankreich bricht im Jahr 1803 mit der europäischen Tradition, die bis dahin die Staatsangehörigkeit aufgrund der Geburt oder des Aufenthalts im Land zuerkannt hat, und erhebt die elterliche Abstammung *(ius sanguinis)* – genauer gesagt: die des Vaters – zum alleinigen Kriterium, um die französische Staatsangehörigkeit qua Geburt zu übertragen. »Jedes Kind, das im Ausland geboren wird und von einem Franzosen abstammt, ist Franzose«, verkündet das erste Buch des Code civil, ohne den Fall von in Frankreich geborenen Kindern zu erwähnen. Fortan kann die französische Staatsangehörigkeit im Ausland erworben und weitergegeben werden. Wie der Familienname wird sie durch den Vater vermittelt.[2]

Sehr bald allerdings nimmt das Territorium wieder den ausschlaggebenden Rang ein. Frankreich ist Ende des 19. Jahrhunderts zu einem Einwanderungsland geworden, in dem die auf französischem Boden geborenen, von ausländischen Eltern abstammenden Kinder ebenso wie ihre Kinder und Enkelkinder weiter Ausländer sind. Damit entgehen die männlichen Nachkommen dem langen Militärdienst, der den Franzosen auferlegt ist. Die Abgeordneten der einwanderungsstarken Grenzgebiete fordern gleiche Pflichten für jene Menschen, die im soziologischen Sinn Franzosen, gewissermaßen »falsche Ausländer« sind. Das Gesetz von 1889 legt schließlich fest, dass ein in Frankreich geborenes Kind von einem selbst bereits in Frankreich geborenen Ausländer automatisch und zwingend Franzose ist. Ein in Frankreich geborenes Kind von einem nicht in Frankreich geborenen Ausländer wird bei seiner Volljährigkeit Franzose, sofern es nicht seinen Verzicht erklärt. Das wiederhergestellte Territorialprinzip *(ius soli)* integriert nach und nach die in Frankreich geborenen Kinder, vor allem aber Enkelkinder der in Frankreich geborenen Ausländer in die französische Staatsangehörigkeit. Über die Wehrgerechtigkeit hinaus besteht das Ziel dieses doppelten Territorialprinzips darin, das Risiko von Ausländerenklaven (von spanischen, deutschen, italienischen Eingewanderten) zu mindern, die in Algerien, Nizza oder Savoyen die Wiedereingliederung bzw. Rückkehr dieser Gebiete in ihre Herkunftsstaaten fordern könnten.

Nach dem verlustreichen Ersten Weltkrieg und aus Furcht vor einem erneuten Krieg mit Deutschland gerät die Zugangsregelung zur französischen

Les étrangers appelés à la Préfecture de police (dt. Die Ausländer vor der Polizeipräfektur), Paris, 1851

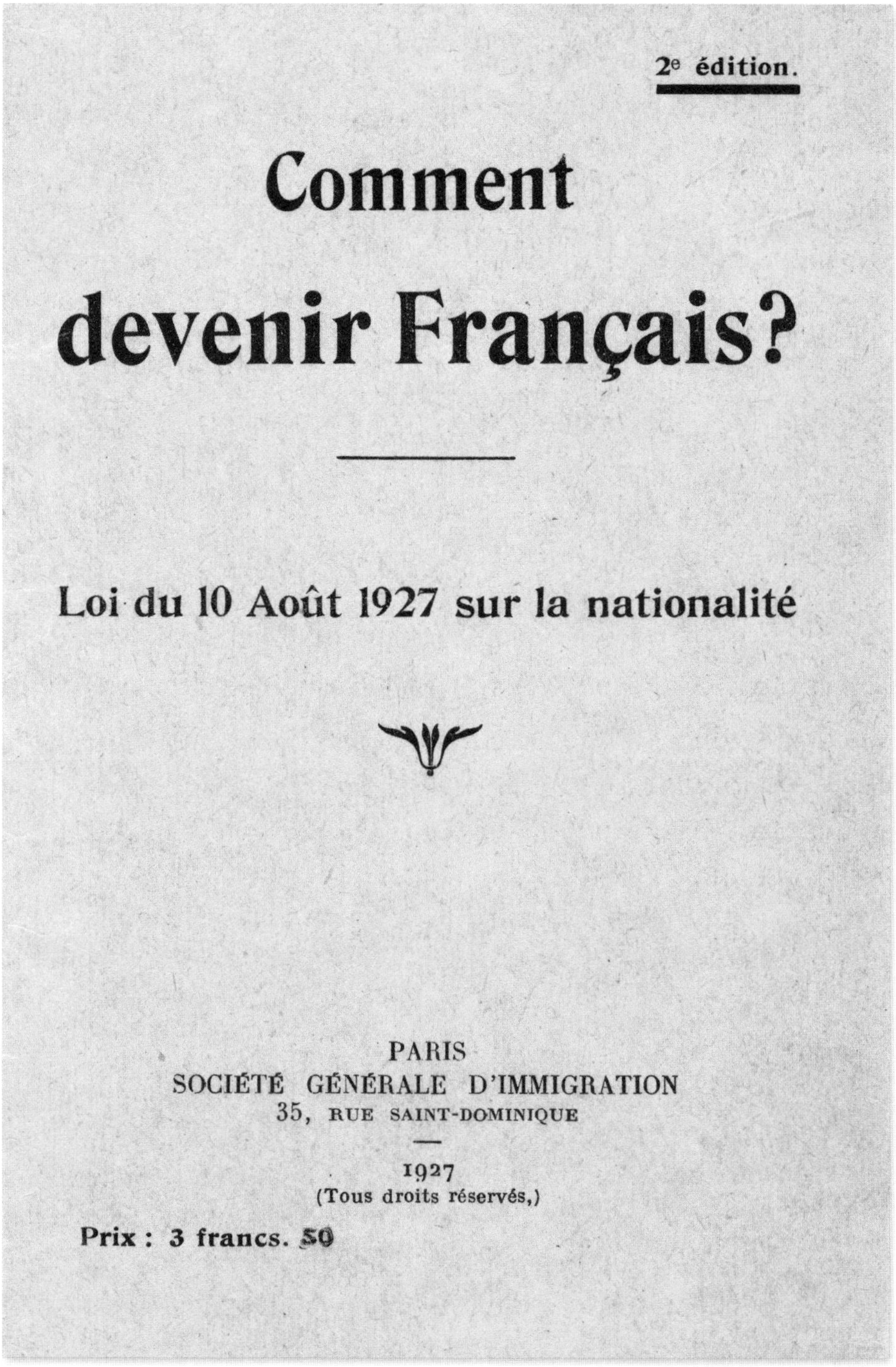

2e édition.

Comment devenir Français?

Loi du 10 Août 1927 sur la nationalité

PARIS
SOCIÉTÉ GÉNÉRALE D'IMMIGRATION
35, RUE SAINT-DOMINIQUE

1927
(Tous droits réservés,)

Prix : 3 francs. 50

Broschüre *Wie wird man Franzose?*, herausgegeben von der Société générale d'immigration, 1927

Staatsangehörigkeit 1927 zu einem Mittel der Bevölkerungspolitik. Um die Einbürgerungszahlen massiv zu erhöhen, wird die Mindestaufenthaltsdauer in Frankreich von zehn auf drei Jahre gesenkt. Dies bedeutet, dass die »staatliche Voraussage« der Assimilation die »rückblickende Betrachtung«[3] ersetzt. Zwischen 1928 und 1939 werden 261 000 Erwachsene eingebürgert.[4] Zudem kann nun eine Französin, die einen Ausländer heiratet, Französin bleiben, während sie zuvor die Staatsangehörigkeit ihres Mannes annehmen musste. Demgegenüber wird eine Ausländerin, die einen Franzosen heiratet, Französin. Das französische Recht toleriert nun die doppelte Staatsangehörigkeit. Hatte es noch während des Ersten Weltkriegs Personen mit doppelter Staatsangehörigkeit die französische Staatsangehörigkeit entziehen können, scheint sich zu diesem Zeitpunkt eine Regelung etabliert zu haben, die in größtmöglichem Umfang Zugang zur französischen Staatsangehörigkeit schafft: durch Geburt im Land, durch Geburt im Ausland, durch Einbürgerung oder durch Eheschließung.

Drei Krisen der französischen Staatsangehörigkeit

In der Folgezeit kommt es jedoch zu drei »ethnischen« Krisen der französischen Staatsangehörigkeit.

Die erste – nationalsozialistische – Krise entsteht mit der Etablierung des Vichy-Regimes im Juli 1940. Die Staatsangehörigkeit ist ein vordringliches Thema des neuen Regimes. Nach dem Vorbild des nationalsozialistischen Gesetzes von 1933 ermöglichen die sogenannten Gesetze vom 22. und 23. Juli 1940 die erneute Prüfung der Einbürgerungen, die seit 1927 vorgenommen worden waren, sowie die Ausbürgerung von Franzosen, die ins Ausland gegangen sind und als Verräter gelten. Ein Gesetz vom 7. Oktober 1940 hebt das Dekret Crémieux von 1870 auf, das alle in Algerien lebenden Juden eingebürgert hatte; es stuft 110 000 jüdische Staatsbürger zu Untertanen herab. Auch die Überprüfung der Einbürgerungen zielt auf Juden ab: Rund 7000 der 15 154 zwischen 1940 und 1944 annullierten Einbürgerungen betreffen Juden. Zum Zeitpunkt der Befreiung 1944 befinden sich noch 14 000 Fälle eingebürgerter Juden in amtlichen Überprüfungsverfahren der Vichy-Behörden. Die Résistance-Regierung Freies Frankreich (France Libre) erklärt das Gesetz vom 23. Juli 1940, nach dem auch den Generälen Charles de Gaulle und Henri Giraud die Staatsangehörigkeit aberkannt worden war, am 18. April 1943 für ungültig. Sechs Monate später, am 21. Oktober 1943, erhalten die algerischen Juden durch das Französische Komitee für die Nationale Befreiung (Comité Français de Libération Nationale, CFLN) wieder ihr volles Staatsbürgerrecht.[5] Erst durch eine Verordnung vom 24. Mai 1944 wird das sogenannte Gesetz vom 22. Juli 1940 zur Überprüfung der Einbürgerungen aufgehoben. In der neuen Regierung des Freien

Frankreich, die 1943 in Algier gebildet wird, vertritt der Beauftragte für das Justizwesen, François de Menthon, die Auffassung, dass »die allzu zahlreichen Einbürgerungen zweifelhafter israelitischer Elemente, die in den Vorkriegsjahren stattfanden, den Vorwand für einen Antisemitismus geliefert haben, der im Moment der Rückkehr ein gewisses Problem aufwerfen kann«.[6] René Cassin, Vorsitzender der juristischen Kommission des Französischen Komitees, und schließlich auch de Gaulle beziehen Front gegen ihn: Die Ausbürgerungen werden in ihrer Gesamtheit aufgehoben.

Stempelgerät für die Pässe von Arbeitsmigranten, Frankreich, 1930–1940

Die Idee einer Selektion nach Herkunft und die Unterscheidung zwischen »assimilierbaren« und »nichtassimilierbaren« Ausländern hatten vor dem Krieg Erfolg gehabt. Dabei handelte es sich darum, auf Einbürgerungen das System der Quotierung nach nationaler Herkunft anzuwenden, das die USA entwickelt hatten, um Immigranten auszuwählen. 1945 ist der Moment der »amerikanischen« Krise: In den Debatten, die der Annahme des neuen französischen Staatsangehörigkeitsgesetzes vorangehen, tauchen auf Ideen der »Rasse« beruhende Vorurteile wieder auf. Die Mehrheit der »Demografie-Experten« will die geringe französische Geburtenrate anheben, indem sie in die Bevölkerung selektierte Elemente integriert und dazu aufruft, den Zustrom von Menschen aus dem Mittelmeerraum und dem Orient zu beschränken, die nach ihrer Auffassung »seit einem halben Jahrhundert die Zusammensetzung der französischen Bevölkerung tiefgreifend verändert«[7] hätten. Diese Auffassung setzt sich am Ende nicht durch, insbesondere dank Justizminister Henri Teitgen. Der Erwerb der französischen Staatsangehörigkeit erfolgt weiterhin aufgrund der Abstammung und der Geburt auf französischem Boden. Die Verwaltungsvorschriften für Einbürgerungen sehen keine Angaben zur nationalen oder ethnischen Herkunft vor.

Die letzte der drei »ethnischen« Krisen, die die Geschichte der französischen Staatsangehörigkeit markieren, ist die »algerische« Krise; sie ist bis heute nicht abgeschlossen. Seit 1984 prangert die extreme Rechte in Frankreich an, dass es für Ausländer zu leicht sei, die französische Staatsangehörigkeit zu erhalten; sie konzentriert ihre Kritik auf das Territorialprinzip und fordert, zu einem umfassenden Abstammungsprinzip wie jenem von 1803 zurückzukehren, das ihrer auf »Rasse« basierenden Konzeption von Nation mehr entspricht. Auch die konservativen Parteien folgen dieser Auffassung und schreiben sie in ihr politisches Programm – sie reagieren damit auf die Tatsache, dass die in Frankreich zur Welt kommenden, von algerischen Eltern abstammenden Kinder mit ihrer Geburt automatisch Franzosen werden, sofern Vater oder Mutter zu der Zeit in Algerien geboren wurden, als das Land zu Frankreich gehörte. Nach einem gescheiterten Versuch 1986 wird eine Staatsangehörigkeitskommission unter Leitung von Marceau Long, dem Vizepräsidenten des Conseil d'Etat, eingesetzt. Ihre Vorschläge dienen als Grundlage für eine Reform des Staatsangehörigkeitsrechts 1993, die die in Frankreich geborenen Kinder ausländischer Eltern dazu verpflichtet, bei Erreichen der Volljährigkeit »ihren Willen, Franzosen zu werden, offen zu bekunden«. Diese Reform wird 1998 teilweise wieder zurückgenommen. Danach können in Frankreich geborene Kinder ausländischer Eltern eine entsprechende Erklärung im Alter zwischen 13 und 18 Jahren abgeben; mit 18 Jahren werden sie automatisch Franzosen, es sei denn, sie erklären ihren gegenteiligen Willen.

Einbürgerungen werden in Frankreich heute weniger großzügig vergeben: Ihre Zahl hat sich zwischen 2010 und 2019 annähernd halbiert – von 94 000 auf 49 000 pro Jahr. Hier greift eine Reform, die die Einbürgerungsentscheidung von der zentralen staatlichen Ebene auf die Präfektur- bzw. Departement-Ebene verschoben hat, wo oftmals restriktiver entschieden wird. Insgesamt sind es rund 110 000 Personen jährlich, die – alle Verfahren zusammengerechnet – die französische Staatsangehörigkeit erhalten: durch Geburt in Frankreich bei Kindern ausländischer Eltern, durch Heirat oder durch Einbürgerung.

Die Diskriminierungen, die im französischen Staatsangehörigkeitsrecht seit 1803 existiert haben, bestehen nicht mehr. Eine französische Mutter überträgt wie der Vater ihre Staatsangehörigkeit qua Abstammung auf ihr Kind und behält diese auch dann, wenn sie einen Ausländer heiratet. Auch die Kategorie »Muslime aus Algerien«, die seit 1848, als Algerien Teil der Republik wurde, formal Franzosen waren – wenn auch mit einer entstellten Staatsangehörigkeit –, existiert seit der Unabhängigkeit Algeriens 1962 nicht mehr. Zuvor mussten sie für die volle Staatsangehörigkeit eine Einbürgerungsprozedur aufgrund eines Senatsbeschlusses von 1865 durchlaufen, der seinerzeit auch für Juden und Ausländer galt. Zwischen 1865 und 1962 erhalten knapp 7000 muslimische Algerier die vollen französischen Staatsbürgerrechte, Grundlage ist entweder der Senatsbeschluss von 1865 oder ein Verfahren, das 1919 eingerichtet wird. Schließlich erhalten diejenigen Eingebürgerten, die zwischen 1927 und 1984 noch Einschränkungen hinsichtlich ihres Wahlrechts und ihrer beruflichen Rechte hatten hinnehmen müssen, mit ihrer Aufnahme in die französische Staatsangehörigkeit auch die vollen Rechte. Doch die »algerische« Krise der Staatsangehörigkeit setzt sich fort. Sie erzeugt zwar keine formellen Diskriminierungen mehr, aber bei gewissen Franzosen, die aus dem Maghreb oder subsaharischen Ländern stammen, das Gefühl, noch immer nicht als Landsleute, als französische Staatsbürger, angesehen zu werden.

Vorrang des Territorialprinzips

Frankreich war 1803 das erste Land, das seine Staatsangehörigkeit aufgrund der Abstammung vergab – eine Erfindung, die sich in Kontinentaleuropa, Asien und Afrika verbreitete –, dennoch wird es mit dem Territorialprinzip identifiziert. Dies lässt sich vor allem darauf zurückführen, dass die von Charles Maurras beeinflusste extreme Rechte zu Beginn des 20. Jahrhunderts die Einbürgerungen als »großen Austausch« der Bevölkerung angriff und die Rückkehr zum »Blutsprinzip« forderte, die republikanische Linke ihr aber entgegenhielt, dass das »Blutsprinzip« aus Deutschland komme. Diese siegreiche Entgegnung der Linken hat sich in das Gedächtnis der Menschen und in die Vorstellungen eingeschrieben. Hinzu kommt, dass über 90 Prozent der Franzosen ihre Staats-

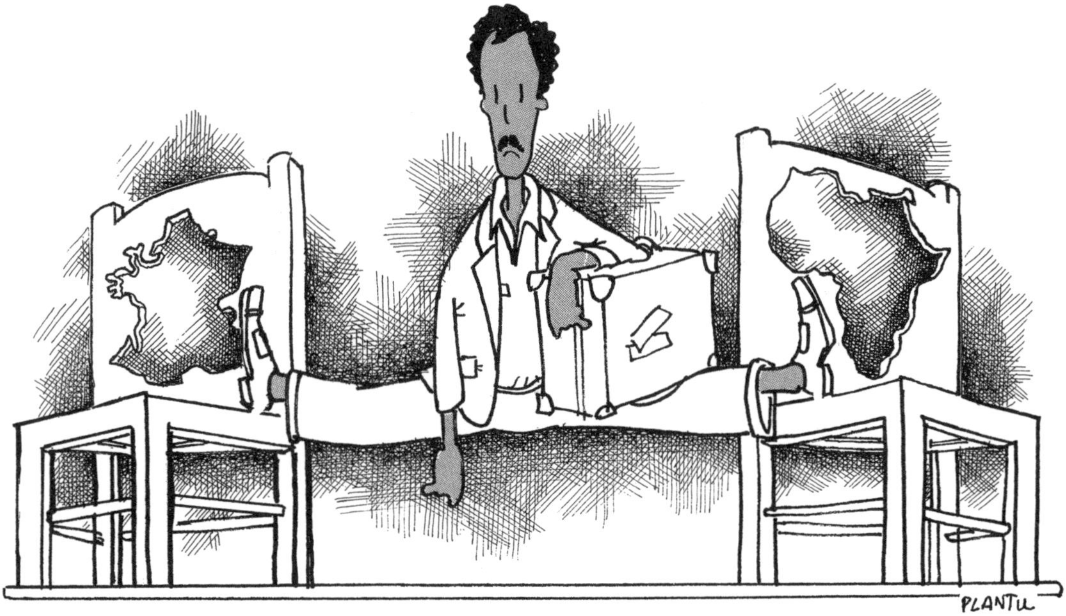

Karikatur »Zwischen zwei Stühlen« von Plantu, Frankreich, 1985

angehörigkeit sowohl aufgrund ihrer Abstammung als auch durch Geburt im Land leicht nachweisen können, sofern sie und ein Elternteil in Frankreich geboren sind. Hingegen gerät der Nachweis der französischen Staatsangehörigkeit allein aufgrund der Abstammung oft zum bürokratischen Albtraum. Obwohl die Abstammung im französischen Recht theoretisch überwiegt, behält das Territorium die Oberhand, weil es ein praktisches Prinzip des Staatsangehörigkeitsnachweises ist und mithin bei der französischen Bevölkerung die Vorstellung des Staatsangehörigkeitserwerbs dominiert.

Daneben gelten besondere Bestimmungen des französischen Staatsangehörigkeitsrechts, die vom Territorialprinzip weit entfernt sind. Die französische Staatsangehörigkeit im Ausland wird unvermindert von Generation zu Generation weiter übertragen, sofern ein Kind einen französischen Elternteil hat. Es genügt, die Beziehung zu Frankreich zumindest einmal in 50 Jahren etwa durch die Beantragung eines Reisepasses oder einer Wahlkarte zum Ausdruck zu bringen. Ein ausländischer Ehepartner eines Franzosen, der im Ausland lebt, kann ebenfalls durch eine entsprechende Erklärung Franzose werden, ohne in Frankreich einen Wohnsitz zu haben.

Allerdings ist in letzter Instanz das Territorium Frankreichs das »Haus«, in dem diese Auslandsfranzosen im Falle einer Notlage Zuflucht und Schutz erhalten – unabhängig davon, wie sie ihre Staatsangehörigkeit erworben haben.

Staatsangehörigkeit als Menschenrecht

Emma Goldman hat schon 1929 festgestellt, »ein Land zu haben, impliziert zunächst, eine gewisse Sicherheitsgarantie zu besitzen, die Versicherung, einen Ort zu haben, den man sein Eigen nennen und den einem niemand nehmen kann. Das ist die wesentliche Bedeutung der Begriffe Land und Staatsangehörigkeit.« Bis zum Ersten Weltkrieg, fügt Goldman hinzu, »hatte derjenige, der aufgrund seiner Geburt oder Einbürgerung Staatsbürger war, die Gewissheit, dass er in irgendeinem Teil dieser Welt zu Hause, in seinem eigenen Land, war und keine Wendung des Schicksals ihn seines angestammten Rechts, dort zu sein, berauben konnte«.[8] Hannah Arendt wird später in dieselbe Richtung argumentieren, dass »der erste Verlust, den die Rechtlosen [das heißt die Staatenlosen] erleiden, der Verlust eines Hauses ist«[9] – noch vor dem Verlust der Rechte. Daraufhin entwickelt Arendt die Idee, dass die Staatsangehörigkeit neben einem Ort der Zuflucht und des Schutzes auch das Recht vermittele, Rechte zu haben. Mehr noch: dass die Staatsangehörigkeit tatsächlich das einzige Menschenrecht sei.[10] Hatte sie unrecht? Nur ein Jahr zuvor, 1948, hatte die »Allgemeine Erklärung der Menschenrechte« vielfältige Rechte statuiert, darunter »das Recht auf eine Staatsangehörigkeit« (Art. 15). In der Praxis hingegen wurde von allen proklamierten Menschenrechten allein die Abschaffung der Sklaverei in den Gesetzen der globalen Staatengemeinschaft umgesetzt. Die Konsequenz dieser Abschaffung ist, dass jeder Mensch eine Staatsangehörigkeit besitzt. Und tatsächlich: Jedem Menschen, der keine Staatsangehörigkeit hat – sei es rechtlich als Staatenloser oder de facto als Flüchtling –, stellt die internationale Staatengemeinschaft einen Ersatz bereit, er genießt den Schutz des Hohen Flüchtlingskommissars der Vereinten Nationen – des Konsulats derjenigen, die kein Konsulat mehr haben[11] – und hat das Recht, Rechte im Zufluchtsland zu haben. Hier offenbart sich der fundamentale Charakter der Staatsangehörigkeit als Menschenrecht. Daraus folgt auch, dass die Macht des Staates im Hinblick auf den Entzug der Staatsangehörigkeit beschränkt ist. Dieser ist in Frankreich rechtlich nur unter sehr engen gesetzlichen Bedingungen möglich, etwa nach einer entsprechenden Entzugsentscheidung des Conseil d'Etat und unter der Bedingung, dass diese nicht zur Staatenlosigkeit führt.

Vor nicht langer Zeit musste Präsident François Hollande die Erfahrung machen, wie begrenzt die Macht der Politik in diesem Bereich ist. Nach den entsetzlichen Terroranschlägen am 13. November 2015 schlug er vor, in die Verfassung eine Bestimmung aufzunehmen, die ermöglichen sollte, Doppelstaatern die französische Staatsangehörigkeit zu entziehen, sofern sie wegen Terrorismus verurteilt worden waren. Auch Oppositionsführer Nicolas Sarkozy unterstützte dies. Das Vorhaben verstieß aber gegen den Gleichheitsgrundsatz: Warum sollten nur Doppelstaater mit dem Entzug der Staatsangehörigkeit bestraft werden? François Hollande machte daraufhin, weiterhin im Einverständnis mit Nicolas Sarkozy, den Vorschlag, die Strafe des Staatsangehörigkeitsentzugs auf alle wegen Terrorismus verurteilten Franzosen anzuwenden. Dagegen brach der Widerstand an dem Punkt auf, an dem Staatenlose geschaffen wurden, die nicht mehr durch die Konvention der Vereinten Nationen zum Schutz vor Staatenlosigkeit geschützt waren, eine Art von menschlichen Tieren ohne irgendwelche Rechte. François Hollandes Initiative zur Verfassungsänderung war endgültig gescheitert. Dieses Scheitern zeigte abermals, dass trotz der wiederholten Versuchung französischer Regierungen, mit dem Staatsangehörigkeitsrecht Politik zu machen, am Ende eine republikanische, egalitäre Politik triumphierte, die die Menschenrechte achtet. Die französische Staatsangehörigkeit bleibt, was sie seit 1927 ist: ein Recht, das einschließt durch das Territorium, die Abstammung, die Heirat, die Einbürgerung und die Akzeptanz der doppelten Staatsangehörigkeit.

Übersetzt von Dieter Gosewinkel

1 Vgl. Weil 2011.
2 Zu dieser Geschichte siehe Weil 2004.
3 Ministerium der Justiz, Direktion Zivilsachen und Siegel, Kommentar zum Gesetz vom 10. 8. 1927 über die Staatsangehörigkeit, 14. 8. 1927, Paris, S. 3.
4 Vgl. Depoid 1942, S. 45.
5 Vgl. Ansky 1950, S. 318 f.
6 Weil 2004, S. 139.
7 Ebd., S. 147.
8 Goldman, A Woman Without A Country, zit. n. Weil 2013.
9 Arendt 1958, S. 296.
10 Vgl. Menke 2007.
11 Vgl. Akoka 2012.

Jerzy Kochanowski

Staatsbürgerschaft in Polen – eine sinusförmige Entwicklung

In der Stiftungsurkunde der Zisterzienserabtei in Łekno (1153) stellte sich der Stifter als *Zbilud Poloniae civis* (Zbylut, ein Bürger Polens) vor. Bis heute wird über den Sinn dieser Bezeichnung gestritten. Es besteht aber kein Zweifel, dass darin eher die Faszination für das römische Recht und die Kultur des Westens zum Ausdruck kam, als dass es sich um eine Erklärung der Staatsbürgerschaft im heutigen Sinne handelte. Darauf galt es noch mehr als 750 Jahre zu warten. Es sollte ein schwieriger, mitunter auch paradoxer Weg werden.

Entwicklung vor 1918

Unter dem Begriff »Bürger« *(obywatel)* verstand man in Polen ursprünglich einen Hausgenossen, einen Landsmann, »einen von uns«. Als Bezeichnung für einen Einwohner der Rzeczpospolita, sprich der Republik, der all seine politischen Rechte und Freiheiten genoss, vom Gesetz geschützt war, über sich selbst entscheiden konnte und für das Land verantwortlich war, wurde der Begriff offiziell zum ersten Mal während des Vierjährigen Sejms (1788–1792) und in der am 3. Mai 1791 verabschiedeten Verfassung verwendet. Lange war die Bezeichnung ausschließlich dem Adel vorbehalten, der die Politik, Wirtschaft und Kultur in einem viel größeren Maße als im Westen Europas monopolisierte und seit dem 15. Jahrhundert die Rechte und Freiheiten von Bauern und Städtern wirksam einschränkte. Die Bauern wurden praktisch auf die Rolle von Objekten reduziert, die Städter gezwungen, sich auf die »städtische« Bürgerschaft – und dies auch nur in einigen größeren Zentren – zu beschränken. Noch zu Beginn des 20. Jahrhunderts näherte sich der Begriff »Bürger« semantisch dem französischen *citoyen* an, doch die kollektiv aufgefasste Bürgerschaft *(obywatelstwo)* bezog sich nach wie vor auf die Gruppe von Grundbesitzern *(ziemianie)* und nicht auf eine staatliche Zugehörigkeit. In dieser Bedeutung

Kazimierz Wojniakowski, *Uchwalenie Konstytucji 3 Maja* (dt. Verabschiedung der Verfassung vom 3. Mai), 1806

wurde der Begriff »Bürger« erst im unabhängigen Polen nach November 1918 gebräuchlich.

Das politische, wirtschaftliche und kulturelle Monopol des Adels war eine der Ursachen für die tiefe Krise des polnischen Staates oder gar für dessen Untergang Ende des 18. Jahrhunderts. Reformversuche, darunter die oben erwähnte Verfassung, brachten nicht viel. Obgleich die Verfassung dem Adel eine entscheidende Rolle zuwies, ließ sie die Ausgeschlossenen, darunter die Bauern, die als der »zahlreichste Theil der Nation« bezeichnet wurden, nicht außer Acht. Auch die bürgerliche Verantwortung gegenüber dem Staat wurde erweitert. So wurde darauf hingewiesen, dass alle Bürger – auch Städter und Bauern – »Vertheidiger der Unverletzlichkeit und Freiheit der Nation« seien.

Ein Jahr später wurde die Verfassung außer Kraft gesetzt und 1795 hörte die Rzeczpospolita auf zu existieren. Sie wurde endgültig zwischen dem Russland der Romanows, dem Preußen der Hohenzollern und dem Österreich der Habsburger aufgeteilt. Doch erst in der Mitte des 19. Jahrhunderts wurden alle Bewohner der polnischen Gebiete zu Untertanen einer dieser drei Dynastien; ein Teil von ihnen erfuhr zuvor verschiedene Formen der polnischen (Quasi-) Staatlichkeit, mit einer eigenen, zum ersten Mal genau definierten Staatsbürger-

Lackdose mit einer Reproduktion des Gemäldes *Finis Poloniae* nach Dietrich Monten, Braunschweig, 1835

schaft. Das Herzogtum Warschau (1807–1815), ein Vasallenstaat des napoleonischen Frankreich, übernahm von Paris den Code civil, darunter die modern geregelte Staatsbürgerschaft. Diese erwarb automatisch ein freier Mann, der auf dem Gebiet des Herzogtums oder irgendwo auf der Welt von einem Staatsbürger des Herzogtums geboren wurde. Im Königreich Polen (1815–1831) – durch eine Personalunion mit Russland verbunden und ohne Posen und Krakau territorial beschnitten – garantierte die Staatsbürgerschaft politische Rechte, insbesondere das aktive Wahlrecht zu den Vertretungskörperschaften, darunter zum Sejm. Vorenthalten wurden diese Rechte nicht nur den Bauern, die zur Fronarbeit verpflichtet waren, sondern auch – wie in vielen Teilen des damaligen Europa – den Juden. Letztere hatten auch nur geringe Chancen, eine Beamtenkarriere einzuschlagen, ihr Recht auf Eigentum war radikal eingeschränkt. Das Ausgrenzungskriterium war dabei nicht rassischer, sondern religiöser Art, sodass eine Konversion den Status des Einzelnen verbessern konnte.

Nach dem gescheiterten Novemberaufstand 1831 und der österreichischen Annexion der Freien Stadt Krakau 1846 waren alle Bewohner der Gebiete der ehemaligen Rzeczpospolita Untertanen einer der drei Teilungsdynastien. Ein Untertan der Romanows, Habsburger oder Hohenzollern zu sein, in deren Armeen dienen zu müssen, mit Mark, Rubel oder Krone zu bezahlen, bedeutete

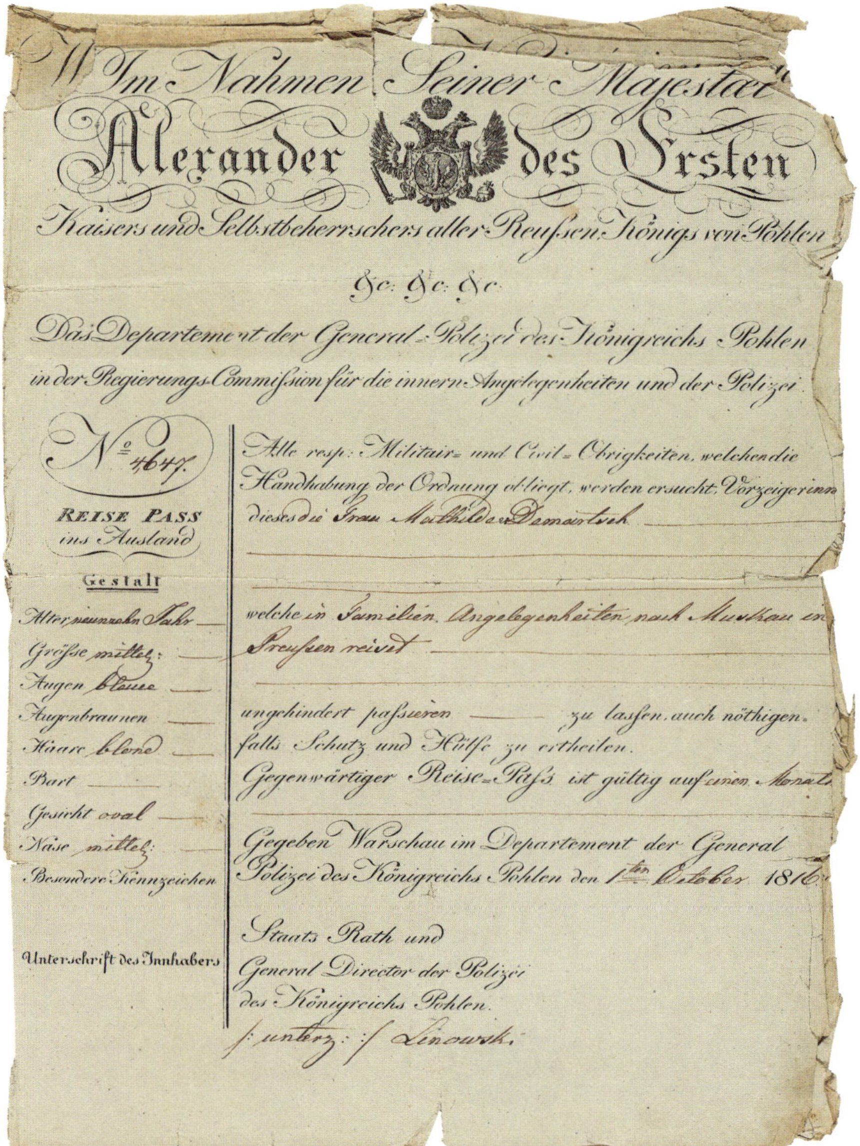

Im Nahmen Seiner Majestaet
Alexander des Ersten
Kaisers und Selbstbeherrschers aller Reussen, Königs von Pohlen
&c. &c. &c.
Das Departement der General-Polizei des Königreichs Pohlen
in der Regierungs-Commission für die innern Angelegenheiten und der Polizei.

No. 4647.
REISE PASS
ins Ausland

Gestalt
Alter neunzehn Jahr
Grösse mittel
Augen blaue
Augenbraunen
Haare blond
Bart
Gesicht oval
Nase mittel
Besondere Kennzeichen

Unterschrift des Innhabers

Alle resp: Militair- und Civil-Obrigkeiten, welchen die Handhabung der Ordnung obliegt, werden ersucht, Vorzeigerinn dieses die Frau Mathilde Demartsch

welche in Familien Angelegenheiten nach Muskau in Preussen reiset

ungehindert passieren zu lassen, auch nöthigenfalls Schutz und Hülfe zu ertheilen.
Gegenwärtiger Reise-Pass ist gültig auf einen Monat.

Gegeben Warschau im Departement der General Polizei des Königreichs Pohlen den 1ten October 1816.

Staats Rath und
General Director der Polizei
des Königreichs Pohlen.
(unterz:) Linowski.

Polnischer Reisepass für Mathilde Demarez aus dem Königreich Polen nach Muskau, 1816

noch nicht, dass sich alle im gleichen Maße als Bürger des jeweiligen Staates fühlten. Vieles hing von der Besonderheit des Teilungsgebiets, der Zeit, der gesellschaftlichen Gruppe, der Konfession und Nationalität ab. Die im Polen vor der Teilung geltende Definition der Nation – als Bewohner eines bestimmten Territoriums, mit eigenem Herrscher und Recht – wurde zugunsten anderer Faktoren – etwa Kultur, Sprache und Tradition – verifiziert.

Insbesondere nach der Niederschlagung des Januaraufstands 1863/64 setzte sich allmählich eine positivistische Ansicht durch, wonach auch ein Staat unter der Teilungsmacht einen Raum für die Entwicklung der Nation darstellen könne. Dies gelang im Habsburgerreich, wo das »polnische« Galizien eine breite Autonomie erhielt und niemand sich darüber wunderte, dass die Ämter des österreichischen Ministerpräsidenten oder Außenministers von Polen bekleidet wurden. Sowohl in Russland als auch in Preußen (und ab 1871 im Deutschen Kaiserreich) schloss dagegen der Prozess der Nationalstaatsbildung jedwede Autonomie aus. Da sie sich der Assimilierung verschlossen, wurden Polen zu Staatsfeinden und damit zu Bürgern zweiter Klasse. Die Diskriminierungspolitik war in hohem Maße kontraproduktiv, sie schwächte die integrativen Funktionen der Staatsbürgerschaft ab und festigte sogar, wie etwa in Pommerellen und in Großpolen, das polnische Nationalbewusstsein.

1918 bis 1939

Der Erste Weltkrieg beschleunigte die Entwicklung des nationalen und bürgerlichen Bewusstseins – sowohl bei Polen als auch bei Ukrainern, Litauern oder Weißrussen, die 1917/18 eigene Staatlichkeit einforderten. Andererseits kam der Antisemitismus verstärkt zum Vorschein. Beide Phänomene verhießen nichts Gutes für die im Entstehen begriffene polnische Staatlichkeit, in die sich die Multiethnizität gleichsam als ihr Bestandteil einreihte. Ein schwieriges Erbe stellten sowohl die über 120-jährige Teilung des Landes dar, die zu nachhaltigen regionalen Identitätsbildungen territorialer, sprachlicher, kultureller und ökonomischer Art geführt hatte, als auch der lange und blutige Prozess der Grenzziehung, die Massenmigrationen und die schlechte Wirtschaftslage. Den Bürgerrechten wie der Staatsbürgerschaft kam damit eine überaus wichtige stabilisierende und integrierende Bedeutung zu. Bereits Ende 1918 wurden ein Paket sozialer Rechte, darunter bezahlter Urlaub und die Einführung des Achtstundentags, und eine demokratische Wahlordnung mit einer einzigen Beschränkung – der des Alters, ohne Rücksicht auf Geschlecht, Herkunft oder Einkommen – verabschiedet. Debatten während der Ausarbeitung der Verfassung betrafen dabei nicht so sehr das Frauenwahlrecht, sondern vielmehr die Rechte nationaler Minderheiten. So galten für die Linke keine nationalen Einschränkungen, die Rechte wollte hingegen die Bürgerrechte ausschließlich »ethnischen« Polen vorbehalten. Letzteres kam aber nicht infrage – eine Ausgrenzung von Minderheiten hätte sich noch destabilisierender ausgewirkt und der sogenannte Minderheitenvertrag, den die polnischen Vertreter am 28. Juni 1919 mit dem Versailler Vertrag unterzeichneten, verpflichtete Polen dazu, das Prinzip der Gleichheit aller Bürger, unabhängig von deren Nationalität, vor dem

Recht einzuführen sowie ihnen Religions-, Sprach- und Bildungsfreiheit zu garantieren. Eine größere Offenheit gegenüber der Staatsbürgerschaftsfrage hätte sich positiv auf die geplanten Volksabstimmungen sowie auf die weltweit verstreuten Nachkommen der polnischen Auswanderer und Verbannten auswirken können.

Das Gesetz über die Staatsbürgerschaft vom 20. Januar 1920 bestimmte die diesbezügliche Politik – auch die Verfassungen von 1921 und 1935 – bis zum Ende der Zweiten Republik. Polnischer Bürger war demnach eine Person, die gesetzliche Kriterien erfüllte, ohne Rücksicht auf Geschlecht, Alter, Konfession und Nationalität. In den ehemaligen Teilungsgebieten galten allerdings unterschiedliche Voraussetzungen für die Anerkennung der polnischen Staatsangehörigkeit. Das Gesetz regelte, wie Staatsbürgerschaft erworben und entzogen werden sollte, Letzteres durch den Erwerb einer anderen Staatsangehörigkeit oder Dienst in einer fremden Armee. In der am 21. März 1921 verabschiedeten Verfassung war mit den Artikeln 89 bis 124 wiederum ein typischer Katalog demokratischer Freiheiten, Rechte und Pflichten eines Bürgers enthalten. Während der Staat rigoros über die Einhaltung von Pflichten – Militärdienst, Steuern, Achtung der »rechtmäßigen Gewalt« – wachte, war es um die Gewährung von Rechten und Freiheiten schlechter bestellt. Ein großer Teil der Minderheiten – Juden, Ukrainer, Weißrussen, Deutsche – fühlte sich als Bürger zweiter Klasse, der in seinen kulturellen, wirtschaftlichen oder politischen Rechten beschnitten wurde. Insbesondere in den Ostgebieten *(Kresy Wschodnie)* gab es in den 1930er-Jahren nicht selten Fälle von erzwungener Konversion oder zerstörten orthodoxen Kirchen. Landesweit duldete man körperliche und ökonomische Gewalt gegen Juden sowie den Numerus clausus und die sogenannten »Ghettobänke« *(getto ławkowe)* an den Hochschulen. Zur Integration der jüdischen Minderheit in den polnischen Staat trug dies nicht bei.

Das Gefühl von Verlassenheit und Ausgrenzung, das zur Enttäuschung über den Staat führte, war andererseits auch den ethnischen Polen nicht fremd, insbesondere den sozial schwächeren. Die Wirtschaftskrise der 1930er-Jahre, die in Polen besonders lang und schwer ausfiel, offenbarte die Ratlosigkeit des Staates, wenn es darum ging, die in der Verfassung garantierte Arbeitssicherheit sowie die soziale Fürsorge umzusetzen. An die Stelle der anfänglichen Begeisterung über die wiedergewonnene staatliche Unabhängigkeit trat nicht selten eine feindliche Einstellung gegen alles Staatliche. »Das Volk wird gegenüber dem Staate gleichgültig«, kommentierte der Volksaktivist und dreimalige Ministerpräsident Wincenty Witos, »weil es keinen Schutz erfährt, und da es die Verletzung seiner Rechte zu spüren bekommt, zieht es sich zurück und steht beiseite.«[1] Angesichts dessen befürchtete er den wachsenden Einfluss von extremen Kräften: von Kommunismus und Faschismus.

1939 bis 1945

Witos ahnte nicht, welche Tragödien diese beiden Ideologien tatsächlich auslösen sollten – auch für die Bürgerrechte und die Staatsbürgerschaft, die zu einem Instrument von Diskriminierung, Terror und Vernichtung wurden. Der Hitler-Stalin-Pakt vom 23. August 1939, in dem die Einflusszonen Deutschlands und der Sowjetunion in Osteuropa festgelegt wurden, hatte für deren Bewohner, darunter die Bürger der Zweiten Polnischen Republik, langfristige Konsequenzen – über das Jahr 1945 hinaus. Die letzten Kämpfe des sogenannten Septemberkrieges dauerten noch an, als die beiden Aggressoren – das nationalsozialistische Deutschland und die kommunistische Sowjetunion – am 28. September 1939 entschieden, dass der polnische Staat und damit auch dessen Staatsbürgerschaft aufhöre zu existieren. Gemäß den ideologischen und »rassischen« Grundannahmen der Nationalsozialisten durften in den ins Reich eingegliederten Gebieten der Zweiten Republik nur »Bewohner deutschen oder artverwandten Blutes« die deutsche »Staatsangehörigkeit« erhalten, wenn auch nicht zwangsläufig »Reichsbürger« werden. Nur den zwei ersten Gruppen der im März 1941 eingeführten »Deutschen Volksliste« wurde die Staatsangehörigkeit gleich zuerkannt – mit dem Recht, den Status eines »vorläufigen Reichsbürgers« zu erlangen. Das Deutschtum der »polnischen« dritten und vierten Gruppe sollte hingegen innerhalb von zehn Jahren verifiziert werden. Die übrigen polnischen Bürger hatten in den ins Reich eingegliederten Gebieten den Status der »Schutzangehörigen«, die faktisch sämtlicher Rechte beraubt waren, dafür aber eine breite Palette an Pflichten auferlegt bekamen, die brutal eingefordert wurden.

Polen aus Posen oder Lodsch blickten nicht selten mit Neid auf das Schicksal ihrer Landsleute aus dem sogenannten Generalgouvernement. Dieses bildete weder einen Teil Deutschlands noch einen gesonderten Staat (trotz zum Beispiel Grenzen, eigener »Regierung« und Währung). Formal gesehen hatte es keine Staatsbürgerschaft. Obwohl das Generalgouvernement ein Gebiet von geradezu unvorstellbarer Ausbeutung und Terror war, da eben hier die Mehrheit der europäischen Juden ermordet wurde, konnten die Menschen zugleich unbesorgt Polnisch sprechen, polnische Kirchen besuchen, sich bilden, polnische Zeitungen lesen, am wirtschaftlichen Leben als Subjekt und nicht als Objekt teilnehmen. Die meisten Bauern behielten ihre Höfe, Gutsbesitzer ihre Güter, Geistliche die Kirchen, Kleinbürger ihre Werkstätten und Läden. Die Exklusion umfasste vor allem die Juden, die aus allen Bereichen des gesellschaftlichen, wirtschaftlichen und kulturellen Lebens ausgeschlossen wurden, sowie die Bourgeoisie und Intellektuellen. Aus Mangel an deutschem Personal wurden die polnische Polizei und ein Teil des Gerichtswesens beibehalten, Polen dominierten auch auf der unteren Verwaltungsebene. Ähnlich wie in den ins Reich eingegliederten Gebieten stellten die Deutschen eine privilegierte Gruppe dar, die nichtdeutschen Einwohner wurden dagegen sowohl nach Kriterien der Rasse als auch praktischer Nützlichkeit eingeteilt, was mit der Ausweisfarbe kenntlich gemacht wurde. So erhielten die der Vernichtung geweihten Juden und Roma gelbe, die (vorerst) geduldeten Polen graugrüne und die kooperierenden Ukrainer, Weißrussen, Russen, Georgier oder Goralen aus Podhale blaue Kennkarten.

Während die deutschen Besatzer keine Notwendigkeit sahen, den Rechtsstatus ehemaliger polnischer Staatsbürger zu legitimieren, sorgten die sowjetischen Besatzer von September 1939 bis Juni/Juli 1941 dafür, den allgemeinen Austausch der Staatsangehörigkeit als Folge einer »demokratisch« getroffenen Entscheidung der Einwohner aussehen zu lassen. So wurden zunächst »Wahlen« zu lokalen Volksversammlungen durchgeführt, deren Mitglieder – Polen, Ukrainer, Weißrussen und Juden – eine Petition an Moskau richteten, »Westweißrussland« und die »Westukraine« in die Sowjetrepubliken einzugliedern. Nach erteilter Zustimmung erwarben sie automatisch die sowjetische Staatsangehörigkeit. So konnte Moskau seine Aggression nach außen legitimieren, im Inneren erleichterte es, die Bevölkerung zu beherrschen, denn ohne sowjetische Personaldokumente war der Alltag nicht zu meistern. Die Bewohner der polnischen Ostgebiete sollten bis zum Kriegsende noch zweimal ihren Rechtsstatus wechseln – zuerst unter der deutschen Besatzung und dann nach der Rückkehr der sowjetischen Machthaber (von Januar bis Juli 1944). Ukrainern und Weißrussen wurde keine Wahl gelassen, sie blieben sowjetische Bürger. Polen und die wenigen vor der Vernichtung geretteten Juden durften in das nach Westen verschobene Polen übersiedeln. Die meisten nutzten diese Gelegenheit, mehrere Hunderttausend wollten bzw. konnten aber die Sowjetunion nicht verlassen und blieben so deren Bürger.

1945 bis 1989

Nach dem Albtraum des Krieges und der Besatzung musste sich Polen, nunmehr in den neuen Grenzen und mit einem neuen politischen System, ein weiteres Mal innerhalb eines Vierteljahrhunderts mit der Frage der Staatsbürgerschaft auseinandersetzen. Dies sollte viermal mehr Zeit in Anspruch nehmen als nach dem Ersten Weltkrieg. Das Staatsbürgerschaftsgesetz wurde erst 1951 verabschiedet, als man zu dem Schluss kam, dass das Erbe des Krieges entsprechend »geregelt« sei. Die erste Phase umfasste sowohl die Aussiedlung von 3,5 Millionen Deutschen aus den »Wiedergewonnenen Gebieten« nach Westen und von mehr als 500 000 Ukrainern und Weißrussen nach Osten als auch die Rückführung von möglichst vielen Landsleuten aus den ehemaligen polnischen Ostgebieten und dem Landesinneren der Sowjetunion (insgesamt mehr als 1,5 Mio.). Nicht alle »Reichsbürger« mussten das neue Polen verlassen, denn auf die polnische Staatsbürgerschaft durften sogenannte Autochthone mit polnischen Wurzeln, vor allem in Ermland und Masuren, Pommern, Oberschlesien und im Oppelner Schlesien, zählen. Für die polnischen Regierenden hatte dies eine fundamentale – legitimierende und ökonomische – Bedeutung. Veranschaulicht wird das durch eine Aussage von Aleksander Zawadzki, von 1945 bis 1948 Woiwode (Gouverneur) von Schlesien: »Wir wollen keinen einzigen Deutschen, wir werden keine einzige polnische Menschenseele preisgeben [...]. Keine Paragrafen und keine Anordnungen werden es exakt klären können, wer als Pole und wer als Deutscher anzusehen ist. In solchen Fällen muss das polnische Gewissen entscheiden.«[2] Insgesamt nahm rund eine Million ehemaliger Reichsbürger die neue Staatsangehörigkeit an. Schon bald begannen sie, dies zu bereuen.

Polnisches Wahlplakat mit dem Hinweis auf die »Wiedergewonnenen Gebiete«, 1946

Den einen wurde die Staatsbürgerschaft verliehen, den anderen wurde sie entzogen. In erster Linie betraf das ehemalige Volksdeutsche, die sich auf der Grundlage eines ad hoc geschaffenen Rechts einem Rehabilitierungsverfahren unterziehen mussten. Mindestens 250 000 wurden negativ beschieden und nach Deutschland ausgesiedelt. Eine andere Gruppe bildeten tatsächliche und vermeintliche Feinde des neuen Polen, insbesondere im Exil verbleibende Soldaten und Politiker.

Die Staatsbürgerschaftsgesetze von 1951 und 1962 behielten einen Teil der Lösungen aus der Vorkriegszeit bei, darunter das Verbot doppelter Staatsbürgerschaft. Dagegen wurde der Katalog von Gründen für deren Verlust erheblich erweitert. Allgemeine Formulierungen stellten ein Instrument dar, mit dem die Bevölkerung eingeschüchtert werden konnte. Sie ließen sich auch den Umständen entsprechend anpassen. So mussten Deutsche, die im Rahmen der Familienzusammenführung ausreisen wollten (rund 600 000 von 1956 bis 1984), wie auch Juden, die infolge der antisemitischen Kampagne 1967/68 das Land verlassen mussten (rund 13 000 bis 1972), zuvor die Aberkennung der Staatsbürgerschaft beantragen. Die Ausreise erfolgte anhand eines »Reisedokuments«, das nur für die Hinfahrt gültig und mit dem Vermerk versehen war, dass dessen Besitzer *kein* polnischer Staatsbürger sei. Vom Ausstellen solcher Ausweise verabschiedete man sich 1984.

Die große Anstrengung des Staatsapparats der Volksrepublik Polen, die darauf abzielte, einen neuen, treuen und gehorsamen (jetzt »sozialistischen«) Bürger zu formen, erwies sich als wenig wirksam. Je weniger der Staat seinen Bürgern politisch wie wirtschaftlich anzubieten vermochte, desto deutlicher wurde die instrumentelle und pragmatische Einstellung eines bedeutenden Teils von ihnen zum Staat und zu seinen Institutionen. Dies führte geradezu zur Herausbildung einer »Parallelgesellschaft« mit eigenen ethischen Grundsätzen, Vorbildern und Mentalitäten, einer Gesellschaft, die vonseiten des Staates kaum zu kontrollieren war.

Entwicklung nach 1989

Das inzwischen vollkommen souveräne Polen musste sich nach 1989 nunmehr zum dritten Mal im 20. Jahrhundert mit der staatsbürgerlichen Haltung wie auch der Staatsbürgerschaft befassen. Im Zuge der Bewältigung des vergangenen halben Jahrhunderts wurde vor allen Dingen in der Sphäre der nationalen Ideologie nach offiziellen Mustern einer staatsbürgerlichen Haltung gesucht. Mit den Bemühungen um eine Aufnahme in die Europäische Union rückte zunehmend der mit dem traditionellen Bild eines Polen und Katholiken *(Polak-katolik)* konkurrierende Entwurf eines modernen, aufgeschlossenen Staatsbürgers in den Vordergrund. Er erreichte jüngere, wohlhabendere, besser ausgebildete Bürger aus größeren Städten; bei dem herkömmlichen Muster blieben ältere, schlechter ausgebildete, vor allem auf dem Lande und in kleineren Städten lebende Personen. Die Spaltung lässt sich am deutlichsten an den Wahlurnen beobachten: Die Ersten stimmen für das liberale, EU-freundliche linke Zentrum, die Zweiten für die konservative, europafeindliche Rechte.

Mehr als zwei Jahrzehnte dauerte es, bis die Frage der Staatsbürgerschaft geregelt war. In der Verfassung von 1997 werden die demokratischen Bürgerrechte, -freiheiten und -pflichten bestätigt: Gleichheit vor dem Gesetz, Gleichheit der Geschlechter, rechtlicher Schutz der Freiheit usw. In der Frage der Staatsangehörigkeit bleibt sie allgemein: Erwerb durch Geburt von Eltern polnischer Staatsangehörigkeit; andere Erwerbsfälle »regelt das Gesetz«. Eine wesentliche Änderung bildet der Verlust der Staatsangehörigkeit nur durch einen freiwilligen Verzicht. Das Staatsangehörigkeitsgesetz von 1962 war bis 2012 gültig und die zwischenzeitlich vorgenommenen kosmetischen Änderungen hinkten der Globalisierung, Grenzöffnung und Mobilität hinterher. So wurde das Verbot einer doppelten Staatsangehörigkeit de facto zur Fiktion (2002 gab es in Polen 445 000 Personen mit zwei Pässen, davon 280 000 mit einem polnischen und einem deutschen Pass). Um ihre Rechte mussten diejenigen kämpfen, denen die Staatsbürgerschaft entzogen worden war, als sie in der Volksrepublik Polen ein »Reisedokument« ausgestellt bekommen hatten: Noch bis 2008 hatten sie keinen Anspruch, die polnische Staatsbürgerschaft wiederzuerlangen, und konnten höchstens deren Verleihung wie »normale« Ausländer beantragen. Die Zahl der Letztgenannten wuchs lawinenhaft nach dem Beitritt Polens zur EU im Jahr 2004, als der polnische Pass von einem Tag auf den anderen an Wert gewann (zurzeit darf man damit visafrei in 182 Länder einreisen). Wurden 2001 noch 2100 Anträge auf polnische Staatsangehörigkeit gestellt, waren es 2006 bereits 6700. Zehn Jahre später führte der Brexit dazu, dass selbst britische Bürger Interesse an einem polnischen Pass zeigen. Ich schließe diesen Essay am 11. Oktober 2021, einen Tag nach den Massendemonstrationen gegen die EU-feindliche Politik der polnischen Regierung, und hoffe, dass diese Erfahrung den Bürgerinnen und Bürgern der Republik Polen erspart bleiben wird.

Übersetzt von Tomasz Nowak

1 Zit. n. Borkowski 1995, S. 286.
2 Zit. n. Szlanta 2016, S. 62.

Andreas Fahrmeir

Staatsbürgerschaft in Deutschland

Zu den Besonderheiten der Entwicklung der Staatsbürgerschaft in Deutschland gehört ein starker Fokus auf die Bedeutung von Abstammung. Daraus ergeben sich die Fragen, die hier im Zentrum stehen: Seit wann ist es möglich, von einer *deutschen* Staatsbürgerschaft zu sprechen? Und wie bedeutend war Abstammung für die Definition von Staatsangehörigkeit?

Staatsangehörigkeiten in deutschen Staaten

Im Verlauf der ersten Hälfte des 19. Jahrhunderts wurden Staatsangehörigkeit und Staatsbürgerschaft in Deutschland erstmals explizit reguliert. Zu dieser Zeit gab es im Deutschen Bund rund 40 unabhängige Staaten, die ihre jeweils eigene Staatsbürgerschaft definierten – so etwa Baden, Bayern, Lübeck oder Preußen. In den süddeutschen Staaten, die bereits um 1820 Verfassungen erließen, erfolgte dies, indem die Wahlberechtigten beschrieben wurden. In Staaten, die erst später Verfassungen erhielten, stand der Anspruch auf öffentliche Unterstützung im Vordergrund. Das war etwa in Preußen der Fall, wo das »Gesetz über die Erwerbung und den Verlust der Eigenschaft als Preußischer Untertan« vom 31. Dezember 1842 zusammen mit einem »Gesetz über die Aufnahme neu anziehender Personen« und einem »Gesetz über die Verpflichtung zur Armenpflege« erlassen wurde.

Inhaltlich waren die Regelungen zum Erwerb und Verlust von Staatsangehörigkeit in den deutschen Einzelstaaten ähnlich. Grundlage des automatischen Erwerbs der Staatsangehörigkeit zum Zeitpunkt der Geburt war die Abstammung von einem Staatsangehörigen. Ziel war dabei allerdings kaum, den Staat als Abstammungsgemeinschaft zu definieren. Die Regel orientierte sich vielmehr am damals als besonders modern geltenden französischen Vorbild sowie an den Heimat- oder Bürgerrechten in Dörfern und Städten, die im Regelfall ebenfalls vererbt wurden. Zudem war die Staatsangehörigkeit an den dauerhaften Aufenthalt im Staatsgebiet gebunden. Auswanderer verloren ihre Staatsan-

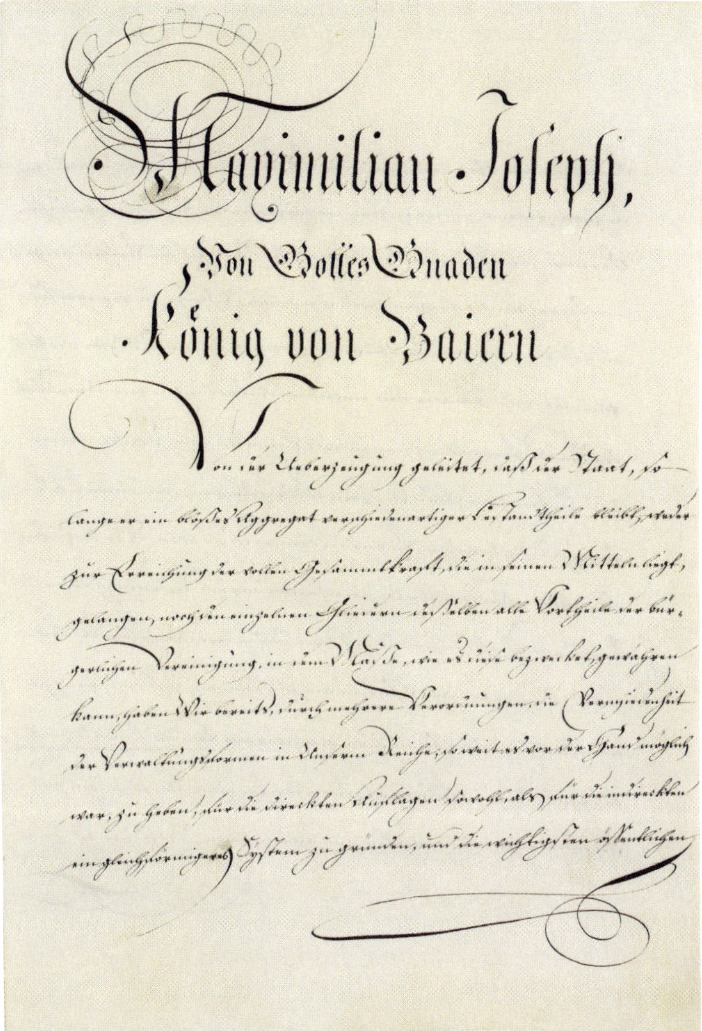
Maximilian Joseph,
Von Gottes Gnaden
König von Baiern

Von der Ueberzeugung geleitet, daß der Staat, so lange er ein bloßes Aggregat verschiedenartiger Bestandtheile bleibt, weder zur Erreichung der vollen Gesammtkraft, die in seinen Mitteln liegt, gelangen, noch den einzelnen Gliedern desselben alle Vortheile der bürgerlichen Vereinigung, in dem Maße, wie es diese bezwecket, gewähren kann, haben Wir bereits durch mehrere Verordnungen die Verschiedenheit der Verwaltungsformen in Unserem Reiche, so weit es vor der Hand möglich war, zu heben, für die direkten Auflagen sowohl, als für die indirekten ein gleichförmiges System zu gründen, und die wichtigsten öffentlichen

Verfassungsurkunde des Königreichs Bayern, 1808

gehörigkeit entweder mit dem Grenzübertritt oder nach Ablauf einer gewissen Frist, und zwar selbst dann, wenn das zur Staatenlosigkeit führte – falls zwischenstaatliche Verträge nicht anderes vorsahen.

Führte Auswanderung zum Verlust der Staatsangehörigkeit, so führte Einwanderung fast nirgends zu deren Erwerb. Die einzige automatische Form der Einbürgerung war (tatsächlich bis 1969) die Ehe einer Ausländerin mit einem Inländer, da Frauen mit der Heirat die Staatsangehörigkeit ihres Mannes erhielten. Ledige Frauen und alle Männer mussten die Einbürgerung beantragen. Die Entscheidung, ob dieser Antrag erfolgreich war, lag im freien Ermessen der Bürokratie, die dazu neigte, vor allem das ökonomische Potenzial der Antragstellenden zu bewerten. Ein Mindestaufenthalt im Land war keine Bedingung, was auf das Interesse an potenziell wehrfähigen Männern ebenso verweist wie auf die geringe Bedeutung, die man kultureller Integration beimaß. Diese war, auch weil die meisten Bewerberinnen und Bewerber aus anderen deutschen Staaten kamen, ohnehin kein großes Thema. Dagegen war die Religionszugehörigkeit oft ein entscheidendes Kriterium.

Reichsgründung

Nach der Gründung des Norddeutschen Bundes 1866 und des Deutschen Reiches 1871 blieb die Staatsangehörigkeit Sache der Einzelstaaten. Diese waren weiterhin für Aufenthaltsgenehmigungen, Einbürgerungen oder Ausweisungen zuständig, wobei sich Letztere in aller Regel nur auf das Staats-, nicht das Reichsgebiet bezogen. Innerhalb des Reiches blieb die »Aufnahme« in eine andere deutsche Staatsangehörigkeit möglich. Die Mindeststandards für die Einbürgerung (Mündigkeit, Unbescholtenheit, eigene Wohnung und die Fähigkeit zum Unterhalt der eigenen Familie) enthielten nach 1871 ebenso wenig Neues wie die Regeln über den automatischen Erwerb und Verlust der Staatsangehörigkeit. Neu war jedoch, dass die Staatsangehörigkeit in einem Bundesstaat nun mit dem Wahlrecht und (außerhalb Bayerns) der Niederlassungsfreiheit im gesamten Reich verknüpft war.

In der Praxis entwickelte sich die Politik allerdings unterschiedlich. Wie an der Massenausweisung von Ausländern polnischer Nationalität, zumeist jüdischer Konfession, 1885 deutlich wurde, setzte Preußen auf eine Politik der ethnischen Homogenisierung des Reiches, die süddeutschen Staaten stellten weiter das individuelle Potenzial von Zuwandernden in den Mittelpunkt. Da eine Einbürgerung unmittelbar nach der Ankunft verliehen werden konnte und im ganzen Reichsgebiet Rechte verlieh, ergab sich somit eine Lücke: Wer in Frankfurt oder Altona abgewiesen worden war, konnte theoretisch am nächsten Tag in Offenbach oder Hamburg eingebürgert werden.

Reichs- und Staatsangehörigkeitsgesetz 1913

Der Zweck des 1913 erlassenen neuen Gesetzes über die Reichs- und Staatsangehörigkeit, das mit zahlreichen Änderungen und unter neuem Namen bis heute in Kraft ist, war nicht zuletzt, diese Lücke zu schließen; fortan konnte jeder Bundesstaat »Bedenken« gegen eine Einbürgerung vorbringen, wobei die Mehrheitsverhältnisse im zuständigen Bundesrat sicherstellten, dass ein preußisches »Bedenken« einem Veto gleichkam.

Das Gesetz sah vor, dass die Staatsangehörigkeit bei Auswanderung nicht mehr automatisch, sondern nur noch als Strafe für Wehrdienstverweigerung verloren gehen sollte. Zudem erleichterte es die Wiedereinbürgerung ehemaliger deutscher Staatsangehöriger. In Ländern wie den USA, wo viele aus Deutschland ausgewanderte Personen lebten, erregte das einen gewissen Argwohn, da es die Bedeutung einer Einbürgerung im Ausland reduzierte und Loyalitätskonflikte schüren konnte.

Auch das Gesetz von 1913 koppelte die Staatsangehörigkeit nicht automatisch an die Zugehörigkeit zu einer deutschen Nation oder einem deutschen Volk, sondern an die bestehenden Grenzen der Staatsangehörigkeit: »Deutscher« im Sinne des Gesetzes war, wer die »Staatsangehörigkeit in einem Bundesstaat« oder die »unmittelbare Reichsangehörigkeit« besaß (§ 1), nicht, wer sich etwa im Habsburgerreich deutsch fühlte. Schließlich hielt das Gesetz, das nach dem Erwerb der als »Schutzgebiete« bezeichneten Kolonien erlassen wurde, auch fest, dass die dortigen »Eingeborenen« prinzipiell als staatenlos galten. Die »unmittelbare Reichsangehörigkeit« und die damit verbundenen Rechte konnten sie nur auf Antrag erhalten, wenn sie die an Einbürgerungswillige gestellten Anforderungen erfüllten. Somit konkretisierte und konsolidierte das Reichs- und Staatsangehörigkeitsgesetz das Abstammungsprinzip: Es erschwerte Einbürgerungen, erleichterte den Erhalt der deutschen Staatsangehörigkeit(en) im Ausland und band die Staatsangehörigkeit in Kolonien an eine »deutsche« Abstammung.

Weimarer Republik

Die Ethnisierung der Staatsbürgerschaft, die sich in diesen Regeln andeutete, wurde nach dem Ersten Weltkrieg vollends offensichtlich. Die Staatsangehörigkeit sollte der als quasiobjektiv feststellbar gedachten Volkszugehörigkeit entsprechen. Das wurde etwa darin sichtbar, dass die Verfassung der Weimarer Republik den Anschluss von »Deutschösterreich« für selbstverständlich hielt (Art. 61) und anderen Regionen die Mitgliedschaft eröffnete, »wenn es ihre Bevölkerung kraft des Selbstbestimmungsrechts begehrt« (Art. 2). Diese Vorstellung prägte auch die restriktive Einbürgerungspraxis, die zwischen den – dafür weiterhin zuständigen – deutschen Ländern vereinbart wurde. Bis Mitte der 1920er-Jahre setzte sich die vor allem von Bayern angeregte Regel durch, dass Einbürgerungen erst nach zehnjährigem Aufenthalt gewährt werden sollten; für Zuwandernde, die der herrschenden Vorstellung vom Deutschsein besonders wenig entsprachen – was sich vor allem gegen als slawisch oder jüdisch angesehene Menschen richtete –, betrug die Frist, bevor eine Ermessensentscheidung stattfand, sogar 20 Jahre. Umstritten und im Einzelfall nur durch

Mehrheitsbeschluss im Reichsrat zu entscheiden war, ob bei der Zuordnung in die eine oder andere Gruppe kulturelle und sprachliche Praxis (wie das sozialdemokratische Preußen argumentierte) oder biologische Abstammung (wie es Bayern und Württemberg favorisierten) den Ausschlag geben sollte. Während die Regeln zur Staatsbürgerschaft im Inneren in einigen deutschen Ländern somit zwar nicht für Staatsangehörige, aber für Zuwandernde eine Tendenz der Biologisierung aufzuweisen begannen, galt dies für Personen, die als ethnisch oder kulturell deutsch erschienen, aber jenseits der Grenzen des Deutschen Reiches wohnten, nicht. Zwar akzeptierten die Regierungen der Weimarer Republik, dass Personen in den mit dem Versailler Vertrag abgetretenen Gebieten für die deutsche Staatsbürgerschaft optierten und ins Reichsgebiet umzogen; jedoch bemühten sie sich vor allem in nun polnischen Gebieten, die Optionsbereitschaft zu dämpfen, um die soziale Krise nach dem Krieg nicht weiter zu verschärfen und die deutsche Besiedelung als Grundlage späterer Gebietsansprüche nicht aufgeben zu müssen. Für Zuwandernde mit deutscher Abstammung aus Russland, die etwa vor den Folgen der Revolution flohen, blieben die Regeln ebenso restriktiv; selbst wer eine Einreisegenehmigung bekam, musste bis zur Einbürgerung mindestens zehn Jahre warten.

Nationalsozialismus

Auch im Staatsangehörigkeitsrecht bedeutete die NS-Diktatur eine Zäsur, wobei sich Vorstellungen und Praktiken im Laufe der Zeit immer weiter radikalisierten. Die Unterteilung der Reichsangehörigkeit in verschiedene Staatsangehörigkeiten in den Ländern widersprach der Vorstellung eines zentralisierten »Führerstaats«; entsprechend wurde 1934 eine einzige deutsche Staatsangehörigkeit eingeführt. Entscheidender war, dass das Regime eine neue Vorstellung davon hatte, was Staatsangehörigkeit bedeutete. Bislang war Staatsangehörigkeit von Religion und Sprache prinzipiell unabhängig gewesen; jüdische, polnischsprachige Preußinnen und Preußen konnten sich ebenso auf sie berufen wie reformierte, deutschsprachige Personen aus Oldenburg. Das nationalsozialistische Regime ging konsequent daran, das »deutsche Volk« nicht mehr überwiegend über die Staatsangehörigkeit zu definieren, sondern die Staatsangehörigkeit aus der Zugehörigkeit zur »arischen Rasse« abzuleiten. Das bedeutete, Personen, die dieses Kriterium nicht erfüllten, ihre Rechte zu entziehen. Ein erster Schritt, mit dem bereits im Sommer 1933 begonnen wurde, war, die Einbürgerungsentscheidungen der Weimarer Republik teilweise rückgängig zu machen, was in rund 15000 Fällen (die ca. 30000 bis 40000 Personen betrafen) geschah. Ergebnis war häufig keine Migration, sondern eine Entrechtung: Die Betroffenen blieben in Deutschland, verloren aber das Wahlrecht und weitere Ansprüche. Eingebürgert wurden nur noch Personen, die den Vorstellungen davon entsprachen, was die Nationalsozialisten als »deutsch« betrachteten.

Im Reichsbürgergesetz von 1935 wurde die Unterscheidung auch auf Personen übertragen, die von Geburt an Staatsangehörige waren: Träger von Rechten sollten nur noch »Reichsbürger« (Männer wie Frauen) sein, die »Staatsangehörige deutschen oder artverwandten Blutes« waren, während alle anderen, vor allem diejenigen, die der Staat als jüdisch definierte, ausgegrenzt wurden. Verordnungen zum Reichsbürgergesetz waren fortan das zentrale juristisch-technische Mittel, Jüdinnen und Juden im Sinne des Regimes von immer weiteren Berufen und gesellschaftlichen Sphären auszuschließen und dadurch ökonomisch zu marginalisieren. 1941 verfügte eine Verordnung zum Reichsbürgergesetz, dass »ein Jude, der seinen gewöhnlichen Aufenthalt im Ausland hat«, seine Staatsangehörigkeit und damit auch seine Eigentumsansprüche in Deutschland verlor – eine Regel, die auch für über die Grenzen des Reiches deportierte Menschen galt und den Weg in Enteignung und Vernichtung begleitete. Da die Unterscheidung zwischen »Reichsbürgern« und Nichtzugehörigen immer wichtiger wurde, fand sie sich seit 1938 für Jüdinnen und Juden in Form

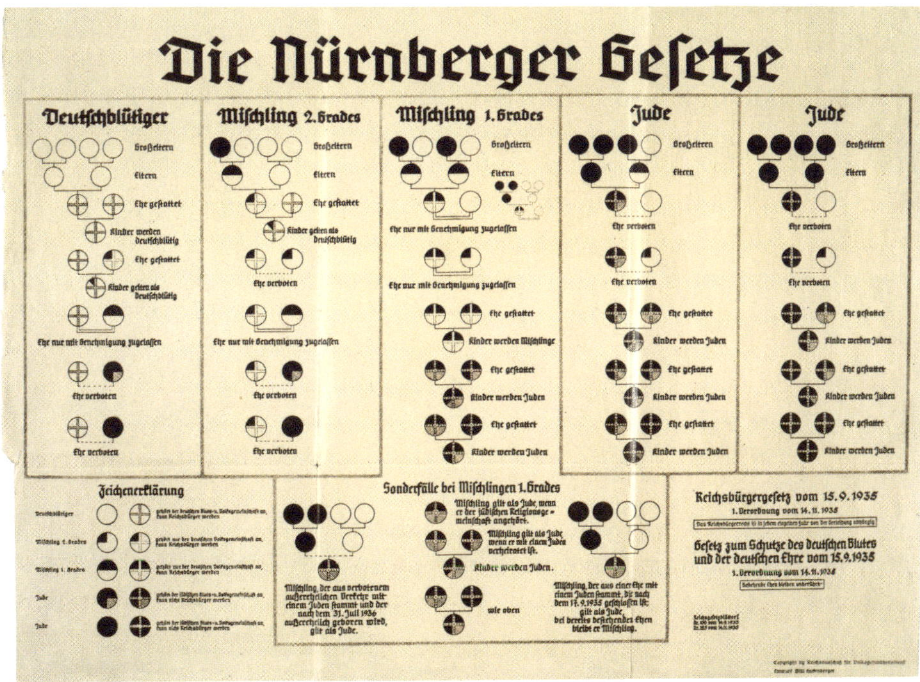

Übersichtstafel zur Erläuterung der Nürnberger Gesetze, 1935

eines gestempelten »J« auf Reisepässen wieder; seit 1941 musste sie durch das Tragen eines gelben Sterns auf der Kleidung nicht nur gegenüber in- und ausländischen Behörden, sondern allgemein öffentlich sichtbar gemacht werden.

Die Ausweitung des Einflussbereichs der NS-Diktatur exportierte diese Vorstellung von einer »Rassezugehörigkeit« weit über das Reichsgebiet hinaus. Während die deutschen Regelungen zur Staatsangehörigkeit 1938 auf Österreich übertragen worden waren, wurde seit 1939 in Polen ein anderes Verfahren implementiert. Dieses sah die Möglichkeit vor, dass sich Personen, die den rassistischen Vorstellungen des Regimes entsprachen, auf Antrag in eine »Volksliste« eintragen lassen konnten, die die Einbürgerung »rassisch Erwünschter« eröffnete.

Bei Kriegsende war die deutsche Staatsangehörigkeit damit umfassend an die Vorstellung angepasst worden, dass sie sich aus der vermeintlichen Existenz »deutschen Blutes« ergebe; Deutsche, denen der entsprechende Stammbaum fehlte, waren ins Exil getrieben oder ermordet worden; Angehörige besetzter Gebiete, denen er zuerkannt wurde, verfügten dagegen über eine bürokratisch nachweisbare Verbindung zu Deutschland. Zugleich waren die Grenzen der deutschen Staatsbürgerschaft zu einem internationalen Problem geworden: Entscheidungen darüber implizierten gleichzeitig die Festlegung von Grenzverläufen sowie Entschlüsse über die Verteilung der Bevölkerung und damit für Zwangsmigration.

Da der Alliierte Kontrollrat am 20. September 1945 das Reichsbürgergesetz aufgehoben hatte, bestimmte sich die Staatsangehörigkeit wieder nach den Regeln von 1913. Allerdings wurde die Idee einer Staatsangehörigkeit auf der Ebene von Bundesländern weder in der föderalistisch organisierten Bundesrepublik noch in der zentralistisch strukturierten DDR aufgegriffen, sodass die Bezeichnung der Staatsangehörigkeit weiterhin »deutsch« lautete. (In der bayerischen Verfassung bleibt allerdings eine bayerische Staatsangehörigkeit angelegt.) Emigrantinnen und Emigranten, die ausgebürgert worden waren, wurde ein Anspruch auf ihre deutsche Staatsangehörigkeit zuerkannt, vorbehaltlich eines Antragsverfahrens.

Deutsche Staatsangehörigkeit(en)?

In beiden deutschen Staaten, die 1949 entstanden, war die Staatsangehörigkeit zwar von ihren explizit antisemitischen und rassistischen Anteilen befreit, im Kern blieb aber die Vorstellung einer maßgeblich durch Abstammung begründeten Gemeinschaft dominant. Beide deutsche Staaten gingen von der Existenz einer einzigen deutschen Staatsbürgerschaft aus. Die Bundesrepublik erkannte durch das Grundgesetz und spätere Gerichtsurteile diese allen Personen zu, die in Osteuropa lebten und daher als Deutsche Verfolgung erfahren hatten – wobei als Beleg nicht zuletzt Dokumente des NS-Regimes wie der Eintrag in eine »Volksliste« dienen konnten. Dagegen war in beiden deutschen Staaten die Einbürgerungspraxis gegenüber Zuwandernden aus anderen Ländern restriktiv. Die von den westdeutschen Bundesländern vereinbarten Richtlinien sahen weiterhin einen langen Mindestaufenthalt, sehr hohe Gebühren, umfassende Prüfungen des Lebenswandels und die Abgabe der bisherigen Staatsbürgerschaft vor; die Praxis der DDR war ähnlich.

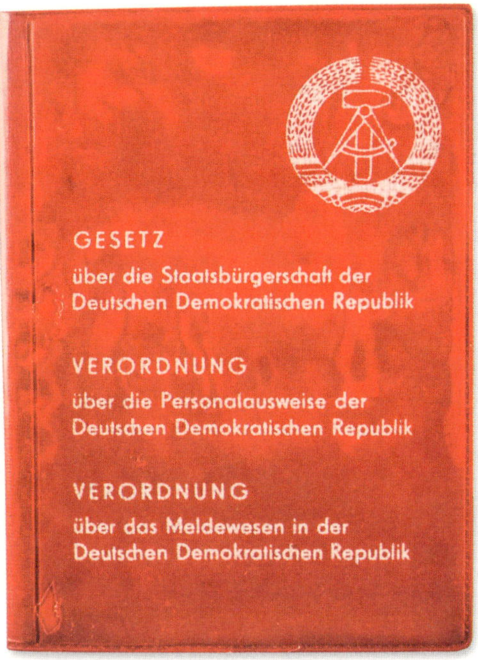

Taschenausgabe des Staatsbürgerschaftsgesetzes der DDR, 1967

Dabei wuchs die Spannung zwischen der rigiden Einbürgerungspraxis der Bundesrepublik und der zunehmenden Einwanderung von sogenannten Gastarbeitern und Gastarbeiterfamilien, die vielfach dauerhaft im Land ansässig wurden. Da Mechanismen für eine automatische Einbürgerung fehlten, konnten auch in Deutschland geborene Kinder, Enkelinnen und Enkel dieser Gruppe leicht Ausländerinnen und Ausländer bleiben. Zuwandernde aus Osteuropa, die eine deutsche Abstammung nachweisen konnten, erhielten dagegen sofort alle staatsbürgerlichen Rechte. In der DDR wiederum wurde das Beharren auf der einheitlichen deutschen Staatsbürgerschaft zunehmend als Problem gesehen, da sie die deutsche Einheit betonte und die Abwanderung in die Bundesrepublik erleichterte. Die 1964 zunächst als Passstempel eingeführte, 1967 gesetzlich geregelte »Staatsbürgerschaft der DDR« erbrachte allerdings nicht die erhoffte Änderung aufseiten der Bundesrepublik. Die aus westdeutscher Sicht gemeinsame Staatsbürgerschaft spielte nach 1989 für die Dynamik der Wiedervereinigung eine wichtige Rolle, da sie Barrieren gegen die Zuwanderung aus der DDR in die Bundesrepublik von vornherein ausschloss.

Behutsame Öffnung nach 1989

Bereits in der »alten« Bundesrepublik war die dauerhafte Exklusion von Personen ohne deutsche Abstammung von der Zivilgesellschaft, der Wissenschaft und ausländischen Beobachterinnen und Beobachtern kritisiert worden. Allerdings kam es erst nach 1989, auch unter dem Schock der ausländerfeindlichen

Übergriffe im Jahr 1991, zu Reformen. Die Zuwanderung sogenannter Spätaussiedler aus Osteuropa wurde 1993 numerisch begrenzt, die bisher uneingeschränkt anerkannte deutsche Staatsbürgerschaft dieser Gruppe mithin unter Vorbehalt gestellt. Bereits 1991 erhielt eine ausgewählte Gruppe, nämlich seit mehr als 15 Jahren in Deutschland ansässige Personen oder in Deutschland aufgewachsene Jugendliche, einen Rechtsanspruch auf Einbürgerung. Vermutlich war die drastische Senkung der Gebühren von bis zu 5000 D-Mark auf 100 D-Mark ebenso wichtig dafür, dass die Anzahl der Einbürgerungen stieg. Schließlich verlieh die Erweiterung und Vertiefung der Europäischen Union nicht nur einer immer größeren Zahl von Zuwandernden ein Aufenthaltsrecht, EU-Angehörige waren auch vom Verbot der doppelten Staatsbürgerschaft ausgenommen.

Abschied vom Abstammungsprinzip

Das betraf allerdings Zuwandernde aus der Türkei oder Nordafrika nicht. Für sie war daher besonders relevant, dass durch eine grundlegende Gesetzesänderung im Jahr 2000 in Deutschland geborene Kinder von Eltern, die seit mindestens acht Jahren im Land lebten und über ein unbefristetes Aufenthaltsrecht verfügten, bei Geburt die deutsche Staatsangehörigkeit erhielten. Allerdings

Plakat zum neuen deutschen Staatsbürgerrecht, 2000

war die – 2014 aufgehobene – Bedingung, dass sie mit 21 Jahren andere Staatsbürgerschaften abgaben. Umgekehrt wurde die Möglichkeit für nach 2000 geborene Eltern stark eingeschränkt, ihre deutsche Staatsangehörigkeit im Ausland automatisch zu vererben.

Die Rückkehr zu einer formalen, juristischen Definition von Staatsangehörigkeit wird freilich periodisch von Debatten darüber begleitet, ob es einen inhaltlichen Kern der Staatsangehörigkeit gibt oder geben soll. Dabei spielen Fragen wie die kulturelle und politische Integration und politische Werte eine wachsende Rolle, die sich in Prüfungsverfahren wie dem seit 2007 verlangten Einbürgerungstest niedergeschlagen haben.

»›Ich möchte Deutsche werden.‹ Und präzisierte: ›Ich möchte gerne die deutsche Staatsbürgerschaft beantragen.‹ Mich einbürgern lassen. Einbürgerung. Was für ein Wort. Vor meinem inneren Auge erschien ein kafkaeskes Universum aus unverständlichen Formularen, boshaften Beamten und Demütigungen. Ich erwartete unzählige Feinde mit Handfeuerwaffen, Hindernisse und andere Gegenkräfte, die mich von meinem Vorhaben abhalten wollten. Denn derjenige, der eingebürgert werden will, so dachte ich, ist grundsätzlich suspekt.«

Elisa Diallo, 2021

2 AKTEURE IM VERFAHREN DER EINBÜRGERUNG

»Deutschland sucht den Superstaatsbürger« – mit diesen Worten kritisierte der Grünen-Politiker Wolfgang Wieland die Anforderungen an Einbürgerungswillige, die im Zuge der Reform des deutschen Staatsangehörigkeitsrechts 1999 im Bundestag diskutiert wurden. Einbürgerungsverfahren sind seit jeher durch ein Machtgefälle und die Suche nach den am besten geeigneten neuen Staatsbürgern gekennzeichnet. Die Anforderungen an Menschen, die die Einbürgerung beantragen, finden sich explizit im Begriff der »Naturalisation« wieder: Wie auch bei der Verwendung in der Ökologie bezeichnet er die Anpassung von etwas als fremd Markiertem an eine neue Umgebung, in diesem Fall den aufnehmenden Staat.

Die aktuellen Einbürgerungsverfahren in Frankreich, Deutschland und Polen teilen viele Gemeinsamkeiten – etwa eine geforderte Mindestaufenthaltsdauer sowie Kenntnisse von Sprache und Kultur –, zeichnen sich jedoch auch durch Besonderheiten aus. So treffen im Verfahren in Frankreich Beamte und Einbürgerungswillige in einem Assimilationsgespräch in der Präfektur aufeinander, danach entscheidet der Beamte, ob der Antrag positiv beschieden und damit an die nächsthöhere Behörde weitergeleitet wird. Für die Einbürgerung in Deutschland ist seit 2008 der Einbürgerungstest obligatorisch, in dem vorwiegend Kenntnisse der deutschen Geschichte und weniger staatsbürgerliches Wissen abgefragt werden. In Polen kann die Staatsbürgerschaft direkt beim Präsidenten beantragt werden, dafür muss die Motivation für die Einbürgerung in einem Schreiben dargelegt werden. Wer bereits mehrere Jahre in Polen lebt, kann seine Anerkennung als polnischer Staatsbürger beantragen.

Die Ausgangslage für Einbürgerungen war zu Beginn des 19. Jahrhunderts eine gänzlich andere. Oft saßen Menschen, die kaum lesen und schreiben konnten, Beamten bürgerlicher Herkunft gegenüber. Letztere verschriftlichten die Gesuche, holten Empfehlungsschreiben ein und leiteten die Akten an den zuständigen Minister oder Herrscher weiter. Die Beweggründe für eine Einbürgerung waren ganz verschieden – etwa der

Schutz vor Verfolgung, die Zulassung zum Beruf oder die emotionale Zugehörigkeit zu einem selbst gewählten Staat. In den Gesuchen trugen die Beamten das Für und Wider zusammen: Kann der Antragsteller den Wehrdienst ableisten? Bringt die Antragstellerin eine gesuchte berufliche Qualifikation mit?

Viele Verfahren zogen sich über Jahre hin. Betrachtet man die hinterlassenen Akten heute, so offenbart sich ein Netz aus beteiligten Ministern, Beamtinnen und Polizisten, die die Redlichkeit und Eignung der Einbürgerungswilligen prüften und sich durch unscheinbare Signaturen und Vermerke in die Akten eingeschrieben haben. Die Antragstellenden waren hingegen in ständiger Bringschuld: Aufenthaltsbescheinigungen mussten verlängert und Fürsprachen eingeholt werden, oft präsent war die Angst, des Landes verwiesen zu werden und den prekären Schutz zu verlieren. Am Ende eines Einbürgerungsverfahrens stand nicht selten die lapidar formulierte Ablehnung, die das Schutz- und Aufnahmebedürfnis eines Einzelnen mit dem Hinweis auf den fehlenden Verdienst oder die falsche politische Gesinnung für unerheblich erklärte.

Von diesen formalisierten, oft langen Verfahren unterscheiden sich beschleunigte Verfahren der Einbürgerung. Dabei kann es sich historisch um Formen der Wiedereinbürgerung nach einer Ausbürgerung oder gegenwärtig um Verfahren der erleichterten Einbürgerung handeln. Die wohl prägendste Entwicklung der letzten zehn Jahre ist die *investor citizenship*, die Vergabe von Pässen gegen eine hohe Zahlung. Wird diese in Reinform von den EU-Staaten Zypern und Malta praktiziert, so erleichtern auch die Länder Frankreich, Deutschland und Polen jenen Menschen die Einbürgerung, die in ihren Staaten erhebliche finanzielle Investitionen tätigen. Erleichterte Einbürgerungen werden zudem häufig Personen aus dem Spitzensport gewährt, um sie in die jeweilige Nationalmannschaft aufzunehmen. **Marie Czarnikow**

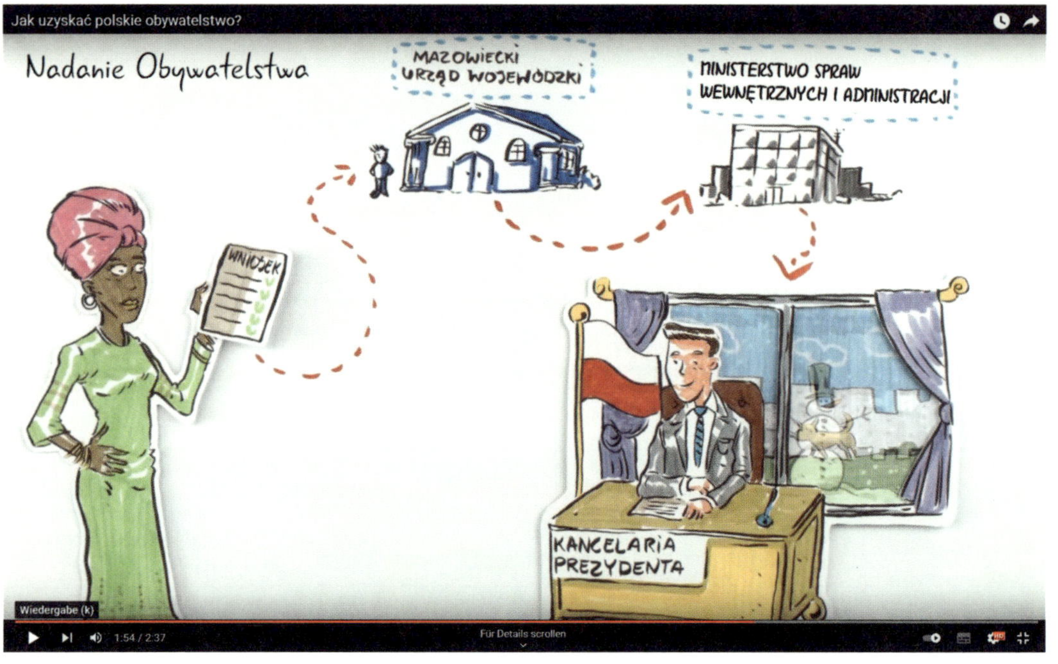

Erklärvideo aus der Woiwodschaft Masowien zur Antragstellung für die Einbürgerung in Polen, 2019

In dem Video erläutert das Woiwodschaftsamt Masowien in vereinfachter Form zwei mögliche Wege der Einbürgerung in Polen: die Verleihung der Staatsbürgerschaft durch den Präsidenten und ihre Erlangung durch die Anerkennung als polnische Staatsbürgerin oder polnischer Staatsbürger. Im ersten Fall entscheidet der Präsident der Polnischen Republik nach freiem Ermessen über den zuvor eingereichten Antrag. Diese Entscheidung kann nicht amtlich angefochten werden. Im zweiten Fall müssen Voraussetzungen wie eine bestimmte Aufenthaltsdauer in Polen und Sprachkenntnisse nachgewiesen werden. Die Entscheidung wird vom zuständigen Woiwoden gefällt und es muss eine Gebühr entrichtet werden. Für den Prozess ist offiziell eine maximale Dauer von zwei Monaten vorgesehen, der oder die Antragstellende kann die Entscheidung auf amtlichem Wege anfechten.

Paulina Szoltysik

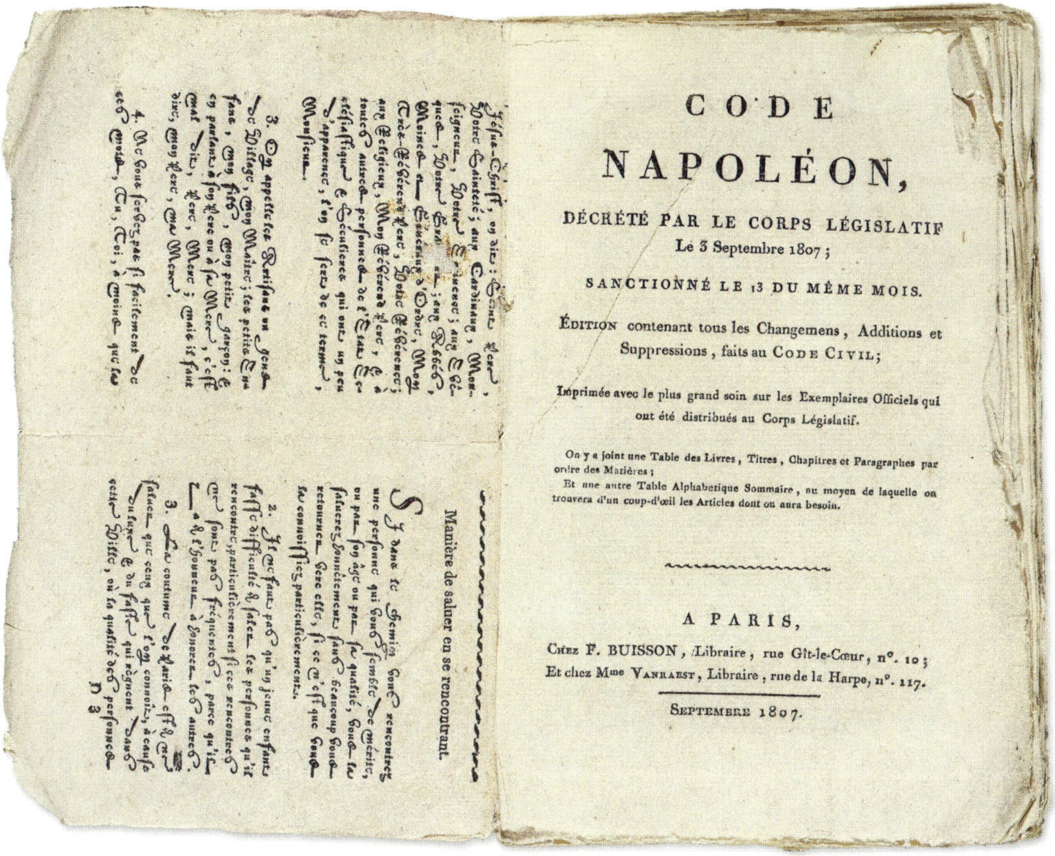

Französischsprachige Ausgabe des Code Napoléon, Paris, 1807

Der 1804 von Napoleon eingeführte und nur zwischen 1807 und 1815 nach seinem Schöpfer benannte Code civil gilt als eines der bedeutendsten Gesetzeswerke der Neuzeit. Während der Code civil das rechtliche Verhältnis einzelner Personen untereinander regelt, wird das bürgerliche Verhältnis zum Staat durch die Verfassung definiert. Der Code civil ist dennoch eine wichtige Quelle für die Definition von *français* und *étranger*. Ausländer haben die gleichen Rechte wie Franzosen und unterliegen französischem Recht, solange sie in Frankreich leben (Art. 7–16). Die französische Staatsbürgerschaft hingegen verliert, wer diejenige eines fremden Landes annimmt, in die Dienste ausländischer Herrscher tritt oder sich dauerhaft im Ausland ansiedelt (Art. 17–21). Durch seine Rezeption prägte der Code civil im Verlauf des 19. Jahrhunderts das Staatsangehörigkeitsrecht fast aller kontinentaleuropäischen Staaten, darunter Deutschlands und Polens.

Matthias Miller

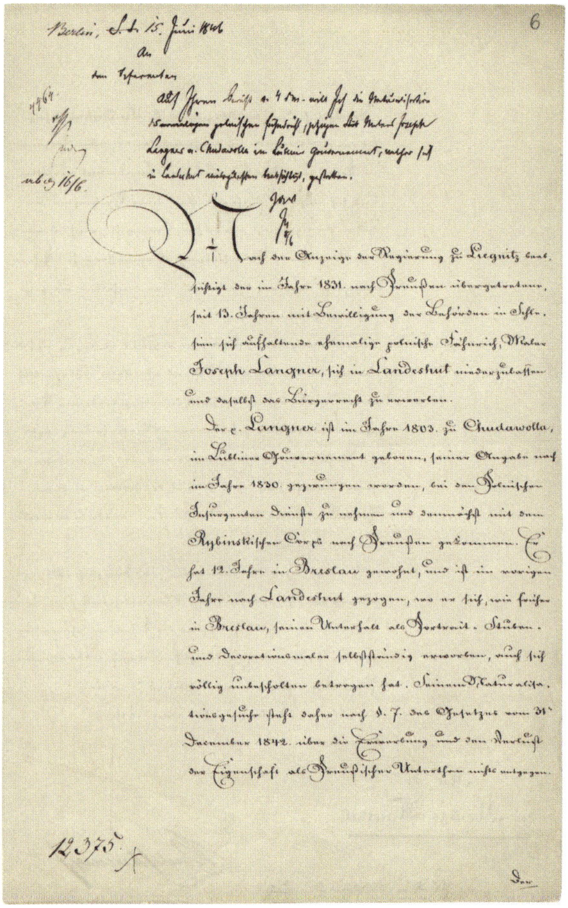

Berlin, d. 15. Juni 1846

Nach der Anzeige der Regierung zu Liegnitz beabsichtigt der im Jahre 1831 nach Preußen übergetretene, seit 13 Jahren mit Bewilligung der Behörden in Schlesien sich aufhaltende ehemalige polnische Fähnrich, Maler Joseph Langner, sich in Landeshut niederzulassen und daselbst das Bürgerrecht zu erwerben.

Der p. Langner ist im Jahre 1803 zu Chudawolla, im Lubliner Gouvernement geboren, seiner Angabe nach im Jahre 1830 gezwungen worden, bei den Polnischen Insurgenten Dienste zu nehmen und demnächst mit dem Rybinskischen Corps nach Preußen gekommen. Er hat 12 Jahre in Breslau gewohnt, und ist im vorigen Jahre nach Landeshut gezogen, wo er sich, wie früher in Breslau, seinen Unterhalt als Portrait-, Stuben- und Decorationsmaler selbstständig erworben, auch sich völlig unbescholten betragen hat. Seiner Naturalisation steht daher nach §. 7. des Gesetzes vom 31. December 1842 über die Erwerbung und den Verlust der Eigenschaft als Preußischer Unterthan nichts entgegen.

Einbürgerungsgesuch des polnischen Malers Joseph Langner aus Chudawolla, Berlin, 1846

»An des Königs Majestät« ist das Naturalisationsgesuch des polnischen »Portrait-Stuben- und Decorationsmalers« Joseph Langner, stammend aus Chudawolla im russischen Teilungsgebiet Polens, gerichtet. Seine Beweggründe, Preuße zu werden, schildert Langner einem Beamten, der das Gesuch verschriftlicht, nachdem er Auskünfte über dessen finanzielle Situation und politische Einstellung eingeholt hat. Obwohl sich Langner als Fähnrich am Polnischen Aufstand 1830 beteiligt habe, steht laut dem Beamten der Einbürgerung nichts im Wege, da sich Langner während seines bereits 13-jährigen Aufenthalts in Schlesien »völlig unbescholten betragen« habe. Dies erklärt der Beamte unter Berufung auf Paragraf 7 des 1842 erlassenen Preußischen Untertanengesetzes und bittet den preußischen König Friedrich Wilhelm IV., der Aufnahme Langners als preußischem Untertan zuzustimmen. **Marie Czarnikow**

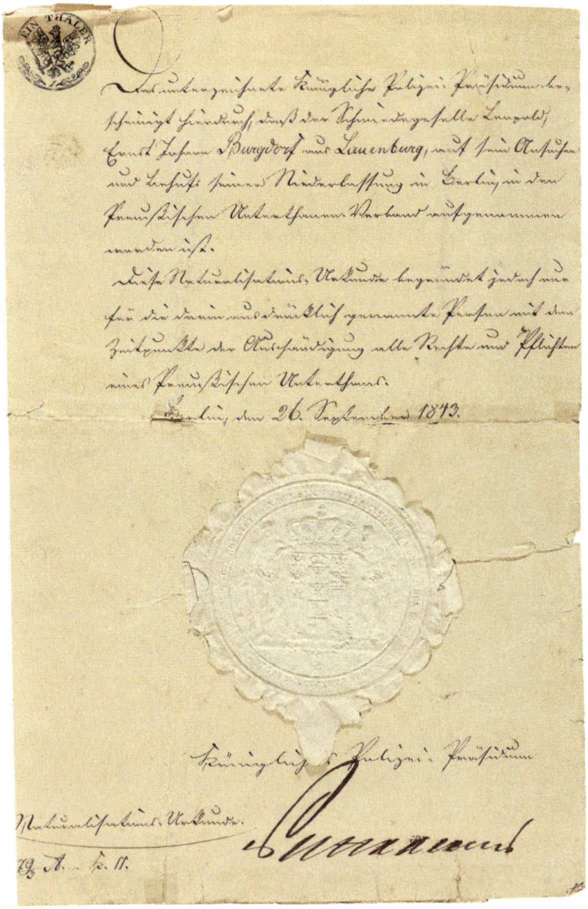

Naturalisationsurkunde durch das Polizeipräsidium der Stadt Berlin für den Schmiedegesellen Leopold Ernst Johann Burgdorf, 1843

Am 26. September 1843 erhielt der aus dem Herzogtum Lauenburg stammende Schmiedegeselle Leopold Ernst Johann Burgdorf seine Einbürgerungsurkunde. Diese wurde nach einem wahrscheinlich mehrere Jahre andauernden Einbürgerungsverfahren vom Polizeipräsidium der Stadt Berlin ausgestellt. Burgdorf darf sich nun in Berlin niederlassen und verfügt, wie es die Urkunde festhält, über »alle Rechte und Pflichten eines Preußischen Unterthans«. Die Einbürgerungsurkunde überführt den Akt der Verwaltung in eine authentifizierte Form: Für ihre Echtheit bürgen der Prägestempel in der linken oberen Ecke, der einen Ritter mit Königskrone zeigt, sowie das mittige Papiersiegel, welches zwei Adler und ein Pferd darstellt. Die Urkunde ist fortan das wichtigste Dokument Burgdorfs, um seine politische Zugehörigkeit zu Preußen nachzuweisen.

Marie Czarnikow

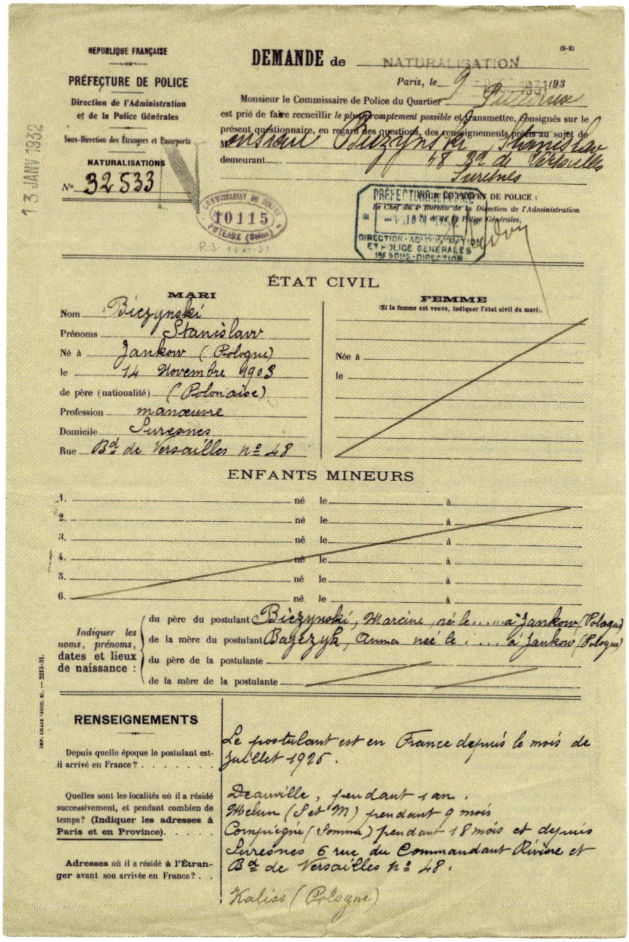

13 JANV 1932

RÉPUBLIQUE FRANÇAISE

PRÉFECTURE DE POLICE

Direction de l'Administration et de la Police Générales

Sous-Direction des Étrangers et Passeports

NATURALISATIONS

N° 32533

(9-E)

DEMANDE de NATURALISATION

Paris, le 9 déc. 1931

Monsieur le Commissaire de Police du Quartier Puteaux est prié de faire recueillir *le plus promptement possible* et transmettre, consignés sur le présent questionnaire, en regard des questions, des renseignements précis au sujet de M. onsieur Biczynski Stanislaw demeurant 48 Bd de Versailles Suresnes

COMMISSARIAT DE POLICE 10115 PUTEAUX (Seine)

R.3 1040.31

PRÉFECTURE DE POLICE

POUR LE PRÉFET DE POLICE :
Le Chef du 4e Bureau de la Direction de l'Administration et de la Police Générales,

— 4 JAN 1932

DIRECTION ADMINISTRATION ET POLICE GÉNÉRALES 1re SOUS-DIRECTION

ÉTAT CIVIL

MARI

Nom Biczynski
Prénoms Stanislaw
Né à Jankow (Pologne)
le 14 Novembre 1903
de père (nationalité) (Polonaise)
Profession manœuvre
Domicile Suresnes
Rue Bd de Versailles n° 48

FEMME
(Si la femme est veuve, indiquer l'état civil du mari).

Née à
le

ENFANTS MINEURS

1. né le à
2. né le à
3. né le à
4. né le à
5. né le à
6. né le à

Indiquer les noms, prénoms, dates et lieux de naissance :
du père du postulant Biczynski, Marcin, né le ... à Jankow (Pologne)
de la mère du postulant Bajczyk, Anna née le ... à Jankow (Pologne)
du père de la postulante
de la mère de la postulante

IMP. CHAIX (SUCC. B). — 2213-31.

RENSEIGNEMENTS

Depuis quelle époque le postulant est-il arrivé en France? Le postulant est en France depuis le mois de Juillet 1925.

Quelles sont les localités où il a résidé successivement, et pendant combien de temps? **(Indiquer les adresses à Paris et en Province).** Deauville, pendant 1 an. Melun (S et M) pendant 9 mois Compiègne (Somme) pendant 18 mois et depuis Suresnes 6 rue du Commandant Rivière et Bd de Versailles n° 48.

Adresses où il a résidé **à l'Étranger** avant son arrivée en France? Kalisz (Pologne)

Antrag zur Einbürgerung in Frankreich von Stanisław Biczynski, Paris, 1931

Im Jahr 1931 reichte Stanisław Biczynski seinen Antrag auf Einbürgerung bei der Pariser Polizeipräfektur ein. Er war als einer von Tausenden polnischen Arbeitsmigranten der Zwischenkriegszeit 1926 nach Frankreich gekommen und durfte aufgrund der Reformierung des französischen Staatsangehörigkeitsrechts 1927 bereits nach dreijährigem Aufenthalt seine Einbürgerung beantragen. Aufgrund der erneut restriktiven Einbürgerungspraxis zu Beginn der 1930er-Jahre wurde sein Gesuch jedoch abgelehnt. Seine Einbürgerung in Frankreich beantragte Biczynski, dann gemeinsam mit seiner Ehefrau Helena, nochmals in den Jahren 1934, 1946 und 1947. Ihre Akte, bestehend aus Aufenthaltsbescheinigungen, Anträgen für Ausweise und Empfehlungsschreiben, zeugt von dem mehr als 15-jährigen Kampf um Anerkennung in Frankreich. Erst im Oktober 1947 wurden beide französische Staatsbürger. **Marie Czarnikow**

Maximilian Joseph Graf von Montgelas (1759–1838)

Der bayerische Staatsmann Maximilian Joseph Freiherr, seit 1809 Graf von Montgelas wuchs in Freising auf. Ab 1764 wurde er in einem Kolleg der Jesuiten in Nancy erzogen, das ab 1766 zu Frankreich gehörte. Sein Rechtsstudium absolvierte er in Straßburg. Nach Ablegung des juristischen Staatsexamens an der Universität Ingolstadt trat er 18-jährig als Hofrat in den bayerischen Staatsdienst, wo er bis zu seiner Entlassung 1817 verblieb. Unter Herzog, später König Max I. Joseph leitete er von 1799 bis 1817 das Außenministerium als wichtigstes Regierungsamt sowie lange Jahre zusätzlich das Innen- und Finanzministerium. Geprägt und beeindruckt von der Aufklärung, dem bayerischen Staatskirchenrecht sowie der Französischen Revolution mit den anschließenden napoleonischen Reformen war er ein Befürworter der Menschen- und Bürgerrechte und der konstitutionellen Monarchie. Er war davon überzeugt, dass die deutschen Staaten nur überleben könnten, wenn sie durch eine »Revolution von oben« Reformen durchführten. Montgelas wurde damit zu einem der wichtigsten Mittler zwischen dem deutschen und dem französischen Rechtssystem und erreichte gleichzeitig eine gewisse Unabhängigkeit von der französischen Hegemonie.

1808 legte er einen ersten Verfassungsentwurf für das Königreich Bayern vor, der die konstitutionelle Monarchie fest verankerte und bürgerliche Freiheiten gewährte. Die Konstitution von 1808 stellte Zusammenfassung und Höhepunkt der Montgelas'schen Reformen dar. Erstmalig im deutschen Sprachraum ist hier in einem Rechtstext von »Staatsbürgern« die Rede.

Dorlis Blume

Maximilian Joseph Graf von Montgelas, nach 1809

Frédéric Chopin, 1849

Frédéric Chopin (1810–1849)

Fryderyk Franciszek Chopin, so die polnische Schreibweise seines Namens, wurde 1810 in Żelazowa Wola geboren. Zum Zeitpunkt seiner Geburt bestand für wenige Jahre das Herzogtum Warschau, ein polnischer Rumpfstaat, der mit Unterstützung Napoleon Bonapartes gebildet worden war. Mit dem Ende dieses polnischen Staates wurde Chopin 1815 Bürger des Königreichs Polen und somit Untertan der russischen Krone. Durch seinen Vater, der als Franzose mit 16 Jahren nach Polen gekommen war, besaß Chopin gemäß dem Code civil zusätzlich die französische Staatsbürgerschaft. Der junge Chopin erhielt ab seinem sechsten Lebensjahr Klavierunterricht und komponierte bereits mit acht erste Stücke. Ab 1829 bereiste er immer häufiger das Ausland. Während eines längeren Aufenthalts im November 1830 in Wien erfuhr er vom Scheitern des polnischen Aufstands gegen die russische Herrschaft. Er emigrierte nach Frankreich, wo er in den folgenden Jahren zu einem international gefeierten Komponisten aufstieg. In Paris fühlte sich Chopin trotz seiner französischen Staatsbürgerschaft als Emigrant und blieb der polnischen Nationalbewegung tief verbunden. Parallel zu seinem beruflichen Aufstieg verschlechterte sich jedoch sein Gesundheitszustand. Es ist anzunehmen, dass Chopin an Tuberkulose litt. Auch ein längerer Aufenthalt auf Mallorca mit seiner Lebensgefährtin, der Schriftstellerin George Sand, konnte seine Krankheit nicht lindern. Ohne seine Heimat Polen noch einmal wiedergesehen zu haben, starb Frédéric Chopin mit 39 Jahren in Paris. **David Pfeffer**

Marie Curie (1867–1934)

Marie Curie wurde 1867 als Maria Salomea Skłodowska in Warschau geboren. Ihre Familie war im russisch besetzten Teil Polens dem Zar untertan, gleichzeitig war sie als Angehörige des Adels eng der polnischen Nationalbewegung verbunden. Maria erhielt eine umfangreiche Schulbildung, unter anderem in polnischer Sprache und Literatur, was im Polen unter russischer Herrschaft illegal war. Da die junge Frau schon früh ein großes Interesse an Naturwissenschaften erkennen ließ und die Universität Warschau Frauen vom Studium ausschloss, schrieb sie sich 1891 unter der französischen Form ihres Namens, Marie, für ein Studium der Physik an der Pariser Sorbonne ein. Curie war eine von wenigen Frauen an der Hochschule und beherrschte überdies die Landessprache noch nicht vollständig. Dennoch erreichte sie 1893 ihren Abschluss als Beste des Jahrgangs. Durch die Ehe mit dem Physiker Pierre Curie erhielt sie 1895 die französische Staatsbürgerschaft. Gemeinsam untersuchten sie die Strahlung uranhaltiger Stoffe, im Zuge dessen sie ein neues Element entdeckte, dem sie zu Ehren ihrer Heimat den Namen Polonium gab. Für ihre Forschungen auf dem Gebiet der Radioaktivität erhielt sie 1903 – gemeinsam mit ihrem Mann sowie dem Physiker Henri Becquerel – als erste Frau den Nobelpreis für Physik. Eine zweite Verleihung des Preises, dieses Mal für Chemie, erfolgte 1911. Trotz ihrer großen wissenschaftlichen Leistungen blieb Curie zeit ihres Lebens nicht davor gefeit, in Frankreich als Fremde betrachtet zu werden, als Polin und noch dazu als berufstätige Frau und Mutter.

David Pfeffer

Marie Curie, 1910/1915

Malgorzata Radomska

Arbeitsmigration und Staatsbürgerschaft in Frankreich, Deutschland und Polen

Dieser Beitrag bietet einen Überblick über die Geschichte der europäischen Arbeitsmigration vom 19. Jahrhundert bis zur Gegenwart. Er beleuchtet ein Phänomen, das sich entlang begrifflicher Dimensionen von Nationalismus, Nationenbildung, Staat, Sozialstaat und Migrationsrecht entwickelt hat. Vor diesem Hintergrund wird deutlich, welchen Einfluss Migrationspolitiken auf die kontinentale Massenmigration ausübten und wie das Konstrukt der Staatsbürgerschaft die Rechte und Freiheiten der Abwandernden *(»those who leave«)*[1] grundlegend veränderte. Im Fokus stehen drei Staaten, die eine maßgebliche Rolle in der kontinentalen Migrationsgeschichte spielten: Polen, dessen Gebiet trotz aller territorialen Umbrüche ein Reservoir an Arbeitskräften für die westlichen Volkswirtschaften bot, sowie Frankreich und Deutschland, die seit jeher als wichtigste Zielländer der europäischen Arbeitsmigration gelten.

Die Jahre 1860 bis 1918

Die Globalisierung stellte im Jahr 1913 ein empirisches Faktum dar. Volkswirtschaften waren weitgehend abhängig von umfangreichen Importen und Exporten sowie internationalen Finanz- und Arbeitskraftströmen. Nord- und Südamerika hatten sich im 19. Jahrhundert zum wichtigsten Ziel der Arbeitsmigration entwickelt, insbesondere die expandierende Wirtschaft der Vereinigten Staaten. Da die Einwanderung dort bis in die 1880er-Jahre keinerlei Einschränkungen und Regelungen unterlag, stand es allen offen, von der Abwanderungsrevolution zu profitieren, die Aristide Zolberg *»Exit Revolution«* nennt.[2]

Die Entwicklung der Schwerindustrie in den Städten des Rhein-Ruhr-Gebiets und die ersten Einschränkungen der US-Einwanderungspolitik trugen zur Entstehung eines innereuropäischen Migrationssystems bei. Den regionalen Hauptimpetus stellten die überbevölkerten Grenzgebiete Süd-, Mittel- und

Osteuropas. Hierzu zählten vor allem die Gebiete der Nationengemeinschaft Polen-Litauen, ein multikultureller, multilingualer und multireligiöser Staat, der gegen Ende des 18. Jahrhunderts infolge der gewaltsamen Übernahme durch das Deutsche, Russische und Österreichisch-Ungarische Reich von der europäischen Landkarte verschwunden war.

Bodenreformen, die Abschaffung der Leibeigenschaft sowie Wertminderungen in der Industrie führten zu einem kontinuierlichen Bevölkerungsüberschuss und zur Entstehung eines umfangreichen ländlichen Proletariats. Ausbleibende Wirtschaftsinvestitionen und das Aufrechterhalten der wirtschaftlichen Abhängigkeit zählten zu den politischen Strategien der Invasoren. Sie sollten die eigenen Vereinigungs- und Assimilierungsprozesse beschleunigen und einen potenziellen Wiederaufbau des polnischen Staates verhindern. Zudem begünstigten sie die Auswanderung nationaler Minderheiten, zu denen Menschen polnischer, jüdischer, ruthenischer, ukrainischer und anderer Herkunft zählten. Während die österreichisch-ungarische Verfassung (1867) allen Staatsangehörigen ein Auswanderungsrecht zusprach, galt die Auswanderung im Russischen Reich als öffentliche Straftat. Aufgrund der Ineffizienz des russischen Staatsapparats und der Tatsache, dass die Auswanderung vor allem nationale Minderheiten betraf, wurde die Massenmigrationsbewegung jedoch weder gestoppt noch behindert.

Das Deutsche Reich entwickelte sich zwischen Mitte des 19. Jahrhunderts und Anfang des 20. Jahrhunderts vom Auswanderungs- zum Einwanderungsstaat und wurde für die polnischen Teilungsgebiete zum wichtigsten Zielland der Arbeitsmigration. Die Tausenden von Reichsangehörigen, die nach Übersee auswanderten oder an den beiden innerdeutschen Migrationsbewegungen teilnahmen – an der Landflucht aus den ländlichen Gebieten in die Städte und an der Ostflucht aus den östlichen Gebieten nach Berlin oder in die westlichen Industriegebiete –, wurden schnell durch Arbeitsmigrierende aus den Nachbarstaaten ersetzt.[3] Dabei setzte die preußische Landwirtschaft auf die saisonale Beschäftigung kostengünstiger Arbeitskräfte aus dem Russischen Reich und dem österreichisch-ungarischen Galizien. Vermittelt wurden diese von der Deutschen Feldarbeiterzentralstelle (1911 in Deutsche Arbeiterzentrale, DAZ, umbenannt). Hierdurch gelang es den deutschen Zuckerrübenproduzenten, ihre Führungsposition zu festigen und sich gegen die französischen Grundbesitzenden durchzusetzen.

Die Anstellung ausländischer Arbeitskräfte sah man ferner als Voraussetzung für die wirtschaftliche Expansion der deutschen Schwerindustrie, insbesondere des Kohlebergbaus. Die Arbeitsmigration löste dabei nicht nur das Problem des Arbeitskräftemangels auf dem nationalen Arbeitsmarkt, die Arbeitsmigrierenden übernahmen oftmals auch gefährliche Industriearbeiten gegen ungerechte Bezahlung, die von den Einheimischen abgelehnt wurden. Da die Migrierenden anderen politischen Staatseinheiten angehörten, arbeiteten sie oft unter schlechteren Bedingungen und profitierten in der Regel nicht von den Vorteilen der sich im Einwanderungsstaat entwickelnden Sozialversicherungssysteme. All diese Faktoren senkten die Arbeitskosten und ermöglichten es, dass die nationale Produktion mit beispielloser Geschwindigkeit voranschritt. Die so von den Volkswirtschaften produzierten Konsumgüter erreichten im Zeitalter von Imperialismus und globalem Wirtschaftswettbewerb eine enorme Konkurrenzfähigkeit auf den internationalen Märkten.[4]

Auch in den Teilungsgebieten wurden Menschen polnischer Herkunft als Angehörige zweiter Klasse behandelt und mangelte es an einer gesetzlichen Grundlage zum Schutz ihrer staatsbürgerlichen Rechte und Interessen. Hierdurch wurden sie nicht nur zum Objekt zwischenstaatlicher Konkurrenz von Deutschland und Frankreich, sondern auch zwischen Belgien, Dänemark und Schweden. Die Bemühungen der französischen Regierung, die Massenmigrationsströme an Arbeitskräften durch Zusammenarbeit mit der polnischsprachigen Elite und sozialaktivistische Strukturen aus Galizien von den polnischen Teilungsgebieten auf Frankreich umzulenken, blieben erfolglos. Im europäischen Kampf um die Arbeitskräfte setzte sich die deutsche Regierung durch, indem sie dem Russischen Reich mit bilateralen Handelsabkommen und -verträgen wirtschaftliche Zugeständnisse machte. Im Gegenzug erklärte sich das Russische Reich bereit, die von den östlichen Territorien ausgehende Massenmigration nach Deutschland nicht zu unterbinden. Im Jahr 1907 hielten sich in Deutschland rund 950 000 ausländische Arbeitskräfte auf. Davon waren rund 300 000 in der Landwirtschaft, 500 000 in der Industrie und 86 000 in öffentlichen und privaten Dienstleistungssektoren beschäftigt.

Die Jahre 1918 bis 1945

Die Zwischenkriegsjahre stellten einen strategisch bedeutsamen Zeitraum für die Geschichte der Migration und Migrationspolitik dar. Mit ihnen endete nicht nur die uneingeschränkte Massenmigration von Arbeitskräften auf internationaler Ebene. Durch die Entstehung neuer Ämter, Verfahren und Ideologien zur Anwerbung und Kontrolle von Arbeitskräften (Pässe, Visa) wurden Nationalstaaten auch direkt an der Förderung, Regulierung und Steuerung internationaler Migrationsströme beteiligt. Zudem erließen die USA in den 1920er-Jahren zusätzliche Einwanderungsbeschränkungen, durch die von Europa ausgehende Abwanderungsströme gehemmt wurden. In Europa selbst kamen bilaterale Abkommen als neues Regulierungsinstrument für die Migrationsströme zwischen den Auswanderungs- und Einwanderungsstaaten zum Einsatz. Zwischen 1918 und 1939 wurden 40 solcher bilateralen Abkommen verabschiedet. Sie steuerten die Rekrutierungsmethoden und fungierten auf den Arbeitsmärkten der Aufnahmestaaten als rechtliches Instrument zur Sicherung der Arbeits-, Lebens-, Sozial- und Rechtsansprüche von Migrierenden. Hierzu zählte auch der Zugang zu Sozialversicherungen und Sozialleistungen. Ohne internationale Standards für den Schutz von Arbeitsmigrierenden – für deren Durchsetzung sich heute die Internationale Arbeitsorganisation der UN einsetzt – hing deren Gegenstand jedoch gänzlich von den Verhandlungen zwischen den Staaten ab. Folglich variierten sowohl Geltungsbereich als auch Umfang des verfügbaren Rechtsschutzes und Sozialleistungsangebots.

Die Zweite Polnische Republik, die als Nationalstaat nach dem Ersten Weltkrieg (wieder-)errichtet wurde, entwickelte sich nach Italien zum zweitgrößten Auswanderungsland der Welt. Zwischen 1918 und 1938 verließen rund 2,2 Millionen Menschen die Staatsgrenzen der Polnischen Republik. Gleichzeitig kehrten vor Ausbruch des Zweiten Weltkriegs nur 1,1 Millionen zurück.[5] Dies führte zur Aufnahme des Auswanderungsrechts in die polnische Verfassung (Märzverfassung 1921).

Das Polen der Zwischenkriegsjahre war ein landwirtschaftlich geprägter Staat. Er entstand auf den wirtschaftlich unterentwickelten Territorien, die von

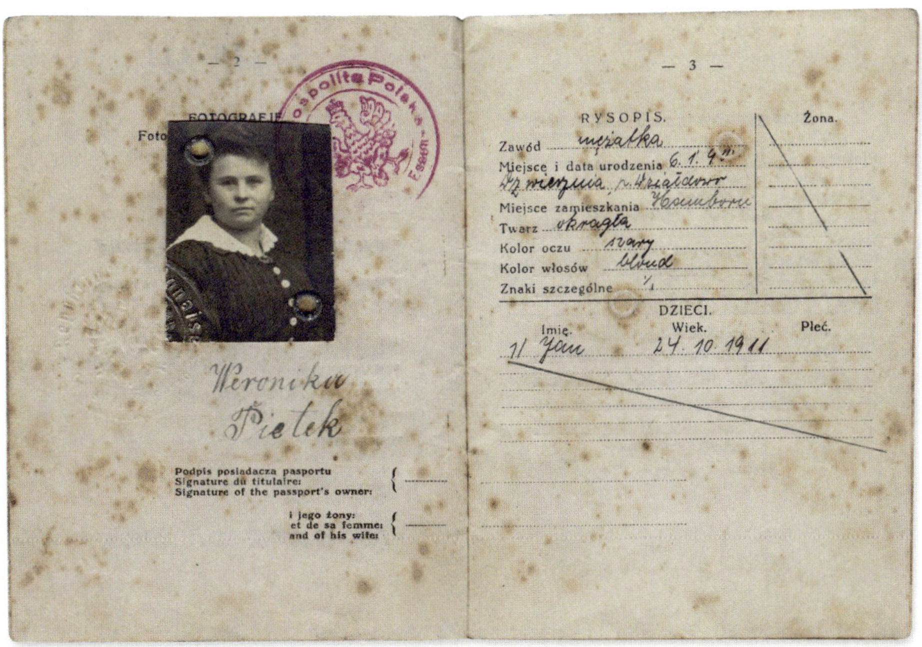

Polnischer Pass einer in Essen lebenden Frau, 1922

den ehemaligen deutschen, russischen und österreichisch-ungarischen Reichen abgetreten worden waren. Sein natürliches Bevölkerungswachstum zählte zu den höchsten unter den europäischen Staaten und die Geburtenrate erreichte 1925 mit 18,5 pro 1000 Einwohner ihren historischen Höchststand. Der geschätzte Bevölkerungsüberschuss lag bei drei bis sechs Millionen.

Das Polen der Zwischenkriegsjahre lag außerdem durch seine Position zwischen den beiden ehemaligen Besatzungsmächten – Russland (Sowjetunion) und Deutschland – geopolitisch äußerst ungünstig. Der Antagonismus zwischen Polen und Deutschland verstärkte sich in den ersten Monaten nach der Unabhängigkeit Polens, die von Deutschland nicht anerkannt wurde. Zudem brach der Polnisch-Sowjetische Krieg (1919–1921) aus, wodurch Warschau zum Ziel der Roten Armee und des Bolschewismus wurde. Durch bilaterale Migrationsabkommen und den Aufbau eines administrativen Migrationsapparats (Auswanderungsamt, Außenministerium, Ministerium für Arbeit und Soziales) versuchte Polen, seine Migrationsströme im Sinne seiner wirtschaftlichen, nationalen und politischen Staatsziele zu steuern.

Zwischen 1919 und 1939 schloss Polen insgesamt elf bilaterale Migrationsabkommen ab, mit denen die Abwanderung seiner Staatsbürgerinnen und -bürger sichergestellt und erleichtert werden sollte.[6] Dabei zählten Deutschland und Frankreich, die für den Aufbau ihrer Nachkriegswirtschaft auf Arbeitskräfte aus dem Ausland angewiesen waren, zu den wichtigsten Einwanderungsstaaten innerhalb Europas. Die Migration zwischen Frankreich und Polen wurde durch das Abkommen über Auswanderung und Einwanderung (1919) und das Abkommen über Sozialhilfe und Wohlfahrtspflege (1920) geregelt. Auf deren Grundlage fanden mehr als 600 000 Menschen mit polnischer Staatsbürgerschaft eine Beschäftigung in der französischen Landwirtschaft und Bergbauindustrie.[7] Mit dem polnisch-deutschen Vertrag über polnische Landarbeiter, der am 24. November 1927 in Warschau unterzeichnet wurde, wurde die Beschäftigung polnischer Staatsbürgerinnen und -bürger durch deutsche Grundbesitzende geregelt.[8] Nach offiziellen Statistiken fanden bis 1938 mehr als 630 000 Polen eine Beschäftigung in der Landwirtschaft des westlichen Nachbarstaats Deutschland.

Die polnisch-französischen und polnisch-deutschen Verträge variierten zwar in ihrem Gegenstand und Geltungsbereich, gewährleisteten jedoch grundsätzlich einen angemessenen Schutz der Arbeitsmigrierenden.[9] Die bestehenden bürgerlichen und politischen Rechte der polnischen Staatsbürgerschaft wurden durch Sozialrechte ergänzt, die auch Arbeitsmigrierenden zugutekamen. Der Abschluss bilateraler Abkommen über ihren Schutz im Ausland zielte vor allem darauf ab, die Auswanderungsbewegung zu fördern. Hierdurch sollten der gesellschaftliche Druck im Land gesenkt, eine Radikalisierung der Arbeitskräfte verhindert, ihre Bindung zum Herkunftsland gesichert und ein beständiger Zufluss finanzieller Mittel gewährleistet werden. In der Praxis profitierten jedoch nur Menschen mit polnischer Nationalität von diesem Rechtsschutz. In den 1920er-Jahren zählten hierzu sogenannte polnischsprachige Staatsbürger und in den 1930er-Jahren polnischsprachige Staatsbürger katholischer Konfession.

Durch den Versailler Vertrag etablierte sich das Territorialprinzip der Staatsangehörigkeit. Gemäß Artikel 3 sollten alle Menschen automatisch als polnische Staatsangehörige anerkannt werden, deren ständiger Wohnsitz sich auf dem gegenwärtigen oder zukünftigen Staatsgebiet Polens befand.[10] Das polnische Staatsangehörigkeitsrecht galt dabei unabhängig von Geschlecht, Alter, Religion oder Nationalität. Hierdurch kam eine breite Bevölkerungsgruppe für die polnische Staatsangehörigkeit infrage, was zum Multinationalismus im Polen der Zwischenkriegsjahre beitrug. Rund 30 Prozent der Bevölkerung bestand aus Angehörigen nationaler Minderheiten. Nach den offiziellen Daten der Volkszählung von 1931 handelte es sich dabei zu 14 Prozent um ukrainische, zu 3 Prozent um weißrussische, zu 9 Prozent um jüdische, zu 2 Prozent um deutsche und zu 3 Prozent um Staatsangehörige eines anderen ethnischen Hintergrunds. Ihre Präsenz wurde damals als Hindernis für die Bildung eines starken, modernen polnischen Nationalstaats empfunden.[11] Folglich zielte die polnische Migrationspolitik unter anderem auf die Förderung eines homogenen polnischen Staates ab, indem die endgültige Auswanderung der nationalen Minderheiten begünstigt wurde. Diese Politik führte zu einer Segregation und Hierarchisierung von Menschen mit polnischer Staatsbürgerschaft und schuf zwei Migrationssysteme für unterschiedliche Bevölkerungsgruppen. Die erste Gruppe bestand aus Staatsbürgern mit polnischer Nationalität, für die das europäische Migrationssystem etabliert wurde. Die bilateralen Migrationsabkommen gewährten der migrierenden Bevölkerung beim Verlassen der polnischen Staatsgrenzen ein relativ hohes Maß an staatlicher Unterstützung, denn ihre Auswanderung steigerte nicht nur ihren persönlichen Wohlstand, sondern auch den ihres Herkunftslandes. Wenn sich Beschäftigte mit ihren Ansprüchen an polnische Konsulate wandten, wurden in der Regel administrative und diplomatische Maßnahmen ergriffen. Handelte es sich dabei allerdings um die Ansprüche polnischer Staatsbürger einer nationalen Minderheit, so wurden diese Maßnahmen selten umgesetzt. Ihre Auswanderung nach Frankreich und Deutschland wurde meist über persönliche Netzwerke abseits der vom polnischen Staat eingerichteten offiziellen Anwerbungskanäle abgewickelt.

Für die zweite Gruppe aus polnischen Staatsbürgern nationaler Minderheiten wurde eine permanente Auswanderung nach Übersee angestrebt, um einen demografischen Wandel der Bevölkerung Polens zu erreichen. Dieses politische Ziel wurde von den polnischen Behörden allerdings nie öffentlich ver-

Polnische Auswanderer im zentralen polnischen Emigrationszentrum in Mysłowice, 1937

lautbart. Internationale Spannungen durch die Nichteinhaltung von internationalen Vorschriften über den staatlichen Umgang mit nationalen Minderheiten galt es zu verhindern. Vielmehr sollten die politischen Ziele im Geheimen durch die tägliche Praxis des staatlichen Migrationsapparats durchgesetzt werden. Dabei begünstigte man vor allem die Auswanderung der jüdischen Bevölkerung.

Die Zwischenkriegsjahre waren auch eine Zeit, in der sich die wirtschaftlichen Umstände rapide wandelten. In den 1930er-Jahren erlebte die Weltwirtschaft eine Krise, die mit einem aufkeimenden Nationalismus und vermehrter Fremdenfeindlichkeit einherging. Die Weltwirtschaftskrise der späten 1920er-Jahre führte zu einer Inflation und hohen Arbeitslosigkeit, was den Ruf nach Schutzmaßnahmen stärkte. Im Jahr 1932 schottete die deutsche Regierung ihren Arbeitsmarkt gegen ausländische Arbeitskräfte ab und beendete ihre bilateralen Abkommen mit den Auswanderungsstaaten. Mitte der 1930er-Jahre führte die französische Regierung gesetzliche Bestimmungen ein, die es den Unternehmen nur noch erlaubten, eine begrenzte Anzahl ausländischer Arbeitskräfte einzustellen. Massenentlassungen und die Vertreibung der betroffenen Bevölkerungsgruppen waren die Folge. Tausende von Arbeitsmigrierenden verloren ihren Zugang zu Erwerbsmöglichkeiten und kehrten in ihre Herkunftsländer zurück, sofern sie im Aufenthaltsland keine Staatsangehörigkeit erhielten.

Der polnische Staat versuchte den Zustrom polnischer Staatsbürger abzuwenden, indem er bilaterale diplomatische Verhandlungen mit Frankreich und Deutschland aufnahm, den Betroffenen bei der Suche nach neuen Arbeitsplätzen im Ausland half oder Anstrengungen unternahm, um die Bevölkerungsströme in andere Staaten, etwa Belgien, umzuleiten. Die Wiederaufnahme von eigenen Staatsbürgern, die sich im Ausland niedergelassen und die Sprache und Kultur des Einwanderungsstaates angenommen hatten, war in der Regel nicht gewünscht. Die Wiederaufnahme von polnischen Staatsbürgern nationaler Minderheiten wurde hingegen um jeden Preis vermieden. Ein wirksames Instrument, mit dem die polnische Regierung die Rückwanderung nationaler Minderheiten verhinderte, war das am 31. März 1938 verabschiedete Ausbürgerungsdekret.[12] Es sah vor, polnischen Staatsbürgern die Staatsbürgerschaft zu entziehen, wenn sich diese gegen den polnischen Staat strafbar machten, »die Verbindung zum polnischen Staat verloren« oder nicht innerhalb einer bestimmten Frist zurückkehrten. Unter Anwendung dieser subjektiven und schwer nachvollziehbaren Bewertungsmaßstäbe verloren Tausende von polnischen Staatsbürgern nationaler Minderheiten ihr Rückkehrrecht.

Die Entstehung dieses Hierarchiesystems weist eine gewisse Ähnlichkeit zum nationalsozialistischen »Fremdarbeitersystem« auf. Beide basierten auf der Bereitstellung ungleicher Auswanderungsmöglichkeiten und Formen staatlicher Unterstützung im Ausland. Das NS-Fremdarbeitersystem nahm freilich völlig andere Dimensionen an und führte zur Massenvernichtung der Bevölkerung der von der Wehrmacht eroberten und besetzten Gebiete. Im Jahr 1944 waren zur Sicherstellung der landwirtschaftlichen Versorgung und industriellen Produktion acht Millionen Zwangsarbeitende in der deutschen Kriegswirtschaft beschäftigt. Ein hierarchisches System unterteilte sie in Gruppen: in Gastarbeiter und Zwangsarbeiter (mit Unterkategorien wie Militärinternierte, Zivilarbeiter und Ostarbeiter). Mit der Gruppen-

Abzeichen für einen polnischen Zwangsarbeiter, Deutsches Reich, 1939–1945

zugehörigkeit gingen unterschiedliche Lebensstandards, Arbeitsbedingungen und gesellschaftliche Stellungen einher. Dabei hingen die Ungleichbehandlung und Zuordnung davon ab, in welchem politischen Verhältnis die Staatsangehörigkeit der Betroffenen zum nationalsozialistischen Deutschland stand, welche »Qualität« ihnen im rassenideologischen Sinne zugeschrieben wurde und welche Nationalität die Arbeitenden hatten. Mehr als 1,4 Millionen Menschen mit polnischer Staatsbürgerschaft, polnischer Nationalität oder jüdischer, weißrussischer und ukrainischer Herkunft fielen in eine dieser Kategorien.

Die gegenwärtige Arbeitsmigration in der EU

Nach dem Zweiten Weltkrieg schnitt der eiserne Vorhang Polen vom Migrationssystem Europas ab. Die Möglichkeit, die Staatsgrenzen des kommunistischen Polen zu verlassen, wurde durch den Staatsapparat stark eingeschränkt und kontrolliert. Es dauerte 60 Jahre, bis Polen wieder von der kontinentalen Arbeitsmigrationsbewegung profitieren konnte. Das Jahr 1989 brachte den Kollaps des kommunistischen Systems in Mitteleuropa. 2004 traten zehn mittel- und südeuropäische Staaten der Europäischen Union (EU) bei, darunter die Dritte Polnische Republik. Seitdem profitieren polnische Staatsbürgerinnen und -bürger vom Freizügigkeitsrecht sowie dem Waren- und Dienstleistungsverkehr zwischen den Mitgliedstaaten der EU.

Der Übergang von einer kommunistischen zu einer kapitalistischen Wirtschaft bedeutete für viele polnische Haushalte Jahre der finanziellen Unsicherheit. Im Jahr 2004 erreichte die registrierte Arbeitslosenquote 20 Prozent. Gleichzeitig schufen die offenen Grenzen und der Zugang zum Arbeitsmarkt der EU auch attraktive Einkommensmöglichkeiten im Ausland. Tausende von polnischen Staatsbürgerinnen und -bürgern wanderten in das Vereinigte Königreich, nach Irland und Schweden aus, nachdem sich deren Arbeitsmärkte durch den Beitritt Polens zur EU geöffnet hatten. Frankreich öffnete seinen Arbeitsmarkt 2008, Deutschland zog 2011 nach und wurde schnell zum wichtigsten Einwanderungsland für Menschen mit polnischer Staatsbürgerschaft. Ende 2019 befanden sich in Deutschland 704 000 polnische Migrierende, in Frankreich nur 63 000.

Mit der Unionsbürgerschaft, einem supranationalen Rechtskonstrukt, das 1993 durch den Vertrag von Maastricht in Kraft getreten war, wurden auch den polnischen Arbeitsmigrierenden die Rechte, Freiheiten und der Schutz des EU-Rechts zuteil. Dies bewirkte ihre rechtliche, wirtschaftliche und soziale Gleichstellung mit den Staatsbürgerinnen und -bürgern im Zielland und begünstigte die Entscheidung auszuwandern. Gegenwärtig werden diese Rechte und Freiheiten von vielen als selbstverständlich erachtet. Dabei sind die heutigen Rahmenbedingungen der Arbeitsmigration weitaus vorteilhafter als diejenigen, denen die Arbeitsmigrierenden in der zweiten Hälfte des 19. Jahrhunderts und zu Beginn des 20. Jahrhunderts ausgesetzt waren.

Übersetzt von Lydia-Marie Lafforgue

1 Vgl. Green/Weil 2009.

2 Zolberg 2009.

3 Vgl. Bade 1980.

4 Vgl. Rosental 2006, S. 108f.

5 Vgl. Kołodziej 1982, S. 275f.

6 Mit Frankreich, Österreich, Deutschland, Brasilien, Belgien, Bolivien, Argentinien, Lettland und Estland.

7 Dziennik Ustaw Rzeczypospolitej Polskiej (Dz. U. RP) 1920 Nr. 41, Pos. 246 Konwencja w przedmiocie emigracji i imigracji, zawarta pomiędzy Rzecząpospolitą Polską a Rzecząpospolitą Francuską dnia 3 września 1919; Dz. U. R. P. 1922 Nr. 54, Pos. 495 Ustawa z dnia 11 maja 1922 w przedmiocie ratyfikacji konwencji polsko-francuskiej o pomocy i opiece społecznej, podpisanej w Warszawie dnia 14 października 1920.

8 Dz. U. R. P. 1929 Nr. 44, Pos. 366 Konwencja w sprawie polskich robotników rolnych, podpisana w Warszawie dnia 24 listopada 1927. Im Jahr 1926 gingen der Konvention zwei interministerielle Migrationsabkommen voraus.

9 Vgl. Radomska 2019, S. 171–182 und S. 409–418.

10 Die in Paris verhandelten Grundsätze zur Regelung der polnischen Staatsangehörigkeit wurden im polnischen Staatsangehörigkeitsdekret von 1920 aufgegriffen und konkretisiert: Dz. U. RP 1920 Nr. 7, Pos. 44 Ustawa z dnia 20 stycznia 1920 r. o obywatelstwie Państwa Polskiego.

11 Nationalität bestimmt durch Sprache, in: Główny Urząd Statystyczny (GUS). Mały Rocznik Statystyczny. Warschau: GUS, 1931, S. 9, Idem. Mały Rocznik Statystyczny. Warschau: GUS, 1939, S. 23.

12 Dz. U. RP 1938, Nr. 22, Pos. 191, Ustawa o pozbawianiu obywatelstwa z 31 marca 1938 roku.

»Die Armee ist eine Schule der Nation für unsere jungen Leute.«

Kurt Georg Kiesinger, 1969

»Die Schule der Nation ist die Schule.«

Willy Brandt, 1969

3 STAATSBÜRGERLICHE BILDUNG

Die Staatsbürgerschaft geht über die bloße Staatsangehörigkeit hinaus. Sie stattet die Staatsbürger mit Rechten und Pflichten aus, die sich von Staat zu Staat und im Verlauf der Geschichte unterscheiden. Die »Erklärung der Menschen- und Bürgerrechte« von 1789 hielt in Frankreich die Rechte und Pflichten der Staatsbürger fest, jedoch mussten sie auch vermittelt und verbreitet werden. Daher war die Revolutionszeit auch der Ausgangspunkt eines großen Bildungsprojekts, im Zuge dessen Schulen und die nationale Armee zu paradigmatischen Orten der Staatsbürgerbildung wurden.

Die französische Verfassung von 1791 sah die Schaffung eines allgemeinen Unterrichtswesens für alle Bürger vor. Zudem sollte das Wissen der Revolution in sogenannten Elementarbüchern von Paris ausgehend in ganz Frankreich verbreitet werden. Eine Jury kürte die besten Elementarbücher, von denen allein im Jahr 1794 mehr als 300 verlegt wurden. Die Sammlung und Definition des staatsbürgerlichen Wissens wurde auch im 19. und 20. Jahrhundert in zahlreichen Handbüchern festgehalten, die im Laufe der Zeit von der Ausweitung des Staatsbürgerstatus zeugen: Dazu zählten etwa Handbücher für den Soldaten-Staatsbürger, die Staatsbürgerin oder den kleinen *citoyen*.

Auch die Armee wurde infolge der Französischen Revolution zu einem Ort der staatsbürgerlichen Bildung. An der École de Mars erhielten ab 1794 zahlreiche junge Männer eine beschleunigte militärische Ausbildung, sodass bereits zu dieser Zeit der Begriff des »Soldaten-Staatsbürgers« zirkulierte, der Wehrpflicht und Staatsbürgerschaft grundlegend miteinander verband. Preußen, das im 19. Jahrhundert die rigideste Wehrpflicht in Europa hatte, definierte die Armee als »Schule der Nation«. Vom hohen Stellenwert des Militärischen innerhalb der staatsbürgerlichen Erziehung zeugen Zinn- und Papiersoldaten oder Puzzles mit Nationalgardisten, mit denen die staatsbürgerliche Erziehung – allerdings dezidiert an Jungen gerichtet – im Privaten Einzug hielt.

Während in Frankreich und den deutschen Staaten die staatsbürgerliche Bildung in nationalen Armeen und Schulen vermittelt wurde, gestaltete sie sich in den polnischen Teilungsgebieten im 19. Jahrhundert anders und fand im Privaten statt. Zahlreiche Gelehrte und Schriftsteller erklärten in der idealisierten Form der *Matka Polka* die polnische Mutter zur Bewahrerin des Polentums, die staatsbürgerliches Wissen innerhalb der Familie und damit unter dem Radar der Teilungsmächte vermittelte und auf diese Weise entscheidend zum Kampf um die Unabhängigkeit Polens beitrug.

Im 20. Jahrhundert wurde Staatsbürgerkunde in vielen jungen Republiken Teil des schulischen Curriculums, so in der Zweiten Polnischen und der Weimarer Republik sowie in der DDR und der Volksrepublik Polen. Nach dem Zweiten Weltkrieg löste sich die enge Verbindung von Staatsbürgerschaft und Wehrbildung, die zwei Jahrhunderte lang Männern vorbehalten war: etwa im Zuge der *Reeducation*-Politik der Alliierten, die im Besonderen an die staatsbürgerliche Verpflichtung der Frauen appellierte, oder mit dem Leitbild des »Staatsbürgers in Uniform« durch Wolf von Baudissin, der die Abschaffung der Sonderrechte von Soldaten zugunsten der Gleichstellung mit allen anderen Staatsbürgerinnen und -bürgern forderte. Mit der Aussetzung der Wehrpflicht in den drei Ländern Deutschland, Polen und Frankreich hat sich die Vermittlung staatsbürgerlichen Wissens endgültig von einem ihrer zentralen Orte – den nationalen Armeen – entfernt und wird heute ganz überwiegend zivil definiert.

Marie Czarnikow

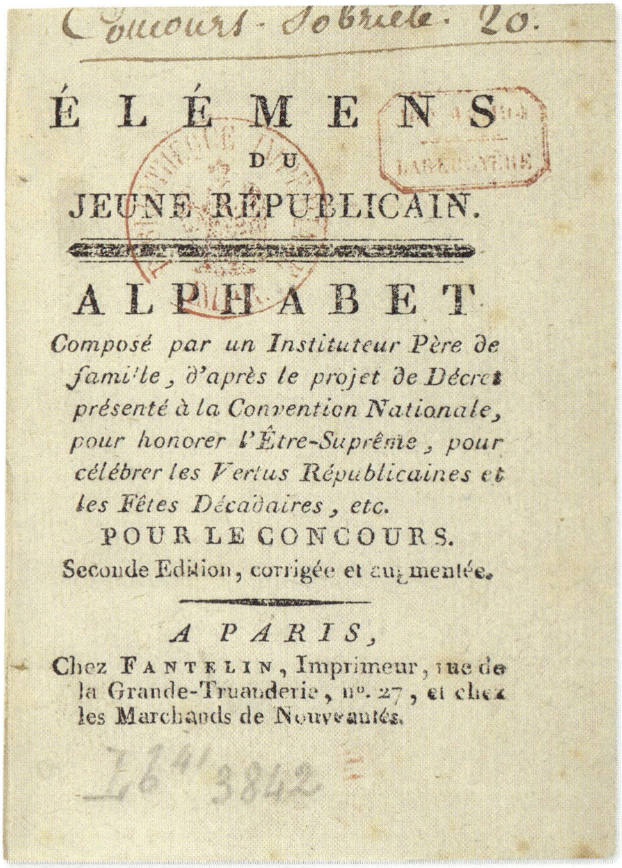

Concours - Sobriété. 20.

ÉLÉMENS
DU
JEUNE RÉPUBLICAIN.

ALPHABET

Composé par un Instituteur Père de famille, d'après le projet de Décret présenté à la Convention Nationale, pour honorer l'Être-Suprême, pour célébrer les Vertus Républicaines et les Fêtes Décadaires, etc.

POUR LE CONCOURS.

Seconde Edition, corrigée et augmentée.

A PARIS,

Chez FANTELIN, Imprimeur, rue de la Grande-Truanderie, n°. 27, et chez les Marchands de Nouveautés.

Elementarbuch aus der Zeit der Französischen Revolution, Frankreich, 1790/1795

Die Französische Revolution erklärte alle männlichen Franzosen zu Staatsbürgern und ging mit einem großen Bildungsprojekt einher. Die Werte der Revolution und das Wissen um die Republik sollten Männer, aber auch Frauen und Kinder in Paris und ganz Frankreich erreichen. Eine besondere Rolle kam dabei den Elementarbüchern als Multiplikatoren zu. In kleinem Format konnten sie leicht in der Hosentasche transportiert und zum Lesen an verschiedenen Orten hervorgeholt werden. Auch dieses Elementarbuch des »jungen Republikaners« vermittelt einerseits grundlegendes Wissen wie das Alphabet, andererseits Kenntnisse über Geschichte und Revolution. Mit seinem Frage-Antwort-Schema schließt es an die Form des Katechismus an und erklärt so etwa auch, wer der *citoyen* sei: derjenige, der in Frankreich lebt und das Recht hat, seine Meinung in Versammlungen auszudrücken.

Marie Czarnikow

Zeitgenössische Abschrift der »Marseillaise«, Frankreich, um 1800

Die »Marseillaise« trug zunächst den Titel »Kriegslied für die Rheinarmee« und wurde am 26. April 1792 von Claude Joseph Rouget de Lisle anlässlich der Kriegserklärung des revolutionären Frankreich an Österreich komponiert und verfasst. Da es im Konflikt mit Österreich, bald auch Preußen um nicht weniger als um die durch die Bürger erstrittenen Rechte und Freiheiten ging, sollten jene auch dafür kämpfen. Den Aufruf zur Verteidigung der Nation richtete de Lisle im Refrain direkt an den Zuhörer: *Aux armes, citoyens* (dt. Zu den Waffen, Bürger). Mit der nicht weniger martialisch klingenden *levée en masse* (Massenaushebung) von 1793 wurde die Wehrpflicht eingeführt. Die 1795 zur Nationalhymne Frankreichs erklärte »Marseillaise« und die Wehrpflicht ermöglichten eine größere Identifikation des Bürgers mit seinem Staat. **Maximilian Auth**

Albert Bettannier, *Der schwarze Fleck,* 1887

Das Gemälde *Der schwarze Fleck* dokumentiert die Erziehung französischer Schüler zur Revanche. Die Stelle, auf die der Geografielehrer zeigt, beschreibt den »schwarzen Fleck« in der Geschichte der *Grande Nation:* Elsass und Lothringen, das nach dem Deutsch-Französischen Krieg an das Deutsche Reich gefallen war. Der Schüler mit der weißen Jacke in der ersten Reihe, Bester der Klasse, trägt die Médaille du Mérite scolaire, der Schüler vorne beim Lehrer ist in Uniform. Es sind Verweise auf zukünftige Aufgaben für die Nation: die Rückeroberung des Gebiets. Hinter dem Lehrerpult befindet sich eine Trommel; auch sie verdeutlicht die militärische Erziehung der Schüler, in deren Klassenraum sich rechts im Hintergrund in einer Halterung kleine Gewehre zum Üben finden. An der Wand hängt eine Karte der Hauptstadt Paris. Bettannier war Lothringer.

Sabine Beneke

Heinrichsen-Zinnfiguren zum Deutsch-Französischen Krieg, Nürnberg, zwischen 1882 und 1900 und um 1915/1920

Die in der Gesellschaft stark verankerte Orientierung an militärischen Normen und Traditionen und die Heranführung an staatsbürgerliche Pflichten durch den Militärdienst spiegeln sich auch in entsprechendem Spielzeug. Zinnsoldaten zählten zu den zwar kleinsten, aber am weitesten verbreiteten Spielobjekten im Kaiserreich. Von der steigenden Nachfrage nach dem Deutsch-Französischen Krieg profitierte etwa die Nürnberger Offizin Heinrichsen in besonderem Maße. Aufmarschformationen und Gefechtssituationen wurden nachgespielt, aber auch mit Kenntnissen zu Regimentern und Uniformkunde ließ sich der Gegner beeindrucken. Zinnfiguren gab es fertig konfektioniert oder, deutlich günstiger, zum Selbstbemalen vor allem aus Nürnberg, Fürth oder als Kieler Zinnfiguren. Nach dem Ersten Weltkrieg waren sie eher als Sammlerobjekt denn als Spielzeug geschätzt. **Sabine Witt**

Puzzle »Die kleine Armee«/»Der kleine National-Gardist«, Nürnberg, um 1840

Einen ironischen Umgang mit militärischem Zeremoniell und dem »Erzfeind Frankreich« verrät ein um 1840 gefertigtes Puzzle, zeitgenössisch »Geduldspiel« bzw. *jeu de patience* genannt. Zusammengesetzt ergeben die 99 Teile vorder- und rückseitig zwei mit großer Detailliebe entworfene Motive. Als »kleiner National-Gardist« bzw. »kleine Armee« Kaiser Napoleons I. paradieren Kinder in viel zu großen Uniformen. Militärischer Ernst geht dabei in Spiellust unter und mit einer Verwüstung der guten Stube einher. Dabei lernten deutsche Kinder auch, dass es eine einheitliche französische Uniform gab, unter der französische Staatsbürger in den Krieg zogen, während sich die Uniformen zum Beispiel eines bayerischen oder eines preußischen Soldaten unterschieden. Bis 1848 wurde das Puzzle auch in der Schweiz, von der Berner Buch- und Kunsthandlung Burgdorfer, vertrieben. **Sabine Witt**

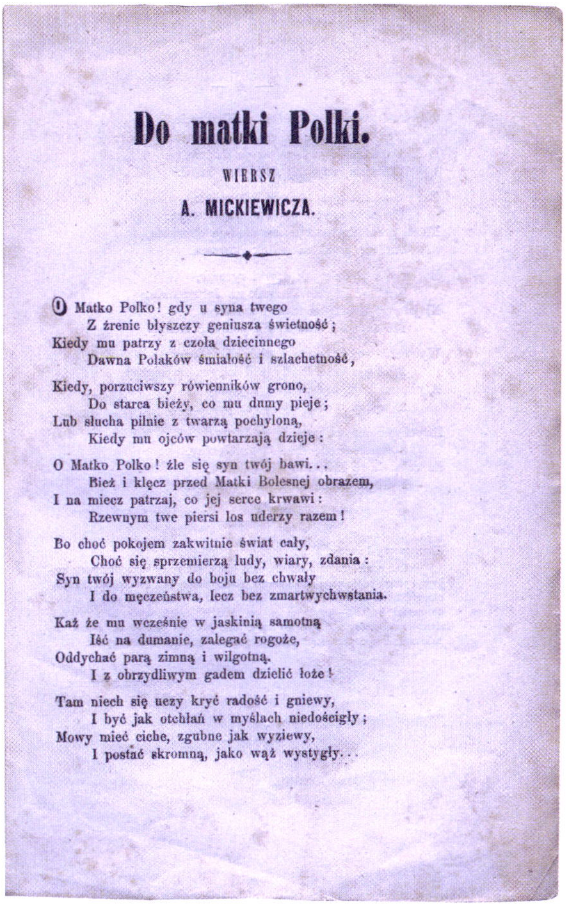

Do matki Polki.

WIERSZ

A. MICKIEWICZA.

O Matko Polko! gdy u syna twego
Z źrenic błyszczy geniusza świetność;
Kiedy mu patrzy z czoła dziecinnego
Dawna Polaków śmiałość i szlachetność,

Kiedy, porzuciwszy rówienników grono,
Do starca bieży, co mu dumy pieje;
Lub słucha pilnie z twarzą pochyloną,
Kiedy mu ojców powtarzają dzieje:

O Matko Polko! źle się syn twój bawi...
Bież i klęcz przed Matki Bolesnej obrazem,
I na miecz patrzaj, co jej serce krwawi:
Rzewnym twe piersi los uderzy razem!

Bo choć pokojem zakwitnie świat cały,
Choć się sprzemierzą ludy, wiary, zdania:
Syn twój wyzwany do boju bez chwały
I do męczeństwa, lecz bez zmartwychwstania.

Każ że mu wcześnie w jaskinią samotną
Iść na dumanie, zalegać rogoże,
Oddychać parą zimną i wilgotną.
I z obrzydliwym gadem dzielić łoże!

Tam niech się uczy kryć radość i gniewy,
I być jak otchłań w myślach niedościgły;
Mowy mieć ciche, zgubne jak wyziewy,
I postać skromną, jako wąż wystygły...

Gedicht »Ein Wort an die Mutter Polin« [1830] von Adam Mickiewicz, 1864

Eine wichtige Rolle zur Erhaltung des Polentums wurde den polnischen Müttern zugeschrieben. Als Erzieherinnen zukünftiger polnischer Staatsbürger lag die Verantwortung für die Weitergabe polnischer patriotischer Werte und kultureller Traditionen bei den Müttern. Das Idealbild der »Mutter Polin«, die sich und ihren Sohn für die Freiheit des Vaterlands opfert, beschreibt Adam Mickiewicz in seinem Gedicht »Ein Wort an die Mutter Polin«. Es wurde 1864 mit einer französischen und einer deutschen Übersetzung im Umfeld des polnischen Januaraufstands von 1863/64 neu publiziert. Geschrieben hatte es Mickiewicz 1830 vor dem Hintergrund des sich anbahnenden Novemberaufstands im Königreich Polen gegen die russische Vorherrschaft. Das Gedicht prägte den Mythos der »Mutter Polin«, der bis heute im Land fortlebt. **Paulina Szoltysik**

Wolf Graf von Baudissin (1907–1993)

Der 1907 in Trier als Sohn eines preußischen Regierungspräsidenten geborene Wolf Graf von Baudissin wuchs in Westpreußen auf und begann seine militärische Karriere in der Reichswehr der Weimarer Republik. Später wurde er Generalstabsoffizier der Wehrmacht. 1941 geriet er in Nordafrika in britische Gefangenschaft, die er bis 1947 in Australien verbrachte. Nach dem Vorbild der alliierten *Reeducation* führte Baudissin bereits in dieser Zeit politische und ethische Schulungen für Mitgefangene durch. Er entwickelte Konzepte und Leitbilder der Wiedereingliederung von Soldaten in die deutsche Nachkriegsgesellschaft. Im Amt Blank, der Vorgängerinstitution des Bundesministeriums der Verteidigung, gehörte Baudissin zu einem kleinen Kreis von Militärtheoretikern, die sich mit der Frage der Integration einer neu aufzustellenden Armee in die deutsche Gesellschaft beschäftigten. Die neue Bundeswehr sollte sich fundamental von Reichs- und Wehrmacht unterscheiden. Der Soldat sollte kein willenloser Befehlsempfänger mehr sein, sondern mündiges Mitglied einer demokratischen Gesellschaft, ein »Staatsbürger in Uniform« – wie es im neuen Konzept der Inneren Führung hieß –, der stets seinem Gewissen verpflichtet ist. So wurden Soldaten während ihrer aktiven Dienstzeit erstmals in der deutschen Geschichte nicht von ihrem staatsbürgerlichen Wahlrecht ausgeschlossen. Baudissin war aufgrund seines Eintretens, mit Militär- und Werttraditionen zu brechen, in konservativen Militärkreisen umstritten. Sein Name bleibt eng mit dem Konzept einer modernen deutschen Parlamentsarmee verbunden. **David Pfeffer**

Wolf Graf von Baudissin, 1982, fotografiert von Stefan Moses

Jens Boysen

Militär und Staatsbürgerschaft seit dem 19. Jahrhundert

Im Europa des 18. Jahrhunderts existierte mit der Ständegesellschaft ein Untertanenverband. Darin blieb der – sich oft international rekrutierende – »Militärstand« rechtlich und sozial von den übrigen Gruppen getrennt. Dies änderte sich im »langen« 19. Jahrhundert. Die bisherigen Standesvorrechte von Adel und Klerus wurden aufgehoben, alle Staatsbürger teilten fortan dieselben Rechte und Pflichten. Die Idee der Nation als einer aus Gleichen und Freien bestehenden Gesellschaft implizierte die volle Teilhabe an allen Angelegenheiten des Staates, der jetzt nicht mehr wie bisher als Domäne des Monarchen galt, sondern als gemeinsames Gut aller. Ähnlich wie die amerikanische Unabhängigkeitserklärung von 1776 legte auch die französische Nationalversammlung Wert auf die aktive Verteidigung der revolutionären Errungenschaften. So stellten die Artikel 12 und 13 der am 26. August 1789 angenommenen Menschen- und Bürgerrechte *(Droits de l'homme et du citoyen)* fest: »Die Sicherung der Menschen- und Bürgerrechte erfordert eine Streitmacht«, zu deren Unterhaltung »eine allgemeine Abgabe unumgänglich« sei.

Kleine Trommel aus der Zeit der Französischen Revolution, um 1790

Nun waren Armeen schon immer durch Steuern finanziert worden; es ging hier um die Betonung des neuen, »höheren« Zwecks dieser Aufwendungen. Das eigentlich Neue auf militärischem Gebiet ergab sich erst durch den ausbrechenden Konflikt zwischen dem revolutionären Frankreich, das einen immer radikaleren Kurs einschlug, und den Mächten des Ancien Régime, die zu begreifen begannen, dass der Umsturz sich nicht auf die inneren Angelegenheiten beschränken würde, sondern aufgrund seiner ideologischen Natur auch Auswirkungen auf das europäische Staatensystem haben könnte. So waren die sechs Koalitionskriege, die zwischen 1792 und 1815 von einem wechselnden Bündnis europäischer Mächte erst gegen das revolutionäre und dann das napoleonische Frankreich geführt wurden, mehr als nur »normale« Kriege um die Machtverteilung in Europa. Vielmehr kann man durchaus vom ersten ideologischen Systemkonflikt sprechen bzw. vom ersten Weltbürgerkrieg. Hierdurch erhielt die neue Form der Staatsbürgerschaft eine außen- und sicherheitspolitische Dimension.

Der erste Zusammenstoß in diesem Ringen war die nachmals berühmte Kanonade von Valmy am 20. September 1792, bei der die zum Schutz König Ludwigs XVI. auf Paris vorrückenden preußischen und österreichischen Truppen unerwartet aufgehalten wurden. Für diesen Feldzug hatten sich schon Hunderttausende Franzosen freiwillig gemeldet, die nur flüchtig ausgebildet worden waren, deren Motivation aber diesen Mangel teils kompensieren konnte. Laut dem französischen Oberkommandierenden des Ersten Weltkriegs, Ferdinand Foch, endeten bei Valmy die »Kriege der Könige« und begannen die »Kriege der Völker«. Als die Koalitionstruppen 1793 nach Frankreich zurückkehrten, um die mittlerweile erfolgte Absetzung und Hinrichtung des Königs zu ahnden, führte dies dort zu einer politischen und militärischen Radikalisierung. Der im April 1793 als Revolutionsregierung eingesetzte Wohlfahrtsausschuss war nicht zuletzt für die Koordinierung der Landesverteidigung zuständig. Auf seine Initiative hin galt ab August 1793 die *levée en masse* (Massenaushebung), die alle ledigen Männer zwischen 18 und 25 Jahren zum Wehrdienst verpflichtete, was unmittelbarer Ausdruck der neuen Qualität ihrer Staatsbürgerschaft war. Aus den bisherigen Untertanen sollten bewusst handelnde Vaterlandsverteidiger werden, motiviert nicht durch den Sold des »Soldaten«, sondern durch den Wunsch, die neue politische Ordnung zu schützen. Nicht nur sollte kein Herrscher mehr die bewaffnete Macht zu eigennützigen Zielen missbrauchen, sondern die Delegation der gefährlichen Aufgabe der Verteidigung an einen gesonderten Militärstand war nicht länger zu rechtfertigen. Stattdessen sollte die Nation auch in der Gefahr zusammenstehen und Risiken gleich verteilen. Militärische Fähigkeiten und Wehrhaftigkeit wurden jetzt als elementare Tugenden aller Staatsangehörigen verstanden. Nur wer auch in dieser Hinsicht seine Pflicht tat, sollte als vollwertiger Bürger angesehen werden. Dass dabei nur Männer bedacht waren, hatte seinen offensichtlichen Grund in Vorbehalten gegenüber den physischen, aber auch moralischen Qualitäten der Frauen in einer Kriegssituation. Außerdem waren Armeen in ihren kämpfenden Teilen seit jeher männlich gewesen.

Dieses Konzept des *citoyen-soldat* weichte jedenfalls die Grenze zwischen Zivilisten und Soldaten erheblich auf. Neben seinen positiven Aspekten barg es in sich die Gefahr einer Militarisierung und Brutalisierung der Bevölkerung im Fall eines längeren und opferreichen Konflikts. Tatsächlich bedeutete der neue Typus des »Volkskrieges« eine erneute Entgrenzung des Krieges, an dessen Ende im 20. Jahrhundert der »totale Krieg« stehen sollte. Diese Tendenz zeigte sich nicht nur im Einsatz aller menschlichen und materiellen Ressourcen, sondern auch in der zunehmenden ideellen und emotionalen Aufladung jedes Krieges als nationaler Angelegenheit oder gar als physischen Daseinskampfes, der jedes Opfer rechtfertigte und in dem Kompromisse mit dem (gleichermaßen motivierten) Feind tendenziell als Verrat betrachtet wurden. Langfristiges Ergebnis war der später sogenannte *guerre à outrance*, der Krieg bis zum Äußersten. Mit anderen Worten: Jene Ambivalenz, die im 19. Jahrhundert und auch später die nationale Idee kennzeichnete – innere Einheit und Gleichberechtigung der Bürger versus Abgrenzung und ggf. Aggression nach außen –, zeigte sich in analoger Weise auch im Umgang mit der militärischen Macht.

Ein weiterer wichtiger Faktor der Militärreformen in Frankreich war die Aufhebung des Adelsprivilegs auf die Offiziersstellen. Dieser Schritt sowie der durch die folgenden Kriege schlagartig wachsende Bedarf an fähigen militärischen Führern eröffneten nicht adligen und sogar den Unterschichten entstammenden Aufsteigern beispiellose Karrieren. Den bedeutendsten Fall dieser Art stellten wohl Napoleon Bonaparte und seine Generäle wie Ney, Davout, Murat oder Bernadotte dar – begabte und ehrgeizige Emporkömmlinge, die gewissermaßen das neue bürgerliche Leistungsprinzip auf militärischem Gebiet verwirklichten. Allerdings lässt die Tatsache, dass mehrere von ihnen später kurzlebige Dynastien von Napoleons Gnaden gründeten, erkennen, dass sie keiner besonderen politischen Ordnung anhingen. Ihre Motive waren Macht, Ruhm und Abenteuer, ihre Loyalitäten eher personeller als wertebezogener Natur. Der militärische und politische Anführer Napoleon machte sich indes dazu auf, den Kontinent zu erobern und in eine von Paris aus regierte Universalmonarchie zu verwandeln. Seine Soldaten trugen zwar Truppenfahnen im Blau-Weiß-Rot der Republik und mit dem Motto »Liberté–Égalité–Fraternité« vor sich her, wurden aber faktisch zu einer autoritär geführten Kriegsmaschine, die nicht nur die »feudalen« Verhältnisse Europas umstürzte, sondern auch die Frage der nationalen Zugehörigkeit und Unabhängigkeit neu stellte. Gerade in Deutschland sorgte Napoleons Besatzungspolitik dafür, dass die Reste der dort nach 1789 zunächst weitverbreiteten revolutionären Begeisterung verdampften und einem nationalen Befreiungskampf Platz machten.

Jules-Adolphe Chauvet, *Camp de l'École de Mars à la Plaine des Sablons* (dt. Feldlager der École de Mars in der Sandebene), Frankreich, vor 1906

Zu dessen bekanntester Ausprägung wurden die preußischen Heeresreformen, die in ihrer militärischen und politischen Bedeutung auf ganz Deutschland ausstrahlten. Nachdem sich König Friedrich Wilhelm III. durch falsche Selbstgewissheit und ungeschickte Diplomatie selbst isoliert hatte, erlitt seine Armee 1806 bei Jena und Auerstedt eine beispiellose Niederlage, die nicht nur Napoleon den Weg nach Berlin eröffnete, sondern die Monarchie an den Rand des Untergangs brachte. Zu ihrer Rettung ersann man nichts Geringeres als die Erneuerung des Staates zu einem handlungs- und kampffähigen Verband, der es mit dem Gegner (und Vorbild) Napoleon aufnehmen konnte. Die Armee sollte dabei – im positiven Sinne – als »Staat im Staate«, das heißt als Nukleus und Treiber der Reformen in allen Bereichen des Staatslebens, wirken. Die reformerischen Kräfte um Gerhard von Scharnhorst und August Neidhart von Gneisenau bildeten 1807 die Militär-Reorganisationskommission und machten sich auf der Grundlage der neuesten Erkenntnisse der Militärwissenschaft sowie allgemeiner aufklärerischer Anschauungen an die Arbeit. Die Reste der alten Armee, die, wie man sagte, »auf den Lorbeeren Friedrichs des Großen eingeschlafen« war, wurden hinweggeräumt; kaum ein höherer Truppenführer behielt sein Kommando.

Als Hauptproblem erkannten die Reformer neben Fragen der Organisation und Gefechtsführung die innere Einstellung der Soldaten, vor allem der Offiziere. Es galt, das alte Standesdenken zu überwinden, die Laufbahnen über den Adel hinaus und beruhend auf persönlicher Leistung zu öffnen und den Soldaten ein neuartiges Ehrgefühl einzuflößen. Nicht mehr als rechtloses Menschenmaterial, sondern als Landeskinder sollten die Preußen die Waffen führen. In diesem Sinne formulierte Scharnhorst im »Vorläufigen Entwurf für eine Verfassung der Provinzialtruppen« vom 15. März 1808 den Grundsatz: »Alle Bewohner des Staats sind geborene Verteidiger desselben!« Im selben Jahr führte Gneisenau diesen Gedanken weiter, indem er feststellte, es sei »billig und staatsklug zugleich, dass man den Völkern ein Vaterland gebe, wenn sie ein Vaterland verteidigen sollen«. Nur dann würde sich der existenzielle Sinn des neuen Krieges verbreiten und jenen ultimativen Einsatz hervorbringen, der allein den Sieg ermöglichte. Wichtig für den angestrebten kameradschaftlichen Geist waren auch die »Freiheit der Rücken«, das heißt die Abschaffung der Körperstrafen in der Armee, sowie eine allgemein korrekte Behandlung von Untergebenen.

All diese Maßnahmen brachten den König bereits an den Rand des politisch Zumutbaren. Zum politisch brisantesten Aspekt der Reform wurde die Frage der Volksbewaffnung durch eine allgemeine Wehrpflicht. Obwohl ein offensichtliches praktisches Gebot im »Krieg der Völker«, wehrte sich der König lange gegen eine solche eigene Version der *levée en masse,* in der Sorge, dass dieser Dienst zur Verteidigung der Heimat bei seinen Untertanen – trotz deren ausgeprägter Königstreue – einen Anspruch auf generelle Teilhabe am Staat nähren würde. Der sich aus der Kriegslage ergebende Kompromiss bestand dann aus einer Kombination der Linientruppen und der Landwehr mit Freiwilligenverbänden, zu deren Bildung der König in seiner Proklamation »An mein Volk!« vom 17. März 1813 aufrief. Erst 1814, als der Sieg der Alliierten sich bereits abzeichnete, wurde ein Gesetz über die allgemeine Wehrpflicht verabschiedet. Erwähnenswert ist, dass der neue Nationalgeist auch einige Frauen dazu veranlasste, sich in Verkleidung Freiwilligenverbänden anzuschließen und für ihr Vaterland zu kämpfen. Die beispiellose Mobilisierung der europäischen Staaten gipfelte in der vom 16. bis zum 19. Oktober 1813 währenden Völkerschlacht bei Leipzig, die einen neuen Maßstab setzte: ca. 560 000 beteiligte Truppen und ca. 110 000 Gefallene.

Der polnische Fall bot eine andere Variante des Zusammenhangs von nationaler Existenz und bewaffneter Macht. War eine unterfinanzierte und vernachlässigte Armee einer der Gründe, die die Aufteilung der sogenannten Adelsrepublik unter ihre Nachbarn zwischen 1772 und 1795 – also recht exakt zur Zeit der revolutionären Entwicklung in Westeuropa – ermöglichte, so zählte eine Armeereform zu den Kernzielen der in den 1780er-Jahren beratenen Maßnahmen, die in der Verfassung vom 3. Mai 1791 ihren Niederschlag fanden. Nicht zuletzt wurde hier festgehalten, »alle Bürger [seien] Vertheidiger der Unverletztheit und Freiheit der Nation« (auch wenn – anders als in Frankreich – noch keine staatsbürgerliche Gleichheit etabliert wurde). In diesem Geist wurden die Kriege gegen Russland und Preußen von 1792 und 1794 vom polnischen Oberbefehlshaber, dem Veteranen des amerikanischen Unabhängigkeitskriegs Tadeusz Kościuszko, geführt, der sich auch gegen den eigenen Adel und dessen Privilegien wandte. Anders als Kościuszko schlossen sich viele polnische Offiziere 1806/07 Napoleon an, der mit dem Herzogtum Warschau einen polnischen Kernstaat schuf, der ihm allerdings vorrangig als materielle Basis für seinen Russlandfeldzug von 1812 diente. In dieser Kampagne starben 90 Prozent der von General Józef Poniatowski befehligten polnischen Soldaten, bevor er selbst im Oktober 1813 in Leipzig fiel. Nach 1815 versuchte der polnische Adel in mehreren Aufständen – 1830/31, 1848 und 1863/64 –, die völlige Unabhängigkeit von Russland zu erkämpfen. Erst nach deren Scheitern kam es zu einer auch die anderen Volksteile einbeziehenden nationalen Bewegung; was dennoch blieb, war eine oft glorifizierende Sicht auf alles Militärische.

Auch nach dem Sieg der Alliierten über Frankreich 1814/15 ließen sich die Umwälzungen der letzten Jahre nicht völlig ungeschehen machen und gerade die Armeen konnten als technische Formationen nicht hinter die gemachten Fortschritte zurückgehen. Wesentlich wurde daher die Frage der Kontrolle und der politischen Orientierung der bewaffneten Macht. Im langjährigen Ringen zwischen konservativer »Beharrungs-« und liberaler »Bewegungspartei« standen mit Parlament und Armee immer wieder zwei Institutionen im Zentrum der Debatte, die die potenzielle Spannung zwischen Handlungsmacht und Rechtsstaatlichkeit verkörperten. So war es charakteristisch, dass nach den Berliner Märzunruhen König Friedrich Wilhelm IV. in seiner Proklamation vom 21. März 1848, in der er sich loyal zur deutschen Nationalbewegung erklärte, als erste Maßnahme zur Sicherung des inneren und äußeren Friedens die »Aufstellung eines allgemeinen Deutschen volksthümlichen Bundesheeres« forderte. Dazu kam es zwar nicht, die Paulskirchenabgeordneten sahen sich jedoch während ihrer Tätigkeit bis 1849 mehrfach genötigt, konkurrierende Völker (darunter auch die Polen) militärisch zu bekämpfen und dazu auf die stehenden Heere der Fürsten zurückzugreifen.

In der folgenden Reaktionszeit ab 1850 führte der preußische Heereskonflikt zu einer politischen Dauerkrise, da der Landtag ein Mitspracherecht in der Militärpolitik verlangte. Wie später die Sozialdemokraten favorisierten auch die Liberalen ein Milizmodell nach dem Vorbild der »bürgerlichen« Landwehr, da hier der freiheitliche Bürgergeist stärker zu sein versprach als in der hierarchisch kontrollierten Linienarmee. Erst nach 1864 gelang es Otto von Bismarck, die Liberalen mittels der Einigungskriege über ihr patriotisches Ehrgefühl dazu zu bewegen, sich der Heeresvermehrung nicht länger entgegenzustellen. Das

Endergebnis war die Reichsgründung von 1867 bzw. 1871 als monarchisch-bürgerlicher Kompromiss. Das für seine Zeit fortschrittliche allgemeine männliche Wahlrecht zum Reichstag wurde auch als Gegenleistung für die zuvor von den Bürgern erbrachten militärischen Leistungen betrachtet. Akzeptieren mussten die Liberalen aber die militärische Prärogative der Bundesfürsten sowie die »Exemtion« des Offizierskorps.

In den Folgejahren wuchsen die Massenheere, derer alle Mächte bedurften, stetig an. In Deutschland und Frankreich lieferte das Bild des jeweiligen »Erbfeindes« den dauernden Grund für ein starkes eigenes Heer. Österreich wurde in den Jahren vor 1914 unter anderem von seiner multinationalen Armee zusammengehalten. In Russland zählte ein Umbau des Heeres zu den nach der Niederlage im Krimkrieg 1856 angestoßenen »Großen Reformen«. Die hier 1874 eingeführte Wehrpflicht brachte allerdings den per Los bestimmten Soldaten zunächst nur einen langjährigen Dienst meist fern der Heimat. Allein England konnte sich dieser Frage lange Zeit weitgehend entziehen, da es, von seiner mächtigen Flotte geschützt, zu Hause kaum angreifbar war. Erst im Ersten Weltkrieg sollte die Lage es zur Einführung der Wehrpflicht von 1916 bis 1920 zwingen; zwischen 1939 und 1960 wurde dies nochmals erforderlich.

Allem Bemühen von Pazifisten, aber auch der beginnenden Internationalisierung zum Trotz endete die Belle Époque 1914 im Großen Krieg. Das folgende Zeitalter brachte allseits, unabhängig von politischen Unterschieden, die »totale Mobilmachung«. Die rückhaltlose Ausnutzung aller menschlichen und materiellen Ressourcen ermöglichte im Ersten Weltkrieg eine Kriegführung von zuvor für unmöglich erachteter Länge, Reichweite und Härte. Angesichts beispiellos hoher Verluste insbesondere auch in den Offizierskorps wurden die einfachen Soldaten zu den eigentlichen Protagonisten der Epoche, zum »Volk in Waffen«. Wenn sie überlebten, forderten die Frontkämpfer aufgrund ihres Einsatzes oft besondere Rechte auf Entschädigung, Förderung und Einfluss auf das politische Geschehen; nach außen hin schwankten sie zwischen Revanche und Versöhnung über die Schützengräben hinweg. Andernorts begannen neue Kriege zwischen neuen Staaten wie der Zweiten Polnischen Republik, und Freischärler verwischten erneut die Grenzen zwischen Zivil und Militär. In den meisten Staaten brachte das Kriegsende das Frauenwahlrecht hervor (allerdings nicht in Frankreich) und setzte sich der während des Krieges begonnene – durch ihren unverzichtbaren Einsatz begründete – Einflussgewinn der Arbeiterschaft fort.

Überall aber betonte man das Band zwischen Nation und Armee und erklärte den Waffendienst zu einer »heiligen Pflicht«. Charismatische militärische Führer genossen bleibendes Ansehen und mischten sich nicht selten auf Kosten ziviler Politiker in die Staatsgeschäfte ein, manche bis hin zur Diktatur.

Rekrutierungsplakat des 92. Infanterieregiments der französischen Armee, 1940/1942

Der Zweite Weltkrieg führte dann die Tendenzen des Ersten auf eine fatale Spitze mit insgesamt ca. 55 Millionen Opfern weltweit. Im Krieg auslösenden NS-Deutschland, aber auch in der Sowjetunion forderte eine militaristisch aufgerüstete Ideologie zahllose Opfer ohne Schonung auch der eigenen Leute, die keine Bürger mit unveräußerlichen Rechten mehr waren, sondern kalt eingesetztes Menschenmaterial. Länder wie Polen, wenngleich selbst nationalistisch und aggressiv, fielen den totalitären Imperien zum Opfer.

Nach 1945 hinderte die nukleare Abschreckung die neuen Führungsmächte daran, den nächsten Weltanschauungskrieg in physischer Form zu eröffnen; zugleich erlebte die Wehrpflicht eine nochmalige Blüte als Basis der konventionellen Abwehrfähigkeit. Die unter dem Eindruck der historischen Rolle der Wehrmacht dafür nötige ideelle Basis schuf in der Bundesrepublik das von einer Reformgruppe um Wolf Graf von Baudissin entwickelte Konzept der Inneren Führung und das sich an Scharnhorst anlehnende Bild des Soldaten als »Staatsbürgers in Uniform«.

Ungeachtet dessen löste aber überall ein wachsender Individualismus die Bindungen an Staat und Nation und ließ die Idee des Opfers für die Gemeinschaft zunehmend als fremdartig erscheinen. Gut 30 Jahre nach dem Ende des Kalten Krieges scheint der Mensch auch in der Kriegführung nach und nach durch Computer und Drohnen ersetzt zu werden. Damit verschwimmen auch Subjekte, Objekte und Ziele eines möglichen Krieges und mit ihnen der so lange prägende Zusammenhang zwischen Staatsbürgerschaft und Militärdienst. Er war aufs Engste mit der spezifischen Entwicklung seit der Französischen Revolution verbunden und hat dabei in immer destruktiverer Weise die Ambivalenz der Aufklärung auf militärischem Gebiet bezeugt. Die Zukunft des Krieges wird daher nicht nur von Digitalisierung und Robotisierung bestimmt werden, sondern ebenso vom generellen Verständnis der politischen Ordnung.

»Fordern wir es nicht Alle,
daß die Frau bürgerliche Rechte
und Pflichten übe und erlange,
wie der Mann, daß sie nicht nur
Glied der Familie sei, sondern
auch Glied des Staates:
Bürgerin?«

Louise Otto-Peters, 1870

4 STAATSBÜRGERSCHAFT VON FRAUEN

Vom 19. Jahrhundert bis zur Mitte des 20. Jahrhunderts waren Frauen in Frankreich, Deutschland und Polen keine gleichberechtigten Staatsbürgerinnen. Wurden ihnen auf Grundlage ihrer Standeszugehörigkeit als Adelige im 18. Jahrhundert noch partiell Rechte eingeräumt, entfielen diese mit der vermeintlich fortschrittlicheren bürgerlichen Gesellschaft.

In der Epoche der Französischen Revolution zeichneten sich zunächst positive Entwicklungen ab. Im Reformprozess der polnischen Adelsrepublik wurden Frauen als wichtige Akteurinnen anerkannt und ihre Rolle in der Politik diskutiert, sodass ihnen während des Kościuszko-Aufstands 1794 – zunächst gegen die russische, später gegen die preußische Teilungsmacht – Bürgerrechte zuerkannt wurden. In Frankreich weckte der revolutionäre Umbruch auch in den Frauen die Hoffnung auf Gleichheit und Mitbestimmungsrecht. Sie nahmen aktiv am Kampf für die Republik teil. Doch früh zeichnete sich ab, dass die neu erlangte Freiheit nicht für das weibliche Geschlecht galt: In der »Erklärung der Menschen- und Bürgerrechte« wird explizit nur der *citoyen* genannt. Die französische Aktivistin Olympe de Gouges protestierte mit ihrer »Erklärung der Rechte der Frau und Bürgerin« gegen den Ausschluss der Frau aus der Staatsbürgerschaft und bezahlte für ihr Engagement mit dem Leben. Nach den Teilungen Polens bis 1795 verloren die Polinnen ihre neuen Rechte, da die Gesetze der Teilungsmächte übernommen wurden. Der 1804 eingeführte und in Europa sehr einflussreiche Code civil drückte Frauen dauerhaft in einen niedrigen Rechtsstatus, in dem sie teilweise wie unmündige Kinder behandelt wurden.

Die bürgerliche Rechtsordnung sowie Theorien über Eigenschaften des Frauenkörpers in der Biologie und Medizin des 19. Jahrhunderts verfestigten eine zweigeteilte Geschlechtervorstellung, die für die Frau – ungeachtet ihres gesellschaftlichen Ranges – zu einem Ausschluss aus dem politisch-öffentlichen Leben führte. Gleichwohl forderten Frauen in Frankreich, Deutschland und Polen gleiche staatsbürgerliche Rechte ein. Neben dem Recht auf Bildung und folglich der Möglichkeit zur wirtschaftlichen Unabhängigkeit verlangten sie politische Mitsprache. Revolutionäre Wellen verstärkten stets den Kampf der Frauen: nach der Französischen Revolution 1789 auch die Märzrevolution 1848, der Deutsch-Französische Krieg 1870/71 sowie die Russische Revolution 1905. Auf verschiedenen Wegen kämpften die Akteurinnen der Frauenbewegungen in Frankreich, Deutschland und Polen für die Vergabe des Frauenwahlrechts. Hierzu zählte auch eine 1914 veranstaltete symbolische Wahl in Paris, die die hohe Wahlbereitschaft der Frauen verdeutlichte.

Auf zivilrechtlicher Ebene war eine Gemeinsamkeit der europäischen Rechtsordnungen, dass Frauen mit der Heirat obligatorisch die Staatsbürgerschaft des Ehemannes annahmen. Mit der Zunahme binationaler Ehen im Zuge der Industrialisierung gab es vermehrt Fälle von Frauen, die durch die Heirat eines Ausländers ihre Staatsbürgerschaft verloren – selbst wenn die Eheleute im Heimatland der Ehefrau wohnhaft blieben. In manchen Fällen führte diese Regelung zur Staatenlosigkeit der Frau. Diese unselbstständige Staatsangehörigkeit der Ehefrau wurde in Frankreich 1927, in der DDR 1949, in der Volksrepublik Polen 1951 und in der Bundesrepublik Deutschland erst 1953 aufgehoben.

Angesichts anhaltender Debatten um die Stellung der Frau in der Gesellschaft, insbesondere im Hinblick auf die Selbstbestimmung über ihren Körper, wird deutlich, dass die Frau trotz ihrer rechtlichen Gleichstellung als Staatsbürgerin in unserer heutigen Gesellschaft weiterhin gravierender Diskriminierung ausgesetzt ist. **Paulina Szoltysik**

Gedenkteller auf die Französische Revolution, nach 1793 oder Ende 19. Jahrhundert

In den ersten Jahren nach der Französischen Revolution war in Frankreich die *fayence patriotique* weitverbreitet: Devotionalien aus grober glasierter Tonware, auf der in grellbunter Bemalung die Symbole der Revolution, vom gallischen Hahn bis zur phrygischen Mütze, abgebildet waren. Der Teller mit der auf einer Kanone hockenden *bonne citoyenne*, die in der einen Hand einen Degen, in der anderen einen Spinnrocken hält, spiegelt das Dilemma der am Gelingen der Revolution maßgeblich beteiligten Frauen wider. Für sie sollten sich die Hoffnungen auf soziale Teilhabe nicht erfüllen: Die 1793 verabschiedete Verfassung definierte die Bürgerrechte wie schon 1791 als rein männliches Privileg. Im selben Jahr endete die Revolutionärin und Feministin Olympe de Gouges, Verfasserin der *Déclaration des droits de la femme et de la citoyenne* (1791), wegen ihres Einsatzes für die Frauenrechte auf dem Schafott.

Wolfgang Cortjaens

Fächer *Je désire voter* (dt. Ich will wählen) zur symbolischen Wahl in Paris, 1914

Im Vorfeld der französischen Parlamentswahlen 1914 startete die Tageszeitung *Le Journal* zusammen mit der Union française pour le suffrage des femmes (Französische Union für das Frauenwahlrecht) eine neuartige Kampagne, um auf den Wunsch der Frauen, wählen zu dürfen, aufmerksam zu machen: Bei einer symbolischen Wahl konnten Frauen über die Frage »Möchten Sie eines Tages wählen dürfen?« abstimmen. Hierzu wurden Stimmzettel mit dem Vermerk *Je désire voter* (dt. Ich will wählen) verteilt, die vom 26. April bis zum 3. Mai 1914 in improvisierten Wahllokalen oder per Post abgegeben werden konnten. Die Kampagne fand eine breite Resonanz. Wie auf dem Papierfächer vermerkt, bezeugten 505 972 Frauen ihren Wunsch zu wählen. Der Fächer wurde am 5. Juli 1914 bei der ersten großen Straßendemonstration für Frauenrechte in Paris verteilt.

Paulina Szoltysik

Tischglocke des Deutschen Staatsbürgerinnen-Verbands, um 1952

Als Allgemeiner Deutscher Frauenverein 1865 von Louise Otto-Peters gegründet, widmete sich der Verband zunächst dem besseren Zugang von Frauen zu Bildung. Ab 1905 verlagerte sich der Schwerpunkt auf die kommunalpolitische Ebene. Die verstärkt internationale Ausrichtung sowie die Fokussierung auf die politische Bildung von Frauen führten ab März 1923 zu dem geführten Zusatz »Deutscher Staatsbürgerinnen-Verband«. Um der Gleichschaltung des NS-Regimes zu entgehen, löste sich der Verband 1933 selbst auf. Im Jahr 1947 nahm er unter dem Namen Notgemeinschaft 1947 (ab 1949 Deutscher Staatsbürgerinnen-Verband) seine Arbeit wieder auf. Seit 2015 liegt der Schwerpunkt der Verbandsarbeit auf Themen der Zuwanderung und den Belangen migrantischer Frauen. Die Tischglocke mit der Aufschrift »Deutscher Staatsbürgerinnen-Verband 22. 12. 1947–22. 12. 1952« wurde vermutlich anlässlich des fünfjährigen Neubestehens des Verbands hergestellt.
Paulina Szoltysik

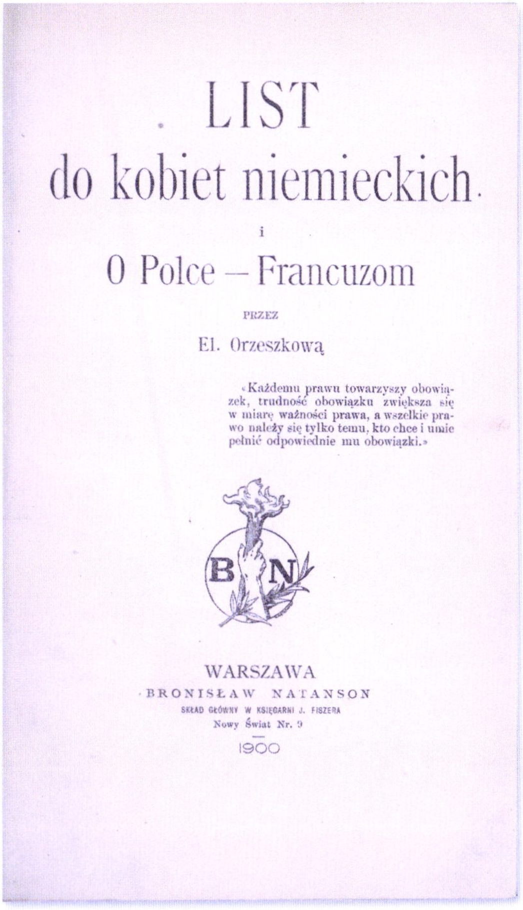

LIST
do kobiet niemieckich
i
O Polce – Francuzom

PRZEZ

El. Orzeszkową

«Każdemu prawu towarzyszy obowiązek, trudność obowiązku zwiększa się w miarę ważności prawa, a wszelkie prawo należy się tylko temu, kto chce i umie pełnić odpowiednie mu obowiązki.»

WARSZAWA
BRONISŁAW NATANSON
SKŁAD GŁÓWNY W KSIĘGARNI J. FISZERA
Nowy Świat Nr. 9

1900

Polnischsprachige Sonderausgabe von Eliza Orzeszkowas
***Brief an die deutschen Frauen. Über Polen – den Franzosen,* 1900**

Die einflussreiche polnische Literatin Eliza Orzeszkowa publizierte 1873 die Novelle *Marta* – ein Plädoyer für eine bessere Bildung von Mädchen und Frauen –, die international rezipiert wurde. Auf Deutsch erschien sie unter dem Titel *Ein Frauenschicksal.* Als Reaktion auf die zahlreichen Leserbriefe aus Deutschland entschied sich Orzeszkowa, den Leserinnen in Form eines offenen Briefes zu antworten. Der *Brief an die deutschen Frauen. Über Polen – den Franzosen* wurde 1886/87 in der polnischen Frauenzeitschrift *Ster* abgedruckt, 1892 in der *Deutschen Hausfrauen-Zeitung* und 1900 in Form dieser gebundenen Sonderausgabe veröffentlicht. Die Schriftstellerin ruft darin die deutschen Frauen zur Gründung eines Tugendbundes auf. Darunter verstand sie eine auf gemeinsamen moralischen Grundsätzen basierende Vereinigung aller Frauen, um dem Kampf um gleiche Rechte mehr Gewicht zu verleihen.
Paulina Szoltysik

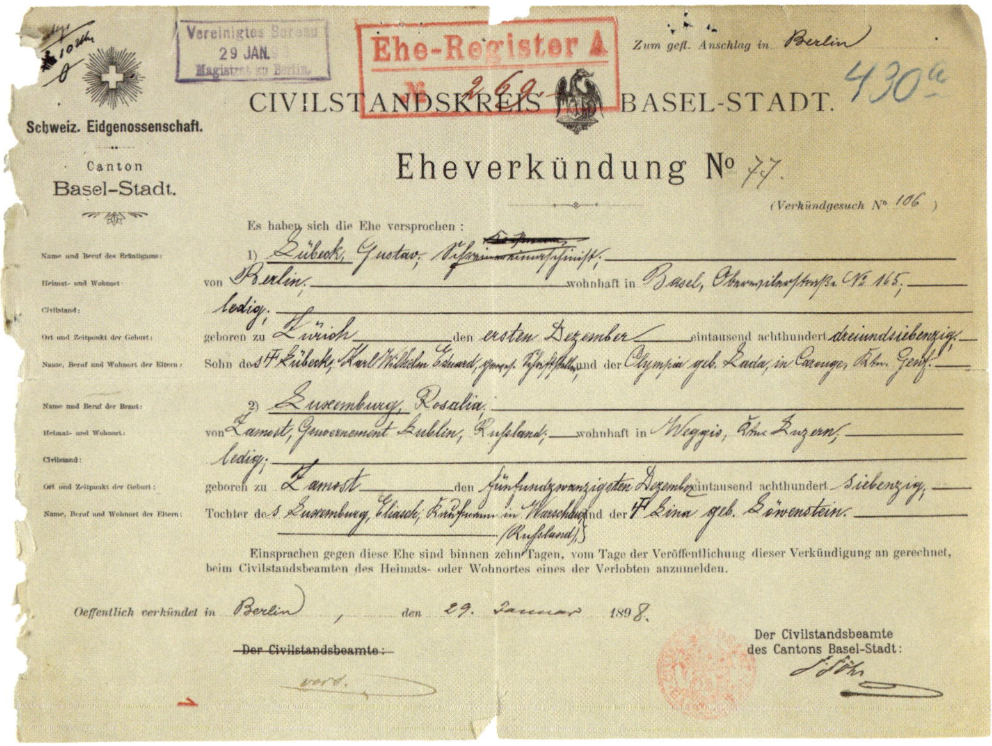
Vereinigtes Bureau
29 JAN.
Magistrat zu Berlin

Ehe-Register A
№ 269

Zum gefl. Anschlag in Berlin

430a

Schweiz. Eidgenossenschaft.

Canton
Basel-Stadt.

CIVILSTANDSKREIS BASEL-STADT.

Eheverkündung № 77.

(Verkündgesuch № 106)

Es haben sich die Ehe versprochen:

Name und Beruf des Bräutigams: 1) Lübeck, Gustav,
Heimat- und Wohnort: von Berlin, wohnhaft in Basel, № 165,
Civilstand: ledig,
Ort und Zeitpunkt der Geburt: geboren zu Zürich den ersten Dezember eintausend achthundert dreiundsiebenzig.
Name, Beruf und Wohnort der Eltern: Sohn des † Lübeck, Karl Wilhelm Eduard, und der Olympia geb. Lada, in Carouge, Ktn. Genf.

Name und Beruf der Braut: 2) Luxemburg, Rosalia
Heimat- und Wohnort: von Zamost, Gouvernement Lublin, Rußland, wohnhaft in Weggis, Ktn. Luzern,
Civilstand: ledig,
Ort und Zeitpunkt der Geburt: geboren zu Zamost den fünfundzwanzigsten Dezember eintausend achthundert Siebenzig,
Name, Beruf und Wohnort der Eltern: Tochter des Luxemburg, Eliasch, Kaufmann in Warschau (Rußland), und der † Lina geb. Löwenstein.

Einsprachen gegen diese Ehe sind binnen zehn Tagen, vom Tage der Veröffentlichung dieser Verkündigung an gerechnet, beim Civilstandsbeamten des Heimats- oder Wohnortes eines der Verlobten anzumelden.

Oeffentlich verkündet in Berlin, den 29. Januar 1898.

~~Der Civilstandsbeamte:~~

Der Civilstandsbeamte
des Cantons Basel-Stadt:

Eheverkündung Rosa Luxemburgs vom 29. Januar 1898

Die preußische Verfassung von 1850 gewährte nur eigenen Staatsangehörigen, nicht aber Ausländern, sich in Parteien politisch zu engagieren. Durch ihre Herkunft aus dem russischen Teilungsgebiet Polens war Rosa Luxemburg daher eine aktive Mitgliedschaft in der SPD verwehrt. Luxemburgs Gasteltern in Zürich, die deutsche Familie Lübeck, schlugen ihr eine Ehe mit ihrem Sohn Gustav vor. Als dessen Frau würde sie in den Besitz der deutschen Staatsangehörigkeit gelangen und sich politisch engagieren können. Gustav Lübeck stimmte der Ehe aus Gehorsam gegenüber seinen Eltern zu. Die beim Civilstandskreisamt Basel-Stadt geschlossene Ehe wurde am 29. Januar 1898 mit der entsprechenden Eheverkündung in Berlin angezeigt. Eine rechtliche Gleichstellung Luxemburgs mit ihrem Mann bedeutete die Heirat allerdings nicht, da nur Männer wichtige staatsbürgerliche Rechte wie das Wahlrecht ausüben durften. Nachdem die Ehe ihren vorgesehenen Zweck erfüllt hatte, wurde sie 1903 geschieden.

Maximilian Auth

Paulina Kuczalska-Reinschmit,
um 1900

Paulina Kuczalska-Reinschmit (1859–1921)

Im Jahr 1859 in Warschau als Paulina Maria Kuczalska von Prawdzic geboren, wurde sie gemeinsam mit ihrer Schwester Helena angesichts der Teilungen Polens im patriotischen Geist erzogen. Durch ihre Mutter, die der Gruppe der Enthusiastinnen (Entuzjastki) angehörte, kam sie früh in Kontakt mit emanzipatorischen Ideen. Nach dem Scheitern ihrer Ehe mit Stanisław Reinschmit engagierte sie sich verstärkt ab 1895 in der Frauenbewegung. Sie trat ein vierjähriges naturwissenschaftliches Studium in Genf und Brüssel an und vernetzte sich dort mit Aktivistinnen aus ganz Europa. Die Teilnahme am Internationalen Frauenkongress in Paris 1889, auf dem sie neben Maria Deraismes auch Anita Augspurg kennenlernte, prägte ihre weitere Arbeit. Vor dem Hintergrund der Russischen Revolution 1905 organisierte sie im Oktober des Jahres den ersten polnischen Frauenkongress.

Ein wichtiges Sprachrohr der polnischen Frauenbewegung wurde die von ihr gegründete Zeitschrift *Das Steuer (Ster)*. Zunächst von 1895 bis 1897 in Lemberg herausgegeben, erschien sie ab 1907 bis 1914 in Warschau als Vereinsschrift des Bundes für die Gleichberechtigung Polnischer Frauen (Związek Równouprawnienia Kobiet Polskich), dessen Mitbegründerin und Leiterin Kuczalska-Reinschmit war. Der Verein sprach sich explizit für ein allgemeines, vom Geschlecht unabhängiges Wahlrecht aus. Bis zu ihrem Tod 1921 publizierte sie Schriften und Zeitungsartikel zur Gleichberechtigung der Frau. Darin plädierte sie für die Gleichstellung der Polinnen als Staatsbürgerinnen eines Staates, für dessen Unabhängigkeit sie gleichwertig gekämpft hatten. **Paulina Szoltysik**

Hubertine Auclert (1848–1914)

Hubertine Auclert wurde 1848 in einem republikanischen Elternhaus in der französischen Provinzstadt Tilly geboren. Ausschlaggebend für ihr Engagement in der Frauenrechtsbewegung war ein offener Brief des Schriftstellers Victor Hugo 1872, in dem er die Nichtanerkennung der Frau als Staatsbürgerin anprangerte. In Auclert weckte dies den Wunsch, für die Rechte der Frau zu kämpfen und selbst eine *citoyenne* zu werden. 1873 ging sie nach Paris und schloss sich der Frauenbewegung um Léon Richer und Maria Deraismes an. 1876 gründete sie den Verein Le Droit des Femmes (ab 1883 Le Suffrage des Femmes), um für die Anerkennung der Frau als Staatsbürgerin einzutreten. Der Titel ihrer eigens gegründeten Zeitschrift *La Citoyenne* sollte den Anspruch der Frauen auf staatsbürgerliche Gleichheit bekräftigen. Die Zeitschrift wurde in den 1880er-Jahren zum wichtigsten Sprachrohr der französischen Frauenwahlrechtsbewegung. Auclert regte mit der Veröffentlichung zahlreicher Schriften und Artikel sowie Demonstrationen und Petitionen Debatten um das Frauenwahlrecht an. Zudem erlangten ihre Kampagnen nationales Aufsehen: So forderte sie 1880 ihre Registrierung als Wählerin und verweigerte nach der Ablehnung ihre Steuerzahlungen. Sie argumentierte, dass bei fehlenden Rechten nicht die gleichen Pflichten eingefordert werden könnten. 1888 heiratete sie den Anwalt Antonin Lévrier und folgte ihm nach Algerien. Sie kehrte nach dessen Tod 1892 nach Paris zurück, wo sie sich ab 1896 bis zu ihrem Tod 1914 aktiv in der Frauenbewegung engagierte.

Paulina Szoltysik

Hubertine Auclert, um 1880/90

Louise Otto-Peters, vor 1890

Louise Otto-Peters (1819–1895)

Die in Meißen als Kind eines Gerichtsdirektors geborene Louise Otto veröffentlichte neben literarischen Werken schon früh politische Texte. Bereits 1843 sprach sie sich in den *Sächsischen Vaterlands-Blättern* für »Die Theilnahme der weiblichen Welt am Staatsleben« aus. Nach der gescheiterten Revolution von 1848 gründete sie nur ein Jahr später die *Frauen-Zeitung*, die bis 1852/53 wöchentlich erschien. Öffentlich trat sie für das Stimmrecht der Frauen ein – als eine der ersten Personen in Deutschland. Obwohl sie nach der Revolution politisch überwacht wurde, setzte sie ihr Engagement fort. So gründete sie gemeinsam mit Auguste Schmidt 1865 in Leipzig den Allgemeinen Deutschen Frauenverein (ADF), dessen Vorsitzende sie bis 1895 blieb. Der ADF verschickte Petitionen an Länderregierungen und den Reichstag und setzte sich auf diesem Weg für die Anstellung von Frauen und die Öffnung der Universitäten für Frauen ein. Ihren letzten öffentlichen Auftritt im Jahr 1894 hatte Otto-Peters bei der Eröffnung von Gymnasialkursen für Mädchen in Leipzig. Der von ihr mitgegründete ADF zählte vor dem Ersten Weltkrieg bereits 14 000 Mitglieder und initiierte die Gründung des Bundes Deutscher Frauenvereine, der deutschen Dachorganisation der Frauenbewegung. Otto-Peters' Wirken zahlte sich aus: 1919 wurde durch die Weimarer Verfassung das Wahlrecht für Frauen eingeführt. Der ADF, 1928 umbenannt in Deutscher Staatsbürgerinnen-Verband, hat bis heute Bestand. **Marie Czarnikow**

Käthe Schirmacher, um 1910

Käthe Schirmacher (1865–1930)

1865 als Tochter liberaler protestantischer Eltern in Danzig geboren, setzte sich Käthe Schirmacher früh mit den Rechten von Frauen in der Gesellschaft auseinander. Da ihr als Frau ein Universitätsstudium im Deutschen Reich nicht möglich war, absolvierte sie 1885 bis 1887 ein Lehramtsstudium in Paris und promovierte 1895 in Zürich im Fach Romanistik. Sie entschied sich gegen die Annahme der französischen Staatsbürgerschaft, wenngleich ihr dies eine Stelle als Oberlehrerin in Frankreich eröffnet hätte. Sie ließ sich als Journalistin in Paris nieder und engagierte sich im radikalen Flügel der deutschen und internationalen Frauenbewegung, unter anderem als Vorstandsmitglied der International Woman Suffrage Alliance.

Ab 1905 nahm Schirmacher zunehmend deutschnationale und imperialistische Positionen ein, die dazu führten, dass sie die Organisationen der bürgerlich-liberalen Frauenbewegung verließ. Sie engagierte sich als Rednerin im Deutschen Frauenverein für die Ostmarken und im Ersten Weltkrieg in Verbindung mit dem Alldeutschen Verband für expansionistische Kriegsziele. Um die enge Verbindung von staatsbürgerlichen Rechten und dem Engagement für die Nation aufzuzeigen, verwies sie wiederholt auf das Beispiel polnischer Frauen. 1918/19 wirkte sie in Danzig an der Gründung der Deutschnationalen Volkspartei (DNVP) mit und wurde nach einem antisemitischen Wahlkampf als Abgeordnete in die Nationalversammlung gewählt.

Den Großteil ihres Lebens verbrachte Schirmacher in Beziehungen mit Frauen. Ab 1910 lebte sie mit der Stimmrechtsaktivistin Klara Schleker in Marlow. Sie starb 1930 in Meran. **Johanna Gehmacher**

Claudia Kraft

Staatsbürgerschaft von Frauen

Blickt man auf gut zwei Jahrhunderte des Kampfes um staatsbürgerliche Gleichstellung von Frauen, fallen einige wiederkehrende Muster auf: Erstens dynamisierte sich dieser Kampf in Zeiten gesellschaftlicher und politischer Umbrüche, ohne dass sich eine kausale Beziehung zwischen allgemeinem politischem Wandel und Zunahme von Rechten für Frauen konstruieren ließe. Zweitens war für den Kampf um Rechte von Anfang an das Paradox von Gleichheit und Differenz bestimmend, das ein Spannungsfeld zwischen universal proklamierter Gleichheit und der Unterschiedlichkeit historischer Akteurinnen und Akteure umfasst, in dem wir uns noch heute bewegen. Und schließlich waren die Wege hin zu einem mit möglichst umfassenden Rechten ausgestatteten Staatsbürgerstatus verschlungen und entsprachen nicht dem idealtypischen Modell, das bürgerliche, politische und soziale Rechte aufeinander folgen lässt.

Revolutionäre Umbrüche um 1800 und die Paradoxien der Staatsbürgerschaft

Als die Schriftstellerin und Frauenrechtlerin Olympe de Gouges am 14. September 1791 ihre »Erklärung der Rechte der Frau und Bürgerin« veröffentlichte, forderte sie in Artikel 1: »Die Frau ist frei geboren und bleibt dem Manne gleich in allen Rechten.« Indem sie eng an den Wortlaut der »Erklärung der Menschen- und Bürgerrechte« vom 26. August 1789 anschloss (»Die Menschen sind und bleiben von Geburt frei und gleich an Rechten.«), wies sie auf die Lücke hin, die die Rede von der allgemeinen Gleichheit und Freiheit »der Menschen« riss, wenn damit nur die männlichen Menschen gemeint waren.[1] De Gouges forderte Gleichheit in der Differenz ein und wies damit auf das Paradox scheinbar universaler Rechte hin, deren Verwirklichung einen »Menschen überhaupt, [...] den es niemals gab«,[2] voraussetzte und damit eine Kette von Ausgrenzungen in Gang setzte.

Das späte 18. Jahrhundert war auch in anderen Teilen Europas ein Zeitraum umfassender politischer Veränderungen. In Polen wurde am 3. Mai 1791

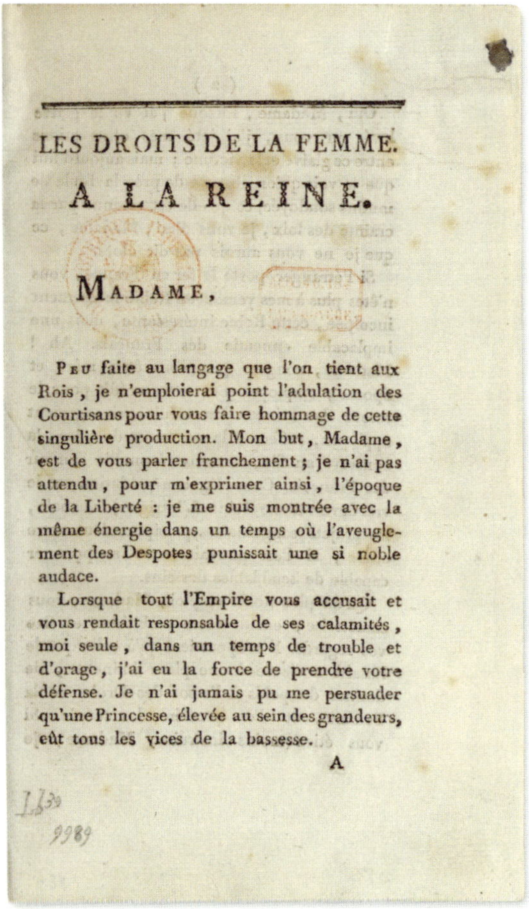

LES DROITS DE LA FEMME.

A LA REINE.

MADAME,

PEU faite au langage que l'on tient aux Rois, je n'emploierai point l'adulation des Courtisans pour vous faire hommage de cette singulière production. Mon but, Madame, est de vous parler franchement; je n'ai pas attendu, pour m'exprimer ainsi, l'époque de la Liberté : je me suis montrée avec la même énergie dans un temps où l'aveuglement des Despotes punissait une si noble audace.

Lorsque tout l'Empire vous accusait et vous rendait responsable de ses calamités, moi seule, dans un temps de trouble et d'orage, j'ai eu la force de prendre votre défense. Je n'ai jamais pu me persuader qu'une Princesse, élevée au sein des grandeurs, eût tous les vices de la bassesse.

A

Olympe de Gouges, »Erklärung der Rechte der Frau und Bürgerin«, 1791

vom Vierjährigen Reichstag die erste geschriebene Verfassung Europas verabschiedet. Darin fanden Frauen keine Erwähnung, die Verfassung beschrieb einen eher evolutionären Prozess, in dessen Verlauf neben dem Adel sukzessive weitere gesellschaftliche Gruppen (die besitzenden städtischen Bürger und in sehr abgeschwächter Form auch die Bauern) in den Genuss von staatlich garantierten Rechten kommen sollten. Gleichwohl war dies eine Zeit, in der auch in Polen sehr grundsätzlich über die Positionierung von Frauen im Gemeinwesen nachgedacht wurde. Vor dem Hintergrund des drohenden Verlustes der Staatlichkeit hatten aufgeklärte politische Eliten bereits im letzten Drittel des 18. Jahrhunderts gefordert, Frauen einen größeren Handlungsspielraum zu gewähren und sie nicht bloß als »Frauen« zu betrachten, wie es 1781 der adlige politische Reformer Adam Kazimierz Czartoryski beklagte: »Es scheint, als ob Frauen lediglich lebten, um Frauen zu sein; alle anderen Pflichten, seien sie durch die Natur oder die Gesellschaft auferlegt, gehen unbemerkt an ihnen vorüber. Die Erziehung der Töchter zu guten Ehefrauen, Müttern, Hausfrauen und Bürgerinnen – wer wagte es, dies einzufordern?«[3] Anders als im 19. und noch weit bis ins 20. Jahrhundert hinein wurde Mutterschaft hier also als soziale und politische Funktion und nicht als biologische Aufgabe bzw. Bestimmung betrachtet.

In den deutschsprachigen Territorien war die Situation weniger durch radikale politische Umbrüche geprägt, doch auch hier wurde die rechtliche Stellung von Frauen zu jener Zeit auf grundsätzliche Weise thematisiert. 1792 erschien anonym die von dem preußischen Juristen Theodor Gottlieb von Hippel verfasste Schrift *Über die bürgerliche Verbesserung der Weiber.* Anders als die meisten seiner Zeitgenossen sah er Frauen nicht aufgrund ihrer »Natur« aus der politischen bzw. rechtlichen Gemeinschaft ausgeschlossen. Ausdrücklich kritisierte er das römische Recht und daran anschließend das moderne Eherecht, welches Frauen zu rechtlosen Wesen mache. Damit einher ging seine Kritik an einem Naturrechtsverständnis, das weiblichen Individuen den Status als Rechtssubjekte versagte.[4]

Das 19. Jahrhundert: Neue Ein- und Ausschlüsse im Zeichen von bürgerlichen Revolutionen und Nationalismus

Die Problematik individueller Staatsbürgerrechte erhielt im Laufe des 19. Jahrhunderts einerseits durch die zunehmende Politisierung und andererseits durch die massenhafte Nationalisierung der europäischen Gesellschaften eine zusätzliche Brisanz. Frankreichs starke republikanische Tradition trug besonders nachhaltig zum Ausschluss von Frauen aus der politischen und bürgerlichen Öffentlichkeit bei. Je stärker auf die Universalität der Bürgerrechte verwiesen wurde, desto prekärer wurde der Status von Frauen, die gerade in ihrer Differenz Rechte einforderten. Neben den politischen Republikanismus trat der im Lauf des Jahrhunderts immens an Wirkmächtigkeit zunehmende Nationalismus. Sowohl in bereits konsolidierten Nationalstaaten als auch in den nach Eigenstaatlichkeit strebenden Nationalbewegungen wurde ein nationales Kollektiv imaginiert, das die Geschlechterrollen des aktiven waffentragenden Staatsbürgers und der für die Nation wichtigen, jedoch in der familiären Sphäre wirkenden Frauen festschrieb. Somit wurde in der deutschen bzw. polnischen Nationalbewegung Frauen durchaus hohe Wertschätzung in ihrer Funktion als Mütter und Erzieherinnen national bewusster Nachkommen entgegengebracht. Damit waren Frauen zwar in die Nation inkludiert, von künftiger politischer Teilhabe jedoch ausgeschlossen, sodass die Geschlechterdifferenz geradezu konstitutiv für die Herausbildung der neuen politischen Öffentlichkeit wurde. Auch die immer stärkere Verkopplung von Besitzrechten mit dem Recht auf politische Partizipation wurde zu einem generellen Ausschlussgrund von Frauen aus einer gleichberechtigten Gemeinschaft von Staatsbürgern. In diesem Zusammenhang spielten die modernen Zivilrechtskodifikationen eine wichtige Rolle: Hier ist die Bedeutung des französischen Code civil von 1804 kaum zu überschätzen, da auf seiner Grundlage verheiratete Frauen ihre Rechtsfähigkeit verloren und auch nicht über das von ihnen in die Ehe eingebrachte Eigentum verfügen konnten. Im Deutschen Reich rief die Erarbeitung des Bürgerlichen Gesetzbuches (BGB) heftige Kritik der Frauenbewegung an der neuen Zivilrechtsordnung hervor, die jedoch nichts daran ändern konnte, dass das 1900 verabschiedete BGB unter anderem mit dem »Gehorsamsparagrafen« (§ 1354 BGB) Ehefrauen der Weisungsgewalt ihrer Männer in allen finanziellen und persönlichen Belangen unterordnete.

Die rechtliche Institution der Ehe wurde in den Nationalstaaten zudem zu einem machtvollen Instrument zur Vergabe der Staatsbürgerschaft, da die Heirat einer Ausländerin die Staatsbürgerschaft des Deutschen Reiches einbrachte, wenn auch große Teile der staatsbürgerlichen Rechte in wichtigen politischen und bürgerlichen Bereichen vom Ehemann ausgeübt wurden. Deutsche Frauen hingegen, die einen Ausländer ehelichten, verloren ihre Staatsbürgerschaft. Die Ehe stellte damit den Grundpfeiler einer gesellschaftlichen Ordnung dar, die ihre Teilhaberechte entlang der Geschlechtersegregation organisierte. In Frankreich trug zu dieser Segregation im späten 19. Jahrhundert zusätzlich eine als krisenhaft wahrgenommene demografische Entwicklung bei. Mit einem Gesetz von 1889 wurden alle in Frankreich geborenen Kinder zu Franzosen, sofern sie bei ihrer Volljährigkeit in Frankreich lebten. Dieses Gesetz sowie die relativ liberale Handhabung von Einwanderung beruhten auf der Auffassung, dass staatsbürgerliche Erziehung Menschen zu Franzosen machen könne. Dabei kam gerade der privaten Sphäre und der Erziehung durch Mütter eine besondere Rolle zu. Dies führte zu einer relativ strikten »Arbeitsteilung« von politisch im Staatswesen aktiven Männern und im Privaten für die Nation wirkenden Frauen – eine Entwicklung, die den Kampf um die aktive Staatsbürgerschaft als Wählerinnen für die Französinnen nicht leichter machte.

Nationalstaaten der Zwischenkriegszeit und die Krise der Demokratie

Die Zäsur des Ersten Weltkriegs erwies sich für die Staatsbürgerrechte von Frauen besonders dort als relevant, wo radikale politische Neuanfänge auf der Tagesordnung standen. Im Deutschen Reich sowie im neu entstandenen polnischen Staat, der Zweiten Republik, erhielten Frauen das aktive und passive Wahlrecht und konnten damit einen großen Schritt in Richtung formaler Gleichstellung machen. In Deutschland löste die parlamentarische Demokratie die konstitutionelle Monarchie ab, in Polen ging die Wiedererlangung staatlicher Unabhängigkeit mit der Errichtung eines demokratischen Gemeinwesens einher. Hier erkannte das Wahlgesetz von November 1918 das Frauenwahlrecht an. In der Märzverfassung von 1921 wurde die allgemeine Gleichheit vor dem Gesetz proklamiert, doch in den ehemaligen Teilungsgebieten wurde die Privatrechtsautonomie von Frauen mehr oder weniger stark durch die jeweiligen bürgerlichen Gesetzbücher eingeschränkt. Zugleich zeigen rechtspolitische Kämpfe um ein modernes Ehe- und Familienrecht in den 1920er- und 1930er-Jahren, dass die formale staatsbürgerliche Gleichheit von Frauen im polnischen Staat, der sich von inneren und äußeren Feinden bedroht sah, umstritten war. Auch in der Weimarer Republik bestanden im politischen und gesellschaftlichen Leben Ungleichheiten fort: Die

Wahl zur Nationalversammlung in Berlin, 1919

Weimarer Reichsverfassung hatte zwar für Frauen und Männer gleiche Rechte proklamiert und etwa durch den Artikel 128 alle Ausnahmebestimmungen bezüglich weiblicher Beamter aufgehoben, dennoch wurden als Folge der Weltwirtschaftskrise 1932 der »Beamtinnenzölibat« eingeführt und somit die beruflichen Chancen von Frauen stark beschnitten. In Frankreich, wo schon 1848 das allgemeine Männerwahlrecht eingeführt worden war, kämpften Frauen vergeblich um ihr Stimmrecht. Im Senat stimmten 1922 nicht nur konservative Deputierte dagegen, sondern auch Mitglieder der Radikalen Partei, die die wichtigste Vertreterin des Republikanismus war: Die Radikalen waren gegen das Frauenwahlrecht, weil sie den Frauen eine besondere Affinität zur Religion unterstellten und sie daher als eine Bedrohung für den säkularen Charakter der Republik ansahen. Auch die zivilrechtlichen Benachteiligungen blieben bestehen, sodass es 1936, als drei Staatssekretärinnen in die progressive Volksfrontregierung aufgenommen wurden, zu der paradoxen Situation kam, dass sie zwar der politischen Exekutive angehörten, aber aufgrund ihres rechtlichen Status als Ehefrauen weder politische noch bürgerliche Rechte besaßen.

Dieser rechtliche Status von Ehefrauen blieb auch in gemischtnationalen Ehen in der Zwischenkriegszeit an die Staatsangehörigkeit des Ehemannes geknüpft. Allerdings spielten dabei zunehmend nationale Argumente eine Rolle,

Plakat von Lucjan Jagodziński, »Eine Frau in der Volksrepublik Polen hat die gleichen Rechte wie ein Mann«, 1952

so konnten Polinnen ihre Staatsangehörigkeit zurückerhalten, wenn sie nach Auflösung ihrer Ehe mit einem Ausländer nach Polen zurückkehrten. An die Seite der Abhängigkeit vom Ehemann trat die geforderte Loyalität zur Nation. Frankreich liberalisierte im Jahr 1927 sein Staatsangehörigkeitsgesetz und ermöglichte es Französinnen, die einen Ausländer heirateten, die französische Staatsangehörigkeit zu behalten. Diese Entwicklung war vor allem durch bevölkerungspolitische und nationale Motive bestimmt. Im nationalsozialistischen Deutschland wurden seit 1933 die Einheit der Familie und die patrilineare Abstammung durch rassistische Volkstumspolitik ersetzt. Mit nicht »eindeutschungsfähigen« Männern verheiratete deutsche Frauen behielten ihre Staatsangehörigkeit und konnten sie an ihre Kinder weitergeben. Auch das Vichy-Regime in Frankreich imprägnierte die Rechtsordnung ideologisch. An die Stelle von »Freiheit, Gleichheit, Brüderlichkeit« trat die Maxime »Arbeit, Familie, Vaterland«. In der 1942 erlassenen »Familiencharta« wurde Frankreich als eine »Föderation der französischen Familien« imaginiert: Das Wahlrecht sollte lediglich Männern zustehen, die als Repräsentanten ihrer Familie und unter Berücksichtigung der Kinderzahl abstimmen konnten.

Nach dem Zweiten Weltkrieg: Ungleichzeitigkeiten und Aufbrüche

Nach dem Zweiten Weltkrieg entwickelte sich die Staatsbürgerschaft von Frauen in dem neuen Klima des Kalten Krieges und der Teilung Europas. In Frankreich erhielten Frauen nach der Befreiung 1944 das Wahlrecht: Die männlichen politischen Eliten, die hinter dieser Entscheidung standen, begründeten diesen Schritt zuvorderst mit der Beteiligung von Frauen an der Résistance, während der mehr als ein Jahrhundert währende Kampf der Französinnen um politische Rechte hinter dieser Erzählung verschwand. Wie in vielen anderen Staaten des westlichen Europa waren die ersten beiden Nachkriegsjahrzehnte in Frankreich durch eine restaurative Geschlechterpolitik gekennzeichnet, im Zivilrecht galt der Ehemann weiterhin als das Oberhaupt der Familie. Erst 1965 erhielten Frauen die Verfügungsgewalt über ihr Eigentum, aber Ehemänner konnten ihren Frauen weiterhin die Berufstätigkeit verbieten, wenn diese nicht »im Interesse der Familie« war. Auch die körperliche Selbstbestimmung war stark eingeschränkt. Im Jahr 1967 wurde die zuvor illegale Abgabe von Verhütungsmitteln legalisiert, aber weiterhin sehr restriktiv gehandhabt. Weniger als Teil der politischen Ereignisse des Mai 1968 als vielmehr als eine Reaktion auf die politische Marginalisierung von Frauen in den Studentenprotesten entstand Ende der 1960er-Jahre eine aktive Frauenbewegung, die Gleichheit in der Differenz einforderte und damit das diskriminierende Potenzial eines angeblich geschlechtsneutralen Universalismus erneut bloßstellte. Ein zentrales Ziel dieser neuen Frauenbewegung war die Legalisierung des Schwangerschaftsabbruchs, für die die französische Gesundheitsministerin Simone Veil (erst die zweite Frau in einem Ministeramt) im Jahr 1975 eine parlamentarische Mehrheit fand.

Polen konnte nach dem Zweiten Weltkrieg und sechs Jahren mörderischer deutscher Besatzung seine staatliche Unabhängigkeit wenn auch in stark veränderten Grenzen wiedererlangen, geriet aber rasch in die sowjetische Einflusssphäre. Ab den späten 1940er-Jahren wurde ein autoritäres staatssozialistisches Herrschaftssystem etabliert, das radikal mit der alten politischen und ökonomischen Ordnung brechen wollte. Für die rechtliche Stellung von Frauen hatte dieses politische Projekt nachhaltige Folgen. In der Verfassung von 1952 wurde die Gleichheit der Geschlechter proklamiert und auch detailliert konkretisiert: Frauen sollten gleicher Lohn für gleiche Arbeit, ein Recht auf Ausbildung und der Zugang zu öffentlichen Ämtern garantiert werden. Bereits im Jahr 1950 hatte ein neues Familiengesetzbuch die gleichen Rechte und Pflichten von Eheleuten sowie die Möglichkeit einer einvernehmlichen Scheidung festgeschrieben. Im Zuge politischer Liberalisierungen des Jahres 1956 wurden Schwangerschaftsabbrüche aufgrund sozialer Notlagen legal. Der sozialistische Staat versuchte, gerade Frauen aktiv in das sozialistische Modernisierungsprojekt zu inkludieren, stieß aber immer wieder an historisch gewachsene (oft religiös grundierte) Grenzen. Die Doppelbelastung arbeitender Mütter blieb erhalten, politisch waren Frauen weiterhin unterrepräsentiert. Das änderte nichts daran, dass im Bereich der ökonomischen Selbstständigkeit, aber auch im Bereich der Selbstbestimmung über den eigenen Körper (Legalisierung von Schwangerschaftsabbrüchen) die Phase des Staatssozialismus als zumindest januskopfig für die Verwirklichung der in der Verfassung festgeschriebenen staatsbürgerlichen Rechte angesehen werden kann. Dieses Bild wird noch dadurch verkompliziert, dass in einem System der strikten staatlichen Planung und der Etablierung der Herrschaft einer Staatspartei die Handlungsräume aller (männlicher wie weiblicher) Bürger beschnitten waren, zugleich aber seit den 1980er-Jahren mit der unabhängigen Gewerkschaft Solidarność eine machtvolle zivilgesellschaftliche Akteurin auf den Plan trat, die zumindest auf den obersten Ebenen der Repräsentation stark männlich verfasst war und dazu tendierte, eher konventionelle Rollenverteilungen festzuschreiben.

In Deutschland verliefen die Entwicklungen aufgrund der politischen Teilung des Landes sehr unterschiedlich. In der Bundesrepublik hieß es zwar im 1949 verabschiedeten Grundgesetz »Männer und Frauen sind gleichberechtigt«, doch blieben zahlreiche im BGB festgeschriebene Beschneidungen der Rechte von Ehefrauen verfassungswidrig weiter bestehen. Erst 1957 wurde begonnen, die männliche Entscheidungsgewalt in der Ehe sukzessive zu beschneiden. Ehefrauen erhielten eine selbstständige Staatsangehörigkeit. Mit der Reform des Scheidungsrechts wurden 1977 die »Hausfrauenehe« abgeschafft und Ehescheidungen aufgrund des Zerrüttungsprinzips für den ökonomisch schwächeren (in der Regel weiblichen) Teil der Ehegemeinschaft zugänglicher. Die DDR war in dieser Hinsicht konsequenter: In der ebenfalls 1949 in Kraft getretenen Verfassung hieß es in Artikel 7 »Mann und Frau sind gleichberechtigt. Alle Gesetze und Bestimmungen, die der Gleichberechtigung der Frau entgegenstehen, sind aufgehoben.« Die staatssozialistisch geförderte Berufstätigkeit von Frauen führte ebenso wie die 1972 eingeführte Fristenlösung durchaus zu einer größeren Autonomie für DDR-Bürgerinnen – allerdings in einem System, in dem politische Rechte bis 1989 stark beschnitten blieben.

Das Ende des Systemkonflikts und neue (alte) Fragen

Das Ende des systempolitischen Gegensatzes des Kalten Krieges hatte widersprüchliche Folgen vor allem für Frauen im ehemals sowjetischen Machtbereich. So war es von Vorteil, dass die verfassungsrechtlich verbriefte Geschlechtergleichheit jetzt als subjektives Recht vor Gerichten einklagbar war und nicht mehr nur als Hebel für kollektivistische Gesellschaftsvorstellungen diente. Zugleich brach der sozialistische Wohlfahrtsstaat zusammen, was in der Konsequenz besonders Frauen zu spüren bekamen. Sie waren überdurchschnittlich von Erwerbslosigkeit betroffen – daran änderte in Polen auch die neue Verfassung von 1997 nichts, die in Artikel 33 gleiche Rechte von Männern und Frauen im politischen, gesellschaftlichen und ökonomischen Leben postulierte. Einen deutlichen Rückschritt im Bereich der körperlichen Selbstbestimmung stellte dort 1993 die Neufassung der rechtlichen Regelungen zum Schwangerschaftsabbruch dar, in deren Folge Abtreibungen nur noch in wenigen Ausnahmefällen legal waren. Interessanterweise hatte der Verfassungsentwurf der ersten und zugleich letzten frei gewählten Volkskammer der DDR dieses Problem antizipiert und forderte in Artikel 4 Absatz 3 das Recht auf legalen Schwangerschaftsabbruch. Doch die Systemtransformation (und die Wiedervereinigung) bedeutete in dieser Hinsicht einen Rückschritt für das Selbstbestimmungsrecht der Frauen: In der Bundesrepublik blieb der Schwangerschaftsabbruch rechtswidrig, wenn auch bei einer vorliegenden Indikation straffrei. In Polen hingegen tobt eine gesellschaftliche Auseinandersetzung über diese Frage, vor allem seit dem Jahr 2016, als die rechtskonservative Regierung versuchte, legale Abtreibungen nur noch für eine äußerst begrenzte Zahl von Ausnahmefällen zuzulassen.

Auch im 21. Jahrhundert bietet sich also ein ambivalentes Bild dar: Frauen sind in den Parlamenten der drei betrachteten Länder weiterhin unterrepräsentiert, sie sind vor allem als alleinerziehende Mütter überproportional ökonomischen Härten ausgesetzt und sie kämpfen (vor allem zuletzt wieder in Polen) immer noch um körperliche Selbstbestimmung. Immerhin wurden (mit immensen Verzögerungen gerade in den westlichen Demokratien) zivilrechtliche Beschränkungen abgebaut und nach dem politischen Systemwechsel im ehemals sowjetischen Machtbereich die politischen Partizipations- und bürgerlichen Freiheitsrechte gestärkt. Der Weg zu universalen Bürger- und Bürgerinnenrechten, für die Geschlecht keine Relevanz mehr hat, ist aber nach wie vor weit.

1 Die parallelisierende Darstellung der beiden Erklärungen in: Ausst. Kat. Frankfurt a. M. 1989, S. 68 f.
2 Arendt 1962, S. 436.
3 Czartoryski 1781, S. 5.
4 Hippel 1792.

»Was sind Sie denn nun eigentlich –
ein Pole, ein Deutscher oder wie?«
»[…] Ich bin ein halber Pole,
ein halber Deutscher und
ein ganzer Jude.«

Marcel Reich-Ranicki, 1999

5 STAATSBÜRGER-SCHAFT VON JÜDINNEN UND JUDEN

Die Staatsbürgerschaft von Jüdinnen und Juden war lange Zeit äußerst prekär; sie erfuhren im 19. und 20. Jahrhundert die schärfste Form der Diskriminierung. Viele Versuche der staatsbürgerlichen Gleichstellung wurden nach kurzer Zeit wieder zurückgenommen.

Im Zuge der Revolution erkannte die französische Nationalversammlung 1791 Jüdinnen und Juden die Gleichberechtigung zu. Die in der Folgezeit in Napoleon gesetzten Hoffnungen wurden jedoch spätestens mit dem »Schanddekret« 1808 enttäuscht, das dem Code civil und dem Emanzipationsedikt von 1791 widersprach und die Vermögensrechte, Bewegungs-, Handels- und Gewerbefreiheit von Juden einschränkte. Die volle Emanzipation erlebte die jüdische Minderheit in Frankreich erst unter dem »Bürgerkönig« Louis-Philippe nach 1830.

In Preußen wurde die Erteilung von Staatsbürgerrechten für Juden und Frauen Ende des 18. Jahrhunderts parallel debattiert. Vor dem Hintergrund der französischen Expansion erließ Friedrich Wilhelm III. 1812 ein Edikt, welches Angehörige der jüdischen Minderheit auf Antrag und unter Erfüllung mehrerer Auflagen zu »Einländern und Preußischen Staatsbürgern« erklärte. Die Ableistung des Wehrdiensts fungierte ab den Befreiungskriegen als Prüfstein für die Erfüllung staatsbürgerlicher Pflichten. Bis zum Ersten Weltkrieg entwickelte sich die Armee zum Spiegelbild staatsbürgerlicher Integration, in der jüdische Soldaten um ihre Anerkennung rangen. Ihre Emanzipationsbestrebungen stießen allerdings immer wieder auf Widerstand, was etwa anhand der Staatsaffäre um den französischen Offizier Alfred Dreyfus oder der sogenannten »Judenzählung« im deutschen Heer 1916 deutlich wird.

Während in der Zwischenkriegszeit Jüdinnen und Juden in Frankreich, Deutschland und Polen gemäß den Verfassungen gleichberechtigte Staatsbürger waren, erfuhren sie in den 1930er-Jahren weitreichende Diskriminierungen. Insbesondere im nationalsozialistischen Deutschland wurden ihnen systematisch die staatsbürgerlichen Rechte entzogen. Die transnationale Verflechtung der drei Länder manifestierte sich 1938 im Rahmen der sogenannten »Polenaktion«, die den Auftakt zur systematischen Verfolgung und Vernichtung von Jüdinnen und Juden bildete. Am 6. Oktober 1938 trat in Polen ein Gesetz in Kraft, durch welches die Pässe polnischer Staatsbürger, die länger als fünf Jahre im Ausland lebten, ab dem 29. Oktober ihre Gültigkeit verloren. Infolgedessen schoben NS-Behörden am 28. Oktober rund 17 000 im Deutschen Reich lebende polnische Staatsbürgerinnen und -bürger jüdischen Glaubens gegen ihren Willen ab. Von der Aktion betroffen war auch die Familie von Herschel Grynszpan aus Hannover, der daraufhin im November in Paris einen deutschen Botschaftsangehörigen erschoss.

Die Geschichte der Staatsbürgerschaft von Jüdinnen und Juden erfuhr mit dem Einmarsch der Wehrmacht am 1. September 1939 in Polen eine tiefe Zäsur. Sie war nunmehr durch die Ausrichtung auf das Primat der »Rassezugehörigkeit« geprägt. Jüdinnen und Juden wurden in den besetzten polnischen Gebieten zu Staatenlosen degradiert und entbehrten damit jeglichen staatlichen Schutzes. Die Zwölfte Verordnung zum Reichsbürgergesetz vom 25. April 1943 bestimmte, dass Jüdinnen und Juden im deutschen Machtbereich weder »Staatsangehörige« noch »Schutzangehörige« waren. Dieser Rechtsstatus ermöglichte systematische Massendeportationen in Vernichtungslager. Das NS-Staatsbürgerschaftsrecht kehrte seine Funktion demzufolge um: Die Staatsbürgerschaft geriet von einer Institution des rechtlichen Schutzes zu einem Instrument der physischen Verfolgung.

Auch in Frankreich setzte das Vichy-Regime die rigorose Ausgrenzung durch Ausbürgerung fort. Ausländische, staatenlose und denaturalisierte Jüdinnen und Juden, insgesamt ca. 51 000 Personen, wurden an die Nationalsozialisten übergeben und damit der Vernichtung preisgegeben.

Marie Czarnikow und Lisa Sophie Gebhard

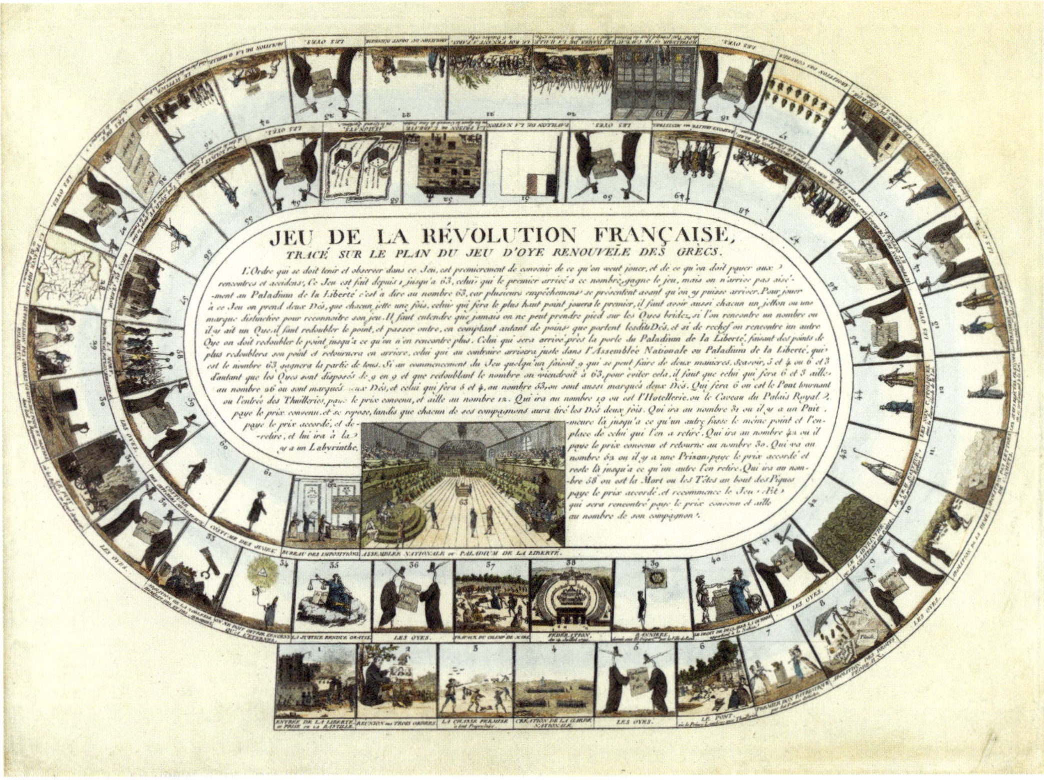

»Spiel der Französischen Revolution«, 1790/91

63 Felder gilt es mit der Spielfigur zu beschreiten, um im Palais de la Liberté anzukommen und damit den Sieg zu holen. Das prächtige Brettspiel, in der Tradition des »Gänsespiels« stehend, ermöglicht es Kindern wie Erwachsenen, wichtige Etappen und Errungenschaften der Französischen Revolution spielerisch nachzuvollziehen. Auf dem zwölften Spielfeld ist symbolisch ein französischer Jude abgebildet, der ein Schriftstück mit der Aufschrift *Je suis citoyen actif* (dt. Ich bin aktiver Staatsbürger) in der Hand hält. Im Zuge der Französischen Revolution wurden zunächst die sephardischen, 1791 auch die Juden aus dem Elsass und Lothringen gleichberechtigte Staatsbürger. Dies beendete – wenn auch nur vorläufig – ihre jahrhundertelange Diskriminierung und stattete sie etwa mit dem aktiven und passiven Wahlrecht aus.

Marie Czarnikow

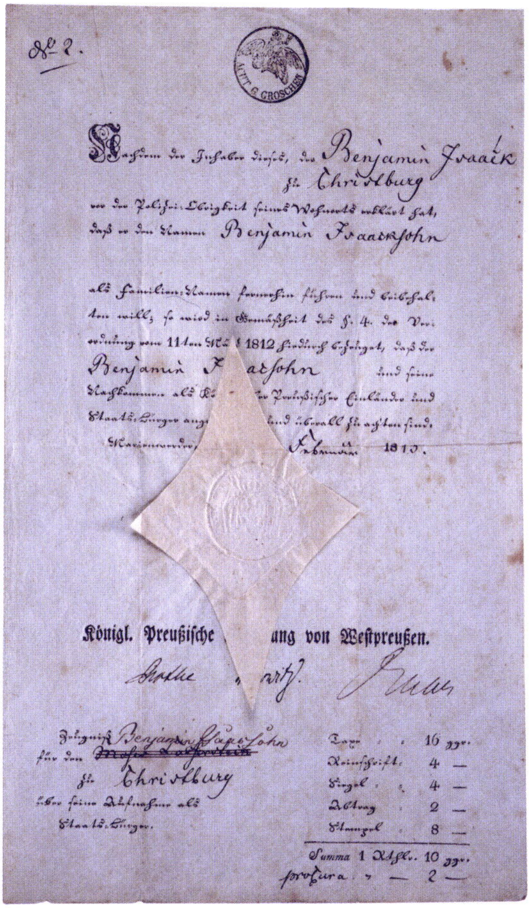

Nº 2.

Benjamin Isaak zu Christburg

Benjamin Isaacsohn

1812

Königl. Preußische … ung von Westpreußen.

Staatsbürgerschaftsurkunde für Benjamin Isaacsohn aus Christburg, Marienwerder/Westpreußen, 15. Februar 1813

Am 11. März 1812 erließ König Friedrich Wilhelm III. ein Edikt »betreffend die bürgerlichen Verhältnisse der Juden in dem Preußischen Staate«. Das Emanzipationsedikt bot zwar keine vollumfängliche Gleichstellung, leitete aber einen schrittweisen Prozess der bürgerlichen Integration von Jüdinnen und Juden ein. Elf Monate später erlangte auch der ehemalige »Schutzjude« Benjamin Isaacsohn aus der Kleinstadt Christburg (Dzierzgoń) die preußische Staatsbürgerschaft. Nachdem er einen festen Familiennamen angenommen hatte, wurde ihm gegen Gebühr ein Naturalisationspatent von der Königlich Preußischen Regierung von Westpreußen ausgestellt. Trotz des schmuckvollen Papiersiegels blieben Isaacsohn wie anderen Juden der Zugang zu Staatsämtern sowie eine Offiziers- und Universitätslaufbahn verwehrt. **Lisa Sophie Gebhard**

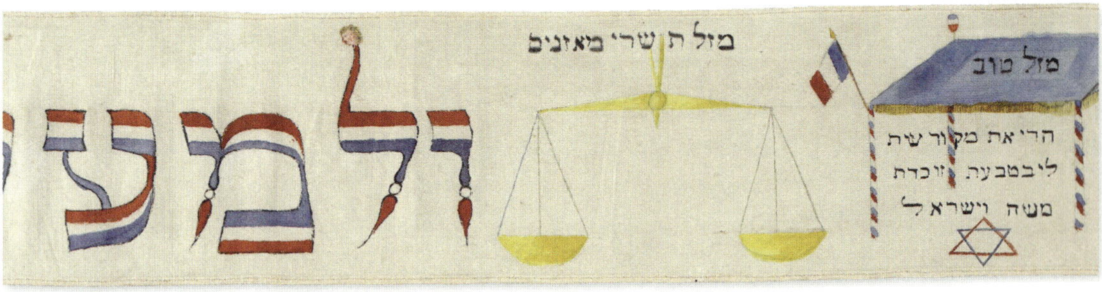

Patriotische Mappa, Elsass, 1872

Der französische Patriotismus elsässischer Jüdinnen und Juden hielt in der zweiten Hälfte des 19. Jahrhunderts auch in synagogale Textilien Einzug. Davon zeugt diese patriotische Mappa, die anlässlich der Geburt eines jüdischen Jungen am 10. Oktober 1872 angefertigt wurde. Eine Mappa ist ein Stoffband, das zunächst als Wickeltuch bei einer Beschneidungszeremonie fungierte. Später begleitete sie ihren Besitzer bei allen wichtigen Zeremonien, wo sie zur Umwickelung der Thora eingesetzt wurde. Die mit Segenssprüchen bestickten oder bemalten Mappot illustrierten die Lebensziele eines Juden, die man ihm wünschte. Bei dieser Mappa verband sich damit auch eine enge Beziehung zu Frankreich: So wurde selbst die traditionell weiße Chuppa, der Hochzeitsbaldachin, in den Farben der französischen Trikolore gemalt.

Lisa Sophie Gebhard

Moritz Daniel Oppenheim, *Die Heimkehr des Freiwilligen aus den Befreiungskriegen zu den nach alter Sippe lebenden Seinen,* 1833/34

Die Teilnahme jüdischer Soldaten an den Befreiungskriegen galt als Prüfstein für die Erfüllung ihrer staatsbürgerlichen Pflichten. Oppenheims Gemälde zeigt einen jüdischen Soldaten, der aus dem Krieg zu seiner Familie heimkehrt, die Schabbat feiert, und vereint somit patriotische mit religiösen Elementen. Der jüdische Freiwillige in Uniform trägt das Eiserne Kreuz um den Hals, an der Wand hängt ein Porträt Friedrichs II. Die jüdische Zugehörigkeit der Familie wird durch die Öllampe, die Kippot der männlichen Familienmitglieder und den hebräischen Segensspruch über der Tür deutlich. Knapp 20 Jahre nach Ende der Befreiungskriege entstanden, wurde das Gemälde zu einer Ikone, die die Vereinbarkeit des Einsatzes als jüdischer Soldat für das Vaterland mit der religiösen Zugehörigkeit zum Judentum betont. **Marie Czarnikow**

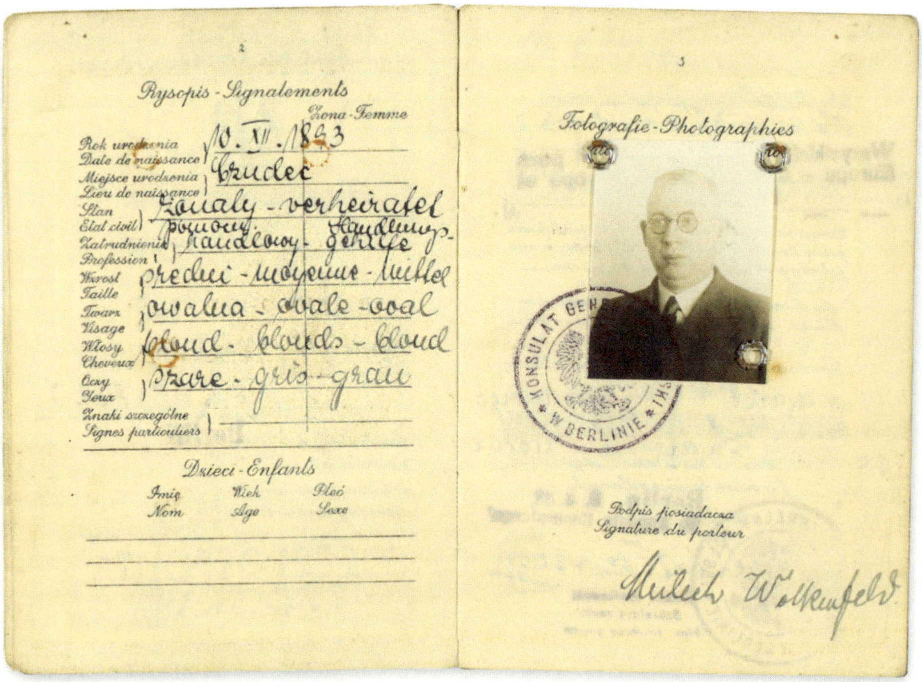

Polnischer Reisepass von Meilech Wolkenfeld, Berlin, Zbąszyń, 1938–1939

Am 28. Oktober 1938 wurde der Kürschner Meilech Wolkenfeld im Rahmen der sogenannten »Polenaktion« aus Berlin deportiert. Sein am 3. März 1938 in der deutschen Hauptstadt ausgestellter Reisepass dokumentiert sein Schicksal über einen Zeitraum von mehr als 14 Monaten. Neben Ein- und Ausgangsstempeln der polnischen Grenzkontrolle in Zbąszyń, wo er mehr als sechs Monate als Flüchtling ausharrte, sind die Annullierung seiner deutschen Aufenthaltserlaubnis, die sechsmonatige Passverlängerung sowie ein Ausnahme-Sichtvermerk zur einmaligen Einreise in das Reichsgebiet für maximal sechs Wochen verzeichnet. Seiner Rückkehr nach Berlin am 4. Mai 1939 folgte die Ausreise mit seiner Familie nach Belgien vor Kriegsbeginn. Dort wurde er staatenlos. Über zwei Jahre später gelang es den Wolkenfelds, sich in die USA zu retten. **Aubrey Pomerance**

Lochstanzer *Juif* (dt. Jude), Frankreich, 1943/44

Nach dem deutsch-französischen Waffenstillstandsvertrag vom 22. Juni 1940 bereitete die Regierung des État français unter Marschall Philippe Pétain eine rigorose Politik der Diskriminierung und Ausgrenzung von Menschen jüdischer Herkunft vor. Bereits im Oktober 1940 wurde das Gesetz über den *statut des Juifs* erlassen, das die jüdische Herkunft anhand der Abstammung bestimmte und Jüdinnen und Juden den Zugang zu öffentlichen Ämtern verwehrte. War der Personalausweis in der Dritten Republik noch ein fakultatives Dokument, so erklärte eine Verordnung vom August 1940 diesen zum obligatorischen Dokument aller Franzosen. Jüdinnen und Juden mussten ihre Ausweise ab dem Sommer 1943 zusätzlich kennzeichnen lassen. Der von den Präfekturen eingesetzte Lochstanzer markierte ihre Pässe auf irreversible Weise mit dem Schriftzug *Juif*, der anders als ein Stempel oder Tintenaufdruck nicht entfernt werden konnte.

Marie Czarnikow

Rosa Luxemburg (1871–1919)

Die Politikerin und Schriftstellerin Rosa Luxemburg fühlte sich, wie sie einmal einer Freundin anvertraute, »in der ganzen Welt zu Hause, wo es Wolken und Vögel und Menschentränen gibt«. Geboren wurde sie am 5. März 1871 als Rozalia Luxenburg in Zamość südlich von Lublin. Ihre Familie, die in akkulturierten jüdischen Kreisen verkehrte, war Ende des 18. Jahrhunderts von Frankfurt am Main nach Polen emigriert. 1873 zog sie nach Warschau, wo Luxemburg als Zehnjährige den »Weihnachtspogrom« von 1881 erlebte.

Wie anderen Frauen war Luxemburg das Hochschulstudium im Königreich Polen, das unter der Kontrolle des Russischen Kaiserreichs stand, untersagt. Sie schrieb sich deshalb 1889 an der Universität in Zürich ein. Als Untermieterin wohnte sie dort bei der Familie Lübeck aus Deutschland. Um sich in der SPD politisch engagieren zu können, ging sie mit dem Sohn Gustav Lübeck 1898 eine Scheinehe ein. Luxemburg erhielt dadurch die preußische Staatsangehörigkeit und verlegte ihren Wohnsitz nach Berlin. Ordentliches Parteimitglied konnte sie als Genossin aber erst nach Verabschiedung des Reichsvereinsgesetzes 1908 werden. Trotz preußischer Staatsangehörigkeit wurde Luxemburg wiederholt als »ausländische Jüdin« diffamiert. Sie selbst fühlte sich als Polin. Am 15. Januar 1919 wurde Luxemburg, die den »kleinbürgerlichen« Nationalismus ablehnte und einen revolutionären Umsturz des »bürgerlichen Systems« versuchte, von Rechtsterroristen in Berlin ermordet. Vier Tage später fanden die Wahlen zur verfassunggebenden Nationalversammlung statt. Als preußische Staatsbürgerin hätte auch Luxemburg erstmals vom Frauenwahlrecht Gebrauch machen können.

Lisa Sophie Gebhard

Rosa Luxemburg, 1917

Herschel Grynszpan, 1930

Herschel Grynszpan (1921–?)

Herschel Grynszpan wurde in Hannover als Sohn russisch-polnischer Juden geboren, die bereits seit 1911 in Deutschland lebten und nach der Neugründung des polnischen Staates die polnische Staatsangehörigkeit angenommen hatten. 1935 erhielt er vom Hamburger Generalkonsulat einen polnischen Pass, der bis Mitte 1937 gültig war. Aufgrund der Rassenpolitik des NS-Regimes war es für ihn unmöglich, eine Anstellung zu finden. Da er noch minderjährig war, wurde ihm auch ein Visum für Palästina verwehrt. Grynszpan reiste auf illegalem Weg nach Paris, wo er eine provisorische Aufenthaltsgenehmigung erhielt. Seine Gesuche zur Wiedereinreise nach Deutschland wurden abgelehnt. Im Juli 1938 verwies ihn das französische Innenministerium aufgrund seiner illegalen Einreise des Landes, daraufhin versteckte er sich bei seinem in Paris lebenden Onkel. Im Oktober 1938 geriet auch seine Familie in den Strudel der Ereignisse der »Polenaktion«. Die polnischen Pässe seiner Eltern wurden für ungültig erklärt und diese nach Polen zwangsausgewiesen. Aus Verzweiflung verübte er am 7. November 1938 ein Attentat auf den deutschen Botschaftssekretär Ernst vom Rath. Die Nationalsozialisten nahmen die Tat zum Vorwand für die systematischen Zerstörungen, Morde und Verhaftungen in der Nacht vom 9. November 1938. Grynszpan selbst wurde im Juni 1940 von der französischen Staatsanwaltschaft angeklagt. Im Juli 1942 lieferte ihn die Vichy-Regierung an das Deutsche Reich aus, wo er im KZ Sachsenhausen und im Gefängnis der Geheimen Staatspolizei in Berlin-Moabit inhaftiert war. 1960 erklärte ihn das Amtsgericht Hannover für tot. **Marie Czarnikow**

Miriam Rürup

Staatsbürgerschaft von Jüdinnen und Juden

Der Rechtsstatus von Jüdinnen und Juden in deutschen Territorien war über viele Jahrhunderte hinweg prekär – nie waren sie den Christen gleichgestellte Bürger, immer höchstens geduldete Einwohner. Dies sollte sich erst im 19. Jahrhundert ändern. Zu Beginn dieser Epoche hing ihre Anerkennung noch von obrigkeitlich gewährten Schutzbriefen ab und war damit »Privileg«, nicht Recht. Dieses war an Auflagen gebunden, wie etwa eigene Steuern, begrenzte Freizügigkeit oder Berufsbeschränkungen. Die stete Sorge vor dem Entzug dieser obrigkeitlich gewährten »Privilegien« war damit Teil der lebensweltlichen Erfahrung der jüdischen Minderheit. Oder wie es Hannah Arendt in Notizen zu ihrer Proust-Lektüre ausdrückte: Jüdinnen und Juden in der modernen Geschichte ginge es nie um die Hamlet'sche Frage von Sein oder Nichtsein, sondern um Dazugehören oder nicht Dazugehören.[1] Der Holocaust verkehrte diese Konstellation in schrecklicher Weise.

Der Weg zur Staatsbürgerschaft (1781–1870)

Im Zuge der Modernisierungsbemühungen der deutschen Staaten auf dem Weg von der Ständegesellschaft zu einer bürgerlichen Gesellschaft änderte sich auch die Rechtslage der deutschen Juden ab Ende des 18. Jahrhunderts. 1781 empfahl der preußische Beamte Christian Konrad Wilhelm Dohm, die rechtliche Stellung der jüdischen Minderheit zu verändern. Sein Vorschlag ähnelte dabei den Reformen, die Joseph II. mit seinen Toleranzpatenten 1781/82 im Habsburgerreich durchgeführt hatte. Sie waren auf eine »Erziehung« der Juden gerichtet – die jüdische Religion sollte möglichst zurückgedrängt und die Absonderung durch eine gezielte Bildungs- und Sprachenpolitik aufgehoben werden. Der programmatische Titel von Dohms Werk *Ueber die bürgerliche Verbesserung der Juden* avancierte zum Topos auch einer innerjüdischen Transformation, die den langwierigen Prozess einer rechtlichen Gleichstellung als Staatsbürger begleitete.

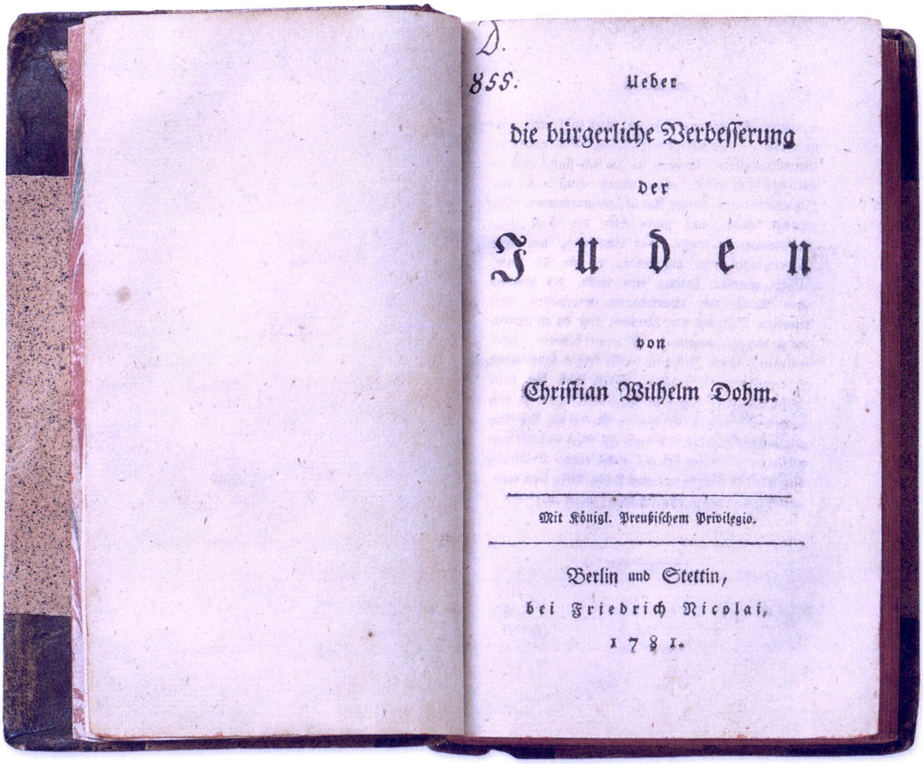

855.

Ueber
die bürgerliche Verbesserung
der
Juden
von
Christian Wilhelm Dohm.

Mit Königl. Preußischem Privilegio.

Berlin und Stettin,
bei Friedrich Nicolai,
1781.

Christian Wilhelm Dohm, *Ueber die bürgerliche Verbesserung der Juden,* Berlin und Stettin, 1781

Vor allem die Französische Revolution und die anschließende napoleonische Zeit hatten – wenn auch nur vorübergehend – rechtliche Neuerungen für die jüdische Minderheit gebracht: In Frankreich waren Juden ab 1791 ihren christlichen Mitbürgern gleichgestellt. Die Einführung französischer Gesetzgebung in den besetzten deutschen Territorien ab 1798 veränderte die Lage auch dort grundlegend. Zwar galt die – französischem Recht folgende – Gleichstellung der Juden nur bis zum berüchtigten *Décret infâme* vom März 1808, mit dem Napoleon selbst die Rechtsgleichheit der Juden wieder zurücknahm. Dennoch war die kurzzeitige Erfahrung der Gleichstellung so nachhaltig, dass sie die deutschen Obrigkeiten dazu zwang, Veränderungsprozesse einzuleiten.

Die rechtliche Gleichstellung der Juden verlief schrittweise und regional äußerst unterschiedlich. Die neuen Staaten in Süd- und Südwestdeutschland, wie beispielsweise das 1808 neu konstituierte Großherzogtum Baden, strebten im Zuge der Staatenbildung eine einheitliche Verwaltung und die Rechtsgleichheit ihrer Untertanen an. Davon profitierten auch die Juden. Das Edikt von Preußen vom 11. März 1812, auch als »Juden-Edikt« bekannt, markierte hier einen ersten

Durchbruch. Juden sollten nun als »Einländer und preußische Staatsbürger« den Christen gleichgestellt sein, Gewerbefreiheit und Freizügigkeit auch für sie gelten. Widerstände der Mehrheitsgesellschaft und Rechtsunsicherheit für Juden bestanden aber weiter, die Gleichstellung blieb eine »unvollendete Emanzipation«.[2]

Die Ordnung des Wiener Kongresses brachte neue Rechtsverhältnisse und damit erneute Unsicherheit für die jüdische Bevölkerung. Zwar war die Rechtsstellung der jüdischen Minderheit erstmals überhaupt Verhandlungsgegenstand; doch ließ die abschließende Bundesakte den Mitgliedern des Deutschen Bundes die Möglichkeit offen, in ihren Territorien zu Regelungen die jüdische Minderheit betreffend zurückzukehren, die vor der französisch geprägten Zeit galten. Dies öffnete die Tür für die Restaurationszeit. Die Entwicklung einer auf Gleichstellung ausgerichteten Gesetzgebung stagnierte im Vormärz und die Jahre bis 1847/48 waren von einer Rückkehr zur Leitlinie des christlichen Gesellschaftsverständnisses geprägt. Implizit schwang hier immer mit, dass die jüdische Religion erst aufgegeben werden sollte, sofern man die volle Anerkennung als gleichgestellter Bürger erhalten wollte.

Die Revolution von 1848 weckte bei der jüdischen Minderheit erneut Hoffnungen, galt ihre »Emanzipation« doch als Bestandteil liberaler und demokratischer Politik. Und so hielt die Frankfurter Paulskirchenversammlung fest, dass das religiöse Bekenntnis die Einschränkung staatsbürgerlicher Rechte nicht rechtfertige. Von den 26 Staaten, die Emanzipationsgesetze erließen, waren nur fünf bereit, diese in Gänze umzusetzen. Ohnehin war der revolutionäre Umschwung nicht von Dauer und so verschlechterte sich die Lage der Juden ab den 1850er-Jahren erneut. Aus jüdischer Sicht folgte auf Revolution gleichsam Reaktion.

Nach diesem von regelmäßigen Rückschlägen begleiteten Prozess setzte sich die rechtliche Gleichstellung im letzten Drittel des 19. Jahrhunderts endlich durch: Zunächst ab 1860 in einigen deutschen Einzelstaaten, 1869 im Norddeutschen Bund und mit der Reichsgründung 1871 galt reichsweit: »Alle noch bestehenden, aus der Verschiedenheit des religiösen Bekenntnisses hergeleiteten Beschränkungen der bürgerlichen und staatsbürgerlichen Rechte werden hierdurch aufgehoben.«[3] Deutschland hatte seine lang ersehnte Einheit erreicht, die Juden ihre ebenso lang ersehnte Gleichstellung. Staatsbürgerschaft war ein Kernelement dieses modernen Staates und auch die jüdische Minderheit begriff sich als untrennbarer Teil dieses Gemeinwesens. Binnen eines Jahrhunderts waren aus abhängigen Untertanen gleichberechtigte Staatsbürger geworden, was sich auch in ihrem Zugehörigkeitsverständnis zeigte: So bezeichnete sich etwa die 1893 gegründete größte jüdische Organisation selbstbewusst als Central-Verein deutscher Staatsbürger jüdischen Glaubens.

Antisemitismus – Versuche einer Revokation der Emanzipation

Trotz der rechtlichen Gleichstellung blieben antijüdische Ressentiments gesellschaftliche Realität und brachen sich wiederholt auch gewaltvoll Bahn, eine gleichberechtigte jüdische Existenz in Deutschland war noch lange nicht akzeptiert. Darüber hinaus mobilisierten neue Wellen der Judenfeindschaft gegen die neu ins Land kommenden Juden vor allem polnischer Herkunft. Auch die inhaltliche Bedeutung der Begriffsschöpfung »Antisemitismus« durch den Journalisten Wilhelm Marr in seiner Schrift *Der Sieg des Judenthums über das Germanenthum* (1879) war einschneidend: Das Judentum war in dieser nicht religiösen Judenfeindschaft zum Beispiel nicht durch Konversion zum Christen-

Ernestine Friedrichsen, *Heimatlos. Polnische Juden,* 1861/1892

tum aufhebbar. Je mehr Juden in der »allgemeinen« Gesellschaft aufgingen, wo sie (ausgerechnet als Reaktion auf die von ihnen eingeforderte »Selbst-Verbesserung« und Integration) »unsichtbar« schienen, wurde der »jüdische Geist« zu einer Bedrohung, die die Antisemiten zu bekämpfen trachteten. In gewisser Weise war der Antisemitismus die Antwort auf die Emanzipation der Juden. Und als inmitten des Ersten Weltkriegs, dem sich deutsche Juden ebenso wie nichtjüdische Deutsche anschlossen, eine »Judenzählung« vom preußischen Kriegsminister angeordnet wurde, war dies ein Schock: Für einen Großteil der deutschen Juden war die offene Anzweifelung ihrer nationalen Loyalität gleichbedeutend mit einer Revokation des einstigen Gleichheitsversprechens der Emanzipation.

Zwischenkriegszeit – Minderheiten und Staatenlose

Das Ringen um Staatsbürgerschaft und Rechtsgleichheit betraf nach dem Ersten Weltkrieg vor allem die Juden Ost- und Ostmitteleuropas. Einstige multinationale Großreiche zerfielen, neue Nationalstaaten entstanden und definierten Zugehörigkeit ethnisch, was wiederum eine Vielzahl nationaler Minderheiten entstehen ließ. Zwar führte die Pariser Friedensordnung von 1919 den sogenannten Minderheitenschutz ein, der den neu entstandenen Nationalstaaten auferlegte, in ihren Verfassungen spezifische Minderheitenrechte wie etwa staatsbürgerliche Rechtsgleichheit festzuschreiben – doch traf dieser äußere Druck des Völkerbunds kaum auf Rückhalt. Erschwert wurde diese Situation durch die neue Dimension der Staatenlosigkeit, die prägend für die europäische Erfahrung der Zwischenkriegszeit wurde.[4] Fast 9,5 Millionen Menschen waren von dieser Situation betroffen. Mochte der Völkerbund 1921 auch den sogenannten Nansen-Pass einführen (benannt nach dem Hochkommissar für Flüchtlingsfragen Fridtjof Nansen), der vor allem den staatenlosen Flüchtlingen, unter ihnen viele Juden, aus dem ehemaligen Zarenreich als Reise- und Ausweisdokument dienen sollte – das Problem der Staatenlosigkeit beendete er nicht.

Auch die Weimarer Republik wurde zum Hafen für eine Vielzahl von jüdischen Flüchtlingen aus Ostmitteleuropa. In einer Mischung aus »prekärer Duldung und aktiver Intoleranz« erhielten hier viele staatenlose Juden einerseits den zeitlich begrenzten Status eines gesicherten Asyls.[5] Andererseits drohte bei Übertretung deutscher Gesetze die Internierung in dafür bestimmte Lager, sofern eine Ausweisung nicht möglich war.

Aus Deutschen werden wieder Juden – die Zeit des Nationalsozialismus

Nur wenige Jahrzehnte nach der vollständigen Gleichstellung setzte mit Beginn der NS-Herrschaft die stufenweise Rücknahme der Emanzipation ein. Dass die Nationalsozialisten ein besonderes Augenmerk auf die Frage der Staatsangehörigkeit der Juden in Deutschland legen würden, war bereits im Parteiprogramm der NSDAP von 1920 ersichtlich. Dort hieß es: »Staatsbürger kann nur sein, wer Volksgenosse ist. Volksgenosse kann nur sein, wer deutschen Blutes ist, ohne Rücksichtnahme auf die Konfession. Kein Jude kann daher Volksgenosse sein.«[6] Die rechtliche Gleichstellung der Jüdinnen und Juden zu revidieren, war klares Ziel ihres rassistischen Antisemitismus. Mit einer Vielzahl von schrittweise erlassenen neuen Gesetzen und dazugehörigen Verordnungen schufen die Nationalsozialisten ein Klima sich ständig vergrößernder Unsicherheit. Die Abschaffung ihrer verbrieften Rechte als deutsche Staatsbürger erlebten die Zeitgenossen als ersten großen Bruch.

Zunächst verschärfte sich die Situation für die ausländischen Jüdinnen und Juden, die etwa ein Fünftel der 500 000 Jüdinnen und Juden im Deutschen Reich ausmachten. Die osteuropäischen, vor allem die (ehemals) polnischen Juden traf es dabei in besonderem Maße; seit Ende des Ersten Weltkriegs erfolgte Einbürgerungen sollten auf Wunsch des Reichsministeriums des Inneren aufs Neue überprüft werden. Erste gesetzgeberische Schritte erfolgten dann mit dem Gesetz über den Widerruf von Einbürgerungen und die Aberkennung der deutschen Staatsangehörigkeit vom 14. Juli 1933. Es zielte auch auf die Rücknahme von Naturalisationen. So drohte gerade vormals polnischen Juden, die mit der Einbürgerung ihre polnische Staatsangehörigkeit hatten aufgeben müssen, die Staatenlosigkeit. Ab Sommer 1933 nahm die Zahl der Staatenlosen kontinuierlich zu.

Ein nächster markanter Schritt waren die sogenannten Nürnberger Gesetze vom 15. September 1935. Diese führten eine historisch ganz neue Kategorie ein – die des »Reichsbürgers« mit Vollbesitz der staatsbürgerlichen Rechte im Unterschied zu den »Staatsangehörigen« ohne jegliche politischen Rechte. »Reichsbürger« konnte dabei nur sein, wer »deutschen oder artverwandten Blutes« war, Juden konnten nur noch »Staatsangehörige« des Deutschen Reiches sein und waren als solche des Rechtes auf aktive Teilhabe beraubt.[7] Die Durchschlagskraft dieses Gesetzespakets zeigte sich vor allem in den folgenden Verordnungen zum Reichsbürgergesetz, die unter anderem das Verbot von sogenannten »Mischehen« zwischen Juden und Nichtjuden genauer regelten sowie die berüchtigte Kategorisierung in unterschiedlichen Abstufungen von »Mischlingen« einführten. Dass die Emanzipation zurückgenommen und jüdische Deutsche

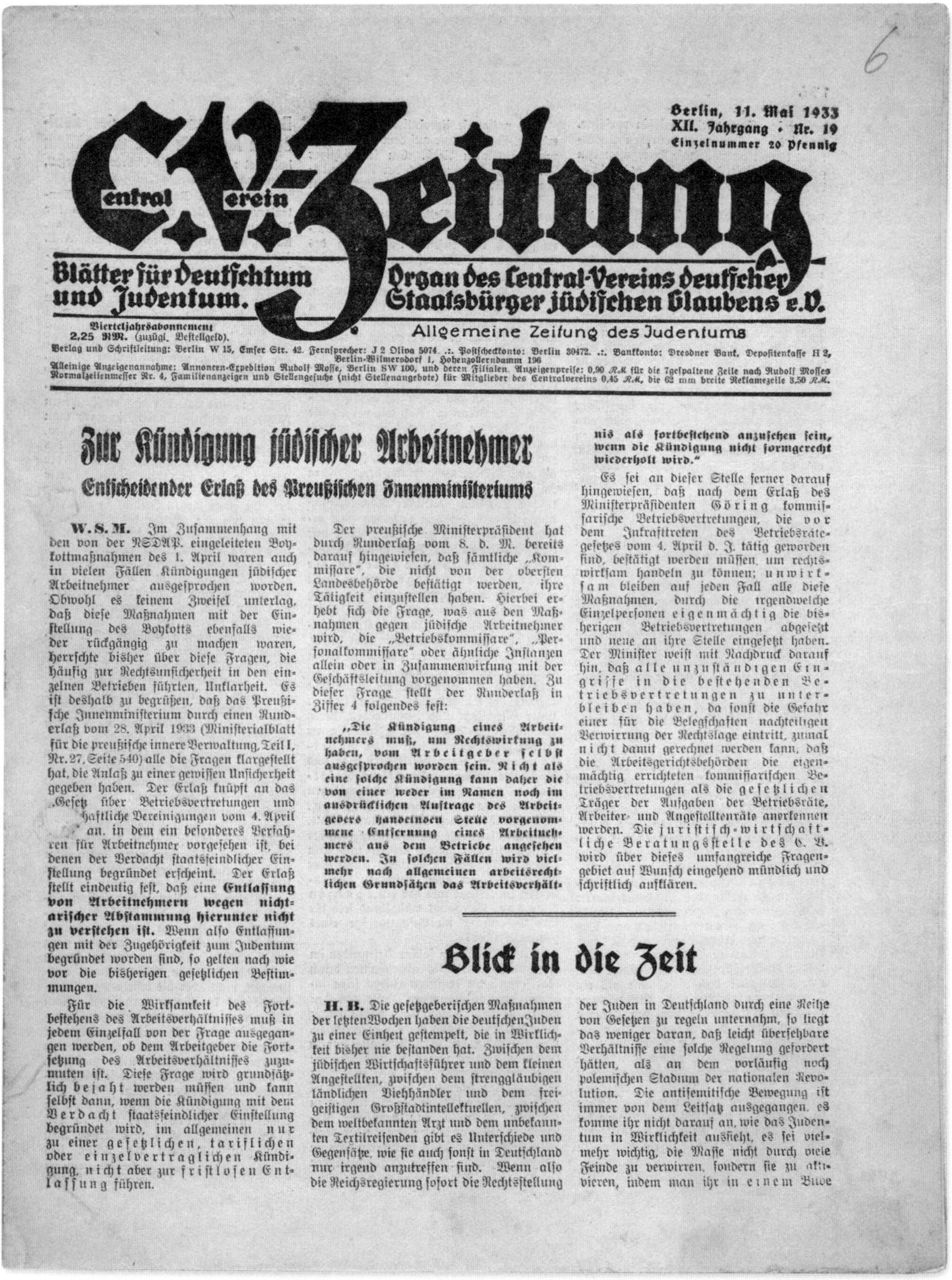

6

Berlin, 11. Mai 1933
XII. Jahrgang · Nr. 19
Einzelnummer 20 Pfennig

C.V.-Zeitung

Central Verein

Blätter für Deutschtum und Judentum.

Organ des Central-Vereins deutscher Staatsbürger jüdischen Glaubens e.V.

Allgemeine Zeitung des Judentums

Vierteljahrsabonnement 2,25 RM. (zuzügl. Bestellgeld).

Verlag und Schriftleitung: Berlin W 15, Emser Str. 42. Fernsprecher: J 2 Oliva 5074. .:. Postscheckkonto: Berlin 30472. .:. Bankkonto: Dresdner Bank, Depositenkasse H 2, Berlin-Wilmersdorf 1, Hohenzollerndamm 196

Alleinige Anzeigenannahme: Annoncen-Expedition Rudolf Mosse, Berlin SW 100, und deren Filialen. Anzeigenpreise: 0,90 RM für die 7gespaltene Zeile nach Rudolf Mosses Normalzeilenmesser Nr. 4, Familienanzeigen und Stellengesuche (nicht Stellenangebote) für Mitglieder des Centralvereins 0,45 RM, die 62 mm breite Reklamezeile 3,50 RM.

Zur Kündigung jüdischer Arbeitnehmer

Entscheidender Erlaß des Preußischen Innenministeriums

W. S. M. Im Zusammenhang mit den von der NSDAP. eingeleiteten Boykottmaßnahmen des 1. April waren auch in vielen Fällen Kündigungen jüdischer Arbeitnehmer ausgesprochen worden. Obwohl es keinem Zweifel unterlag, daß diese Maßnahmen mit der Einstellung des Boykotts ebenfalls wieder rückgängig zu machen waren, herrschte bisher über diese Fragen, die häufig zur Rechtsunsicherheit in den einzelnen Betrieben führten, Unklarheit. Es ist deshalb zu begrüßen, daß das Preußische Innenministerium durch einen Runderlaß vom 28. April 1933 (Ministerialblatt für die preußische innere Verwaltung, Teil I, Nr. 27, Seite 540) alle die Fragen klargestellt hat, die Anlaß zu einer gewissen Unsicherheit gegeben haben. Der Erlaß knüpft an das Gesetz über Betriebsvertretungen und [illegible]haftliche Vereinigungen vom 4. April an, in dem ein besonderes Verfahren für Arbeitnehmer vorgesehen ist, bei denen der Verdacht staatsfeindlicher Einstellung begründet erscheint. Der Erlaß stellt eindeutig fest, daß eine **Entlassung von Arbeitnehmern wegen nichtarischer Abstammung hierunter nicht zu verstehen ist.** Wenn also Entlassungen mit der Zugehörigkeit zum Judentum begründet worden sind, so gelten nach wie vor die bisherigen gesetzlichen Bestimmungen.

Für die Wirksamkeit des Fortbestehens des Arbeitsverhältnisses muß in jedem Einzelfall von der Frage ausgegangen werden, ob dem Arbeitgeber die Fortsetzung des Arbeitsverhältnisses zuzumuten ist. Diese Frage wird grundsätzlich bejaht werden müssen und kann selbst dann, wenn die Kündigung mit dem Verdacht staatsfeindlicher Einstellung begründet wird, im allgemeinen nur zu einer gesetzlichen, tariflichen oder einzelvertraglichen Kündigung, nicht aber zur fristlosen Entlassung führen.

Der preußische Ministerpräsident hat durch Runderlaß vom 8. d. M. bereits darauf hingewiesen, daß sämtliche „Kommissare", die nicht von der obersten Landesbehörde bestätigt werden, ihre Tätigkeit einzustellen haben. Hierbei erhebt sich die Frage, was aus den Maßnahmen gegen jüdische Arbeitnehmer wird, die „Betriebskommissare", „Personalkommissare" oder ähnliche Instanzen allein oder in Zusammenwirkung mit der Geschäftsleitung vorgenommen haben. Zu dieser Frage stellt der Runderlaß in Ziffer 4 folgendes fest:

„Die Kündigung eines Arbeitnehmers muß, um Rechtswirkung zu haben, vom Arbeitgeber selbst ausgesprochen worden sein. Nicht als eine solche Kündigung kann daher die von einer weder im Namen noch im ausdrücklichen Auftrage des Arbeitgebers handelnden Stelle vorgenommene Entfernung eines Arbeitnehmers aus dem Betriebe angesehen werden. In solchen Fällen wird vielmehr nach allgemeinen arbeitsrechtlichen Grundsätzen das Arbeitsverhältnis als fortbestehend anzusehen sein, wenn die Kündigung nicht formgerecht wiederholt wird."

Es sei an dieser Stelle ferner darauf hingewiesen, daß nach dem Erlaß des Ministerpräsidenten Göring kommissarische Betriebsvertretungen, die vor dem Inkrafttreten des Betriebsrätegesetzes vom 4. April d. J. tätig geworden sind, bestätigt werden müssen, um rechtswirksam handeln zu können; unwirksam bleiben auf jeden Fall alle diese Maßnahmen, durch die irgendwelche Einzelpersonen eigenmächtig die bisherigen Betriebsvertretungen abgesetzt und neue an ihre Stelle eingesetzt haben. Der Minister weist mit Nachdruck darauf hin, daß alle unzuständigen Eingriffe in die bestehenden Betriebsvertretungen zu unterbleiben haben, da sonst die Gefahr einer für die Belegschaften nachteiligen Verwirrung der Rechtslage eintritt, zumal nicht damit gerechnet werden kann, daß die Arbeitsgerichtsbehörden die eigenmächtig errichteten kommissarischen Betriebsvertretungen als die gesetzlichen Träger der Aufgaben der Betriebsräte, Arbeiter- und Angestelltenräte anerkennen werden. Die juristisch-wirtschaftliche Beratungsstelle des C. V. wird über dieses umfangreiche Fragengebiet auf Wunsch eingehend mündlich und schriftlich aufklären.

Blick in die Zeit

H. B. Die gesetzgeberischen Maßnahmen der letzten Wochen haben die deutschen Juden zu einer Einheit gestempelt, die in Wirklichkeit bisher nie bestanden hat. Zwischen dem jüdischen Wirtschaftsführer und dem kleinen Angestellten, zwischen dem strenggläubigen ländlichen Viehhändler und dem freigeistigen Großstadtintellektuellen, zwischen dem weltbekannten Arzt und dem unbekannten Textilreisenden gibt es Unterschiede und Gegensätze, wie sie auch sonst in Deutschland nur irgend anzutreffen sind. Wenn also die Reichsregierung sofort die Rechtsstellung der Juden in Deutschland durch eine Reihe von Gesetzen zu regeln unternahm, so liegt das weniger daran, daß leicht übersehbare Verhältnisse eine solche Regelung gefordert hätten, als an dem vorläufig noch polemischen Stadium der nationalen Revolution. Die antisemitische Bewegung ist immer von dem Leitsatz ausgegangen, es komme ihr nicht darauf an, wie das Judentum in Wirklichkeit aussieht, es sei vielmehr wichtig, die Masse nicht durch viele Feinde zu verwirren, sondern sie zu aktivieren, indem man ihr in einem Bilde

Zeitung des Central-Vereins deutscher Staatsbürger jüdischen Glaubens
zur Entlassung von Juden aus dem öffentlichen Dienst, Berlin, 11. Mai 1933

wieder Juden werden sollten, zeigte sich symbolisch auch in der Regelung zur Namensgebung jüdischer Vereine: Der Central-Verein deutscher Staatsbürger jüdischen Glaubens musste sich in Central-Verein der Juden in Deutschland umbenennen, »deutsche Juden« sollte es nicht mehr geben. Mit der Verordnung über Reisepässe vom 5. Oktober 1938 machten die Machthaber endgültig klar, dass Juden de facto nicht mehr Teil der deutschen Staatsangehörigen sein sollten: Alle deutschen Reisepässe, deren Inhaber Juden waren, wurden für ungültig erklärt.

Seit Kriegsbeginn verschärften sich die Anstrengungen, juristisch möglichst pauschal gegen deutsche Juden vorzugehen. In einem Entwurf für ein Rundschreiben des Reichsministeriums des Inneren vom März 1941 hieß es, Juden sei bei »Wohnsitzverlegung« ins Ausland automatisch die Staatsangehörigkeit abzuerkennen. Ihr Vermögen sollte dabei dem Reich anheimfallen. Dies wurde mit der 11. Verordnung zum Reichsbürgergesetz vom 25. November 1941 umgesetzt. Nun verloren alle deutschen Juden, die ihren »Aufenthalt« anderswo genommen hatten, ihre Staatsangehörigkeit, und zwar ungeachtet dessen, ob dies in Form von forcierter Auswanderung, Flucht oder infolge einer Deportation geschehen war. Auch das unter deutscher Verwaltung stehende Generalgouvernement im besetzten Polen galt als Ausland. Die Ausbürgerung stand damit am Anfang der Vernichtung.

Nach Kriegsende – Rückkehr und Wiedereinbürgerung

Als der Zweite Weltkrieg am 8. Mai 1945 endete, übernahmen die alliierten Besatzungsmächte die Betreuung sowohl der auf deutschem Gebiet befreiten Juden als auch der als *Displaced Persons* (DP) bezeichneten osteuropäischen Juden und Nichtjuden, die infolge des Krieges aus ihrer Heimat geflüchtet oder vertrieben worden waren. Die DP-Lager, die unmittelbar nach Kriegsende entstanden und bis in die 1950er-Jahre hinein existierten, waren zunächst nach der Staatsangehörigkeit ihrer Insassen organisiert. Wiederholt beklagten jüdische Organisationen, dass es für jüdische DPs keine eigenen Unterkünfte gab. Im Sommer 1945 bereiste deshalb eine Kommission des US Department of State die DP-Lager unter Leitung von Earl Harrison. Dessen Abschlussbericht leitete einen Richtungswechsel ein: Bis dahin wurden jüdische Flüchtlinge als religiöse Gruppe behandelt, folglich nicht getrennt registriert und untergebracht. Nun wurden sie offiziell als *UN Nationals* und »staatenlos« bezeichnet. Damit waren sie von den Repatriierungsbemühungen der Alliierten ausgenommen. Staatenlosigkeit konnte so erstmals zu einer Schutzkategorie vor unerwünschter Repatriierung werden. Von nun an waren Juden zwar staatenlos, aber zugleich als nationale Gemeinschaft anerkannt.[8]

Rotkreuzbetreuerin mit jüdischen Kindern auf dem Weg ins Durchgangslager für *Displaced Persons* in Pöppendorf, in: *New York Times*, 11. September 1947

Zu der großen Frage nach dem Ende der NS-Herrschaft, wie man mit dem Erbe von »Recht im Unrecht« umgehen solle,[9] zählte auch jene, ob ausgebürgerte Juden automatisch und somit letztlich zwangsweise wieder ihre frühere Staatsangehörigkeit erhalten sollten. Bis zur Gründung der Bundesrepublik blieb ein ausgebürgerter Jude, der sich zwar im besetzten Deutschland aufhielt, aber weder unbedingt bleiben noch die deutsche Staatsangehörigkeit wiedererlangen wollte, zunächst staatenlos. Zwar forderten ausgebürgerte Juden das Recht darauf ein, wieder eingebürgert zu werden. Gleichwohl beabsichtigten sie längst nicht immer, von diesem Recht Gebrauch zu machen. Denn die Staatenlosigkeit zu überwinden, war in manchen Fällen durchaus sekundär und für einige mochte der Status als *UN Nationals* Teil ihres Selbstverständnisses geworden sein. Vor allem aber schien doch vieles akzeptabler, als ausgerechnet die deutsche Staatsangehörigkeit wieder anzunehmen. Dass der 1948 neu gegründete Staat Israel sich ein Staatsangehörigkeitsrecht gab, das als Rückkehrgesetz bezeichnet wird, ist sicherlich auch als eine Antwort auf die historische Erfahrung der jüdischen Staatenlosigkeit zu lesen.[10]

Nach Gründung der Bundesrepublik regelte Grundgesetz Art. 116, Abs. II, dass jeder Person, der zwischen 1933 und 1945 die Staatsangehörigkeit aus politischen, rassischen oder religiösen Gründen entzogen worden war, ein (Wieder-) Einbürgerungsanspruch zusteht. Dies gilt auch für ihre direkten Nachkommen. Zusätzlich wurden in den 1950er-Jahren diverse Gesetze und Regelungen erlassen, die auch jüdische Rückkehrer und jüdische DPs in Deutschland betrafen, wie etwa das im April 1951 verabschiedete Gesetz über die Rechtsstellung heimatloser Ausländer. Bedeutender noch war das Gesetz zur Regelung von Fragen der Staatsangehörigkeit von 1955, das sich auch auf die Rechte von ausgebürgerten Deutschen bezog. Mit der neuen Kategorie des »Heimatrechts« wurde allen, die aus politischen, religiösen oder rassistischen Gründen ausgebürgert worden waren, ein Recht auf Wiedereinbürgerung eingeräumt. So erhielten nach der

Neuregelung von 1955 sogar diejenigen, die ihre Staatenlosigkeit durch die Annahme einer neuen Staatsangehörigkeit überwunden hatten, einen Anspruch auf Wiedereinbürgerung – sogar, wenn sie nicht beabsichtigten, nach Deutschland zurückzukehren, geschweige denn sich dort niederzulassen.

Erst jüngst erfolgte ein weiterer Schritt auf dem langen Weg einer staatsangehörigkeitsrechtlichen Wiedergutmachung. Noch vor der Sommerpause 2021 verabschiedete der Bundestag ein Gesetz, das die letzten Hürden bei der Wiedereinbürgerung von Nachkommen ehemals ausgebürgerter jüdischer Deutscher beseitigen soll.[11] Dieser Schritt ist mehr als nur symbolisch: Als Großbritannien im Juni 2016 den Brexit beschloss, beantragten innerhalb von drei Monaten 236 britische Jüdinnen und Juden einen deutschen Pass als Nachfahren ausgebürgerter jüdischer Deutscher. Das allein kam einer Verdreifachung der Zahlen des Jahres 2015 gleich. Diese Zahl verdeutlicht zweierlei: den langen Nachhall der gesetzgeberischen Schritte aus der Zeit des Nationalsozialismus, die bis heute auf die Rechtspraxis im Umgang mit Staatenlosigkeit in der Bundesrepublik nachwirken. Und zugleich vergegenwärtigt sie die anhaltende Bedeutung des Anspruchs auf eine anerkannte deutsche Zugehörigkeit unter den jüdischen Vertriebenen aus Deutschland.

1 Arendt 1958, S. 84.
2 Herzig 2010, S. 32–34.
3 Bundesgesetzblatt des Norddeutschen Bundes, Bd. 1869, Nr. 28, S. 292.
4 Vgl. Arendt 2009, S. 559–625; hierzu auch Rürup 2011.
5 Oltmer 2012.
6 Zit. n. Gosewinkel 2003, S. 370.
7 Reichsgesetzblatt, 1935, Nr. 100, S. 1146; Rürup 2018.
8 Vgl. Rürup 2016.
9 Vgl. Stolleis 1994.
10 Vgl. Rürup 2014.
11 Vgl. Siewer/Weizsäcker 2021.

»Ich jedenfalls kannte nur eine Sprache und die war deutsch, meine Umgebung war deutsch, ich war in Deutschland geboren und aufgewachsen, ich war innerlich wie die anderen, also ›deutsch‹. Aber auch das stimmte offenbar nicht wirklich. Ein Teil meiner Umgebung wollte mir immer wieder klarmachen, dass ich alles andere als ›deutsch‹ sei, dass ich eigentlich gar nicht hierher gehörte. Sondern natürlich nach Afrika.«

Theodor Michael, 2015

6 KOLONIALISMUS UND RASSISMUS

In den deutschen und französischen Kolonien wurden der indigenen Bevölkerung die vollen staatsbürgerlichen Rechte vorenthalten. Sosehr sich die französische und die deutsche Kolonisation in ihrer Zeitspanne und ihren räumlichen Dimensionen unterscheiden, so ähnlich war doch die hierarchische Zweiteilung in *citoyens* und *sujets* im Falle des französischen, in »Reichsangehörige« und »Schutzangehörige« des deutschen Kolonialreichs.

Während Siedler europäischer Herkunft und Kolonisatoren aus der Metropole die vollen politischen Rechte genossen, galt für Indigene ein eigenes Strafregime. In den französischen Kolonien gelangte so ab 1875 der *Code de l'indigénat* zur Anwendung, der aufgrund seiner harten Strafen und deren willkürlicher Umsetzung auch *Code matraque,* nach dem oft eingesetzten Schlagstock, genannt wurde. In den deutschen Kolonien galt mit dem Schutzgebietsgesetz von 1886 ebenfalls ein eigenes Strafregime für Indigene. Ab 1907 mussten diese in Deutsch-Südwestafrika eine Passmarke zur polizeilichen Identifizierung mit sich führen.

Das koloniale Staatsbürgerschaftsrecht mit seiner strikten Zweiteilung wurde durch Kinder aus »Mischehen«, der Beziehung eines Mannes europäischer Herkunft mit einer Indigenen, infrage gestellt. Die Bestimmung der Staatsangehörigkeit der Kinder führte zu kontroversen Debatten. Im französischen Kolonialreich betraf dies insbesondere Indochina: Nach metropolitanem Recht waren die *enfants métis* Franzosen, nach Kolonialrecht hingegen »Eingeborene«. Die rassistische Diskriminierung der Kinder stützte sich dabei auch auf die zeitgenössischen anthropologischen Wissenschaften. Im deutschen Kolonialreich bezog sich die Debatte insbesondere auf Deutsch-Südwestafrika und führte zu einem »Mischehenverbot«. Auch der deutsche Diskurs wurde rassistisch aufgeladen und Deutsch-Sein als Weiß-Sein definiert.

Während die deutsche Kolonialherrschaft nach dem Ersten Weltkrieg endete, existierte das französische Kolonialreich bis in die Zeit nach dem

Zweiten Weltkrieg. Für Deutschland wie Frankreich gilt jedoch, dass die koloniale Staatsbürgerschaftspolitik auch die postkoloniale Zeit prägte und anhaltend prägt. So bemühten sich Indigene aus den ehemaligen deutschen Kolonien in den 1920er-Jahren, in Deutschland eingebürgert zu werden, was ihnen oft verwehrt wurde. Nach dem Machtantritt der Nationalsozialisten mussten sie ihre Pässe mit dem Zusatz »Unmittelbarer Reichsangehöriger« oder »Deutscher Schutzbefohlener« gegen Fremdenpässe eintauschen, ihre Lebenssituation verschärfte sich zusätzlich durch die Nürnberger Gesetze. Das NS-Regime wandte koloniale Praktiken der radikalen Ausgrenzung und Vernichtung schließlich auch im besetzten Polen an.

Die Dekolonialisierung des französischen Kolonialreichs begann nach 1945. Es ist dem Einsatz des senegalesischen Politikers Amadou Lamine Guèye zu verdanken, dass in der Verfassung der Vierten Französischen Republik die politische Gleichheit aller Menschen in der neu gegründeten Union Française festgeschrieben wurde. Rassistische Diskriminierungen hielten jedoch an, was sich insbesondere in der unterschiedlichen Behandlung von Algeriern muslimischer Herkunft und Algerienfranzosen im Nachkriegsfrankreich zeigte. Der Aufstieg der rechtsextremen Partei Front National in den 1980er-Jahren verdankte sich auch einer aggressiven Infragestellung der politischen Zugehörigkeit von Kindern algerischer Migrantinnen und Migranten der 1960er-Jahre. Der oft nostalgischen Verklärung der französischen Kolonialgeschichte steht die anhaltende Diskriminierung von Französinnen und Franzosen nicht metropolitaner Herkunft entgegen. **Marie Czarnikow**

Carl Marquardt, Broschüre *Unsere neuen Landsleute. Ausstellung Samoa,* Berlin/Leipzig, 1901

Von Mai 1900 bis Sommer 1901 fand eine Völkerschau-Tournee einer Gruppe aus Samoa unter der Führung von Te'o Tuvale durch einige Städte in Deutschland statt. Die dazu erscheinende Begleitbroschüre stilisiert die Inbesitznahme Westsamoas zum deutschen »Schutzgebiet« als »ersehnte Epoche des Friedens« für die Samoaner nach einer Zeit des Bürgerkriegs. Das Titelblatt der Programmbroschüre zeigt das Bild eines Kriegers mit Rindenbastschurz, der auf Augenhöhe mit dem Betrachter vor zwei deutschen Flaggen steht. Die Formulierung des Titels *Unsere neuen Landsleute* suggeriert eine Gleichstellung der Samoaner mit den Bürgern des Deutschen Reiches. Um für das Veranstaltungsprogramm zu werben, stellt der Text durch landeskundliche Ausführungen zudem eine gewisse Verbundenheit vieler Deutscher mit den Ereignissen und Menschen in Samoa her. **Lili Reyels**

Passmarke von Swakopmund, heute Namibia, um 1907

In Deutsch-Südwestafrika, heute Namibia, unternahm die deutsche Kolonialverwaltung ab 1907 den Versuch, die indigene Bevölkerung zu erfassen. Wesentlicher Bestandteil dieser Herrschaftspraktik war die auf Ideen von Max Karl Graf zu Trauttmansdorff aus dem Reichsarbeitsministerium zurückgehende Verpflichtung zum Tragen einer sogenannten Passmarke. Dieser Identitätsnachweis mit Reichskrone, jeweiliger Bezirksangabe sowie personalisierter Nummer sollte dazu dienen, die Mobilität der Kolonialangehörigen von Deutsch-Südwestafrika zu kontrollieren und einzuschränken, um eine möglichst gleichmäßige Verteilung von Arbeitskräften zu erreichen. Die Ziele des Reichskolonialamts ließen sich jedoch nicht durchsetzen: Es blieben Handlungsspielräume für die indigene Bevölkerung und viele entzogen sich dem auferlegten Zwang zur Arbeit für die Deutschen – und dem Tragen der Passmarke. **Julia Franke**

DERNIÈRE ÉDITION DE PARIS

Le Petit Parisien

25 cent. LE PLUS FORT TIRAGE DES JOURNAUX DU MONDE ENTIER

VENDREDI 19 OCTOBRE 1928

QUATRE MOIS PARMI NOS NOIRS D'AFRIQUE

LA SITUATION ÉTRANGE ET DOULOUREUSE DES MÉTIS QUI RÉCLAMENT UN NOM ET LE TITRE DE FRANÇAIS

L'ATLANTIQUE EN AVIONNETTE

La téméraire tentative de Mac Donald s'est-elle terminée en catastrophe ?

EFFROYABLE ACCIDENT A VINCENNES

Une maison de sept étages en construction s'écroule ensevelissant plus de vingt ouvriers

« La maison s'est fendue en deux et les deux parties se sont affaissées, comme un accordéon », a dit un témoin

A MINUIT, ON AVAIT RETIRÉ DES DÉCOMBRES CINQ MORTS ET QUATRE BLESSÉS

Dans la nuit, sous les feux des projecteurs, on recherche les autres victimes

L'ENTREPRENEUR, QUI A TENTÉ DE SE SUICIDER, EST GARDÉ A LA DISPOSITION DE LA JUSTICE

L'affaire Horan

L'avocat général Matter nommé président de chambre à la cour de cassation

POUR ET CONTRE

Jules Beauvillers l'auteur du triple crime de Roche-d'Agoux arrêté à Paris

LA COURSE DE L'HEURE

Albert Londres, »Vier Monate unter unseren Schwarzen Afrikas«, in: *Le Petit Parisien,* 19. Oktober 1928

1928 reiste der Star-Reporter Albert Londres in die damalige französische Kolonie Senegal. Dort beeindruckte ihn die Begegnung mit sogenannten *enfants métis,* Kindern, die aus einer meist unehelichen Beziehung eines europäischen Vaters und einer indigenen Mutter stammen. Der *métis* sei »nicht weiß, nicht schwarz, also gar nichts«. Die *enfants métis* stellten die strikte Trennung zwischen Staatsbürgern und Indigenen infrage. »Die Schule macht aus ihm moralisch einen Franzosen, aber das Gesetz drückt ihn zum Rang der Eingeborenen hinunter und verbietet ihm, den Namen seines Vaters zu tragen«, schreibt Londres in *Le Petit Parisien.* Obwohl diese Kinder einen Franzosen zum Vater hatten, wurde ihnen die französische Staatsbürgerschaft verwehrt. Sie blieben auf ihren rechtlichen Status als »Subjekt« reduziert und auch Londres gibt ihnen in seiner Reportage keine Stimme. Ab 1930 wurde die Einbürgerung von *enfants métis* erleichtert, indem auf die »überlegene Rasse« ihrer Väter verwiesen wurde. **Marie Czarnikow**

Propagandaplakat »Französinnen«, Algerien, 1958

Seite an Seite stehen die zwei Frauen, umhüllt von der französischen Trikolore. Das Plakat stammt aus der Zeit des Algerienkriegs (1954–1962), in dem die muslimische Bevölkerung Algeriens für ihre Unabhängigkeit von der französischen Kolonialmacht kämpfte. Der Titel des Plakats, der beide Frauen zu »Französinnen« erklärt, führt ins Zentrum des kolonialen Staatsbürgerschaftsrechts. Obwohl Algerien seit 1830 Teil des französischen Territoriums war, hatten die indigenen Bewohner zwar die französische Staatsangehörigkeit, nicht jedoch gleichwertige politische Rechte. Erst 1946 erhielten sie zusammen mit den Angehörigen des übrigen französischen Kolonialreichs den französischen Staatsbürgerstatus. Das Propagandaplakat verklärt die mehr als 100-jährige Ungleichbehandlung nun zur Ebenbürtigkeit: Die auf der rechten Seite dargestellte Frau aus dem metropolitanen Frankreich zeigt ihre Verbundenheit mit der auf der linken Seite dargestellten Algerierin durch den entschiedenen Griff auf deren Schulter.

Marie Czarnikow

Plakat des Front National, »Franzose zu sein ist Erbe oder Verdienst«, 1995

Den langen Schatten der kolonialen Ungleichbehandlung von französischen Staatsbürgern und Menschen aus den französischen Kolonien zeigt dieses Plakat. Bereits im Parlamentswahlkampf 1986 attackierte Jean-Marie Le Pen, Gründer des rechtsextremen Front National, insbesondere die in Frankreich geborenen Kinder muslimischer Algerier und stellte ihre französische Staatsbürgerschaft infrage. Nach seiner Wahl zum Premierminister leitete Jacques Chirac eine Reform des Staatsangehörigkeitsrechts ein, die das bislang geltende Territorialprinzip um ein Bekenntnis zur französischen Nation ergänzte. Der Slogan, dass man seine Zugehörigkeit zu Frankreich entweder geerbt habe oder sie sich verdienen müsse, war auf Plakaten der französischen Rechtsextremen auch im Vorfeld der Präsidentschaftswahlen 1995 zu lesen. Seit dieser Zeit wird die Legitimität der doppelten Staatsangehörigkeit auch in Frankreich heftig debattiert.

Marie Czarnikow

Bayume Muhammed Hussein (1904–1944)

Bayume Muhammed Hussein wurde 1904 als Kind eines Söldners in der damaligen Kolonie Deutsch-Ostafrika geboren. Von Geburt an war er »Schutzangehöriger« ohne staatsbürgerliche Rechte. Zu Beginn des Ersten Weltkriegs trat er als Kindersoldat in die Kompanie seines Vaters ein, 1917 geriet er in englische Kriegsgefangenschaft. 1929 ging er nach Deutschland mit dem Ziel, sich seinen Sold auszahlen zu lassen, wofür er als staatenlos Behandelter nicht die entsprechenden Papiere vorlegen konnte. Er blieb dennoch in Berlin und arbeitete als Kellner. Nach der Machtübernahme der Nationalsozialisten musste er, genau wie seine deutsche Ehefrau, die durch Heirat mit ihm staatenlos geworden war, seinen Ausweis abgeben und erhielt stattdessen einen Fremdenpass. Mit diesem waren Reisen ins Ausland de facto unmöglich. Eine weitere Verschlechterung seiner Lebenssituation leiteten die Nürnberger Gesetze ein. Um die Ernährung seiner Familie zu sichern, trat er von 1934 bis 1941 in zahlreichen vom NS-Filmapparat produzierten Kolonialfilmen auf. Bayume Muhammed Hussein, der sich trotz der manifesten Diskriminierung stets als deutscher Askari verstand, engagierte sich in der kolonialrevanchistischen Bewegung. So versuchte er, sein Frontkämpferabzeichen für den Einsatz in der »Schutztruppe« in Deutsch-Ostafrika zu erwerben, was deren ehemaliger Kommandeur Paul von Lettow-Vorbeck persönlich verhinderte. Zu Beginn des Zweiten Weltkriegs bat Hussein erfolglos um die Aufnahme in die Wehrmacht. Aufgrund eines Verfahrens wegen vermeintlicher »Rassenschande« kam er 1941 ins KZ Sachsenhausen, wo er 1944 verstarb. **Marie Czarnikow**

Bayume Muhammed Hussein, vor 1944

Amadou Lamine Guèye, 1946

Amadou Lamine Guèye (1891–1968)

Der Werdegang und die Politik Amadou Lamine Guèyes sind in besonderem Maße mit Problemlagen der französischen Staatsbürgerschaftspolitik im Kolonialismus und Postkolonialismus verbunden. Lamine Guèye wurde 1891 in eine Familie geboren, die in einer der Quatre Communes der französischen Kolonie Senegal lebte. Während in anderen französischen Kolonien Indigene auf den politischen Status des »Subjekts« beschränkt waren und ihnen die französische Staatsbürgerschaft verwehrt wurde, hatten die Einwohner der Quatre Communes bereits seit 1848 einige staatsbürgerliche Rechte. Seine persönliche Erfahrung der Gleichberechtigung angesichts einer kolonialen Zweiteilung der Welt prägte Lamine Guèyes politisches Handeln. Schon in seiner 1921 eingereichten Doktorarbeit befasste er sich mit dem rechtlichen und politischen Status der Senegalesen. Als Frankreich 1944 den Frauen das Wahlrecht zusprach, lokale Politiker im Senegal dieses jedoch den Frauen verwehrten, startete Lamine Guèye eine Kampagne zu ihrer Unterstützung. Beim Übergang vom französischen Kolonialreich zur Union Française war er Abgeordneter in der Nationalversammlung, welche die Verfassung der Vierten Französischen Republik vorbereitete. Er setzte sich dafür ein, dass alle Menschen aus französischen Kolonien französische Staatsbürger wurden. Das von ihm formulierte und am 7. Mai 1946 verabschiedete Gesetz trägt daher seinen Namen. Es beendete die mehr als 150-jährige rechtliche Ungleichbehandlung von Menschen aus den französischen Kolonien, indem es sie zu Staatsbürgern mit den gleichen Rechten und Pflichten erklärte. **Marie Czarnikow**

Christian Karembeu (geb. 1970)

Der französische Staatsbürger Christian Karembeu wurde 1970 im französischen Überseeterritorium Neukaledonien geboren. Zwischen 1990 und 2005 war er erfolgreicher Profifußballer in verschiedenen europäischen Vereinen. Als 1998 die französische Nationalmannschaft die Fußball-WM gewann, erreichte er seinen sportlichen Karrierehöhepunkt. Die diversen Herkünfte der siegreichen Mannschaft feierten die Fans mit dem Beinamen *Black, Blanc, Beur.* Karembeu verband aber seine Teilnahme mit politischem Protest: Während der französischen Nationalhymne vor dem Finale gegen Brasilien schwieg er demonstrativ. Damit wollte er auf das Schicksal seines Urgroßvaters Willy Karembeu aufmerksam machen. Dieser war mit 110 Angehörigen des Kanak-Volks 1931 von Neukaledonien nach Frankreich gereist. Sie dachten, sie würden ihr Land bei der Pariser Kolonialausstellung repräsentieren, und darüber hinaus wurde ihnen ein Dialog mit französischen Politikern versprochen. Stattdessen wurden sie in einem Zoo vorgeführt. Im Tausch gegen Krokodile wurden sie auch im Tierpark Hagenbeck in Hamburg ausgestellt. Die christlichen Kanaken mussten vorgeben, heidnische Kannibalen zu sein. Sie wurden wie Sklaven behandelt und mussten stundenlang unbekleidet im Regen tanzen.

Als *sujets indigènes* genossen die Kanaken nicht die Rechte französischer *citoyens,* sondern wurden als Kolonialunterworfene behandelt. Der niedrige Rechtsstatus gepaart mit der rassistischen Einstufung als Menschen von geringerem Wert machten Völkerschauen wie diese möglich. Neukaledonien wurde 1946 Territoire d'outre-mer, erst 1953 erhielten alle Inselbewohner die vollen Rechte französischer *citoyens.* **Crawford Matthews**

Christian Karembeu (5. v. re.) schweigt demonstrativ während der Nationalhymne vor dem Fußball-WM-Finale 1998

Sarah Mazouz

Die doppelte Staatsangehörigkeit in der Praxis

Staatsbürgerschaftsregime und -recht in Deutschland, Frankreich und Polen

Eine doppelte Staatsangehörigkeit bedeutet für ein Individuum, die Staatsangehörigkeit zweier Staaten zu haben und folglich die Rechte der Staatsbürgerschaft in diesen beiden Ländern zu genießen, seien es politische Rechte, das Recht auf Aufenthalt oder auch bürgerliche Rechte wie das Erbrecht. Ist man beispielsweise französisch-deutscher Doppelstaater, so kann man in Frankreich an den Wahlen zum Präsidentenamt und zur Nationalversammlung, in Deutschland an den Bundestagswahlen teilnehmen, und zwar unabhängig vom Land der Niederlassung, vorausgesetzt, man hat sich in die deutschen und französischen Wählerlisten eingetragen. Lebt man in Frankreich oder in Deutschland und ist in die Wählerlisten eingetragen, so ist man gleichfalls bei den verschiedenen lokalen Wahlen dieser beiden Länder wahlberechtigt.

Eine doppelte Staatsangehörigkeit zu haben bedeutet indessen nicht, dass man in allen Fällen unterschiedslos die eine oder andere seiner Staatsangehörigkeiten nutzen kann. Gegenüber der Verwaltung eines dritten Staates kann sich zum Beispiel eine deutsch-polnische Person entscheiden, ihren deutschen oder polnischen Reisepass vorzulegen, je nachdem, was ihr praktischer vorkommt oder den Gültigkeitsdaten ihrer Identitätsdokumente eher entspricht. Hingegen ist es ihr nicht gestattet, ihre polnischen Ausweisdokumente in Deutschland zu benutzen und, umgekehrt, auch nicht ihre deutschen Papiere in Polen. Ebenso wenig ist es einem französisch-deutschen Doppelstaater möglich, gegenüber den deutschen Behörden als Franzose bzw. gegenüber den französischen Behörden als Deutscher aufzutreten. Anders gesagt: Selbst als Binationaler bleibt man für die Staaten, deren Staatsbürger man ist, ein sozusagen »mononationales« Individuum. Gewiss ist dieses Problem weniger akut in dem Fall, in dem die Doppelstaater zwei Ländern der Europäischen Union entstammen, zumal das Prinzip der Freizügigkeit die Gelegenheiten sehr reduziert hat, bei denen man seine Staatsangehörigkeit durch Vorlage der Identitätspapiere angeben muss. Aber das Prinzip bleibt bestehen. Eine Person mit französisch-deutscher Doppelstaatsangehörigkeit etwa, die in Berlin lebt und die Geburt ihres Kindes anmelden muss, macht dies als Deutsche beim Standesamt ihres Bezirks und als Französin beim französischen Generalkonsulat.

In der Praxis bringt die doppelte Staatsangehörigkeit eine größere Flexibilität und Fluidität mit sich und legt nahe, dass sich ein zumeist eher leidenschaftsloses Verhältnis zur Staatsangehörigkeit entwickelt. Zwei Staatsangehörigkeiten zu haben – selbst in den Fällen, in denen es nicht um zwei Staatsangehörigkeiten der Europäischen Union geht –, führt zumeist zur Frage der Rechte, die die Staatsangehörigkeit vermittelt, und trennt diese ab von einer affektiven Beziehung, die man ansonsten zu der Kultur, Sprache, Geschichte oder Geografie eines oder mehrerer Länder unterhalten kann.

Im Gegensatz dazu war die Frage der Doppelzugehörigkeit – je nach Epoche in unterschiedlichen Konstellationen – ein strukturelles Problem für die Staaten und die Konzeption der nationalen Zugehörigkeit, die diese zu etablieren versuchen. Betrachtet man einmal nur den europäischen Kontinent, kann man – wenngleich ein wenig schematisch – feststellen, dass die Einwanderungsstaaten, die lange über stabile Grenzen verfügten, die Eingliederung von Fremden in die Nation und deren rechtliche Mechanismen auf das Recht des Bodens *(ius soli)* gründen und im Allgemeinen das Prinzip der Indifferenz gegenüber der Doppelstaatsangehörigkeit verfolgen. Dies ist in Frankreich der Fall, für das noch heute die doppelte Staatsangehörigkeit weder eine Frage noch ein Problem ist, auch wenn sie zum Ziel von Angriffen wurde. Diese gingen zunächst von der extremen Rechten sowie der Rechten im Jahre 2003 aus, dann 2016 von einer linken Regierung mit dem politischen Vorhaben, die Möglichkeit des Staatsangehörigkeitsentzugs auf jede Person mit französischer Staatsangehörigkeit auszudehnen, unabhängig davon, ob sie seit der Geburt oder erst später Franzose geworden ist.

Die Auswanderungsländer hingegen, sofern sie zahlreiche Grenzänderungen erfahren haben, gründen die Zugehörigkeit zur Nation allein auf das Bluts- oder Abstammungsprinzip *(ius sanguinis)* und stehen vielfach der Doppelstaatsangehörigkeit ablehnend gegenüber, es sei denn, diese bildet das Band zu ihren ausgewanderten Staatsbürgern und deren Nachkommen. Das war bis vor Kurzem der Fall in Deutschland und ist es noch in Polen, auch wenn die rechtliche Gleichstellung von Polen und Polinnen hinsichtlich der Übertragung der Staatsangehörigkeit neue Fälle geschaffen hat, in denen die doppelte Staatsangehörigkeit anerkannt wird.

Die doppelte Staatsangehörigkeit wirft daher zwei Fragen auf: zum einen nach der Art und Weise, wie ein Staat die Eingliederung der auf seinem Territorium lebenden Fremden in die Nation konzipiert; zum zweiten nach der Verbindung, die ein Staat mit seinen im Ausland lebenden Staatsangehörigen aufrechtzuerhalten sucht – oder auch nicht. Anhand dieser zwei Dimensionen der Doppelstaatsangehörigkeit wird im Folgenden ihre praktische Realisierung in Frankreich, Deutschland und Polen untersucht.

Das Projekt der Eingliederung von Fremden in die Nation und das Desinteresse an der doppelten Staatsangehörigkeit

Im heutigen Frankreich ist es möglich, eine weitere Staatsangehörigkeit zu haben, gleichviel, ob man Franzose von Geburt an oder später geworden ist. Es sind allerdings die zu Franzosen gewordenen Ausländer, anhand derer Frankreich sein Prinzip der doppelten Staatsangehörigkeit herauszubilden beginnt. Als Frankreich am Ende des 19. Jahrhunderts zum bedeutendsten Einwanderungsland wird, fügt es dem Code civil von 1803, der die Übertragung der Staatsangehörigkeit durch Abstammung *(ius sanguinis)* vorsieht, ein Territorialprinzip *(ius soli)* hinzu. Nach der republikanischen Vorstellung der Verfasser des Staatsangehörigkeitsgesetzes *(Code de la nationalité)* von 1889 sollte das Territorialprinzip, das unter dem Ancien Régime vorgeherrscht hatte, in diesem neuen Kontext ermöglichen, die Kinder und Enkelkinder der nach Frankreich eingewanderten Fremden in die französische Staatsangehörigkeit einzugliedern. Dies regelte das Problem der in Frankreich ansässigen Ausländer, die der Wehrpflicht entgingen und mit Franzosen auf dem Heiratsmarkt konkurrierten, und verhinderte zugleich, dass sich in Frankreich fremde Nationalitäten bildeten, die die »eine und unteilbare« Republik gefährden könnten (*Déclaration des droits de l'homme et du citoyen*, Art. 1).[1]

Die Frage, ob die zu Franzosen gewordenen Ausländer ihre ursprüngliche Staatsangehörigkeit beibehalten – und folglich zwei Staatsangehörigkeiten besitzen – konnten, stellte sich in den Debatten über das Territorialprinzip nicht. Es ist eine Ironie der Geschichte, dass die französische Haltung der Indifferenz gegenüber der Doppelstaatsangehörigkeit zunächst in Reaktion auf Paragraf 25 des deutschen Reichs- und Staatsangehörigkeitsgesetzes vom 22. Juli 1913, Delbrück-Gesetz genannt, Form annimmt.[2] In dem Bemühen, die Verbindung mit den emigrierten Deutschen aufrechtzuerhalten, ermöglichte das Delbrück-Gesetz den in einem anderen Staat eingebürgerten Deutschen, ihre deutsche Staatsangehörigkeit beizubehalten. Dieses Gesetz warf in Frankreich die Frage auf: Wenn aus dem Ausland stammende Staatsangehörige ihre ursprüngliche Staatsangehörigkeit beibehalten können, kann dann Frankreich seine Staatsangehörigkeit den Kindern dieser Immigranten durch den Mechanismus des Territorialprinzips oktroyieren? Die Diskussion mündete in eine Position, die indirekt die Doppelstaatsangehörigkeit begünstigte: Es wurde kein Grund gesehen, hier die französische Gesetzgebung zu begrenzen, welche Haltung auch immer ausländische Staaten gegenüber ihren emigrierten Staatsangehörigen einnehmen mochten.

Als schließlich der Erste Weltkrieg ausbrach, weigerte sich das Parlament, den aus einem Land des Dreibunds stammenden Eingebürgerten unter dem Vorwand, sie hätten die Staatsangehörigkeit ihres Herkunftslands beibehalten, systematisch die französische Staatsangehörigkeit zu entziehen. Doch änderte das nichts an der Denaturalisation, das heißt der Ausbürgerung, in Frankreich eingebürgerter Deutscher, die während des Ersten Weltkriegs in der deutschen Armee kämpften.[3]

Die Debatte setzte sich 1922 fort. Wie umgehen mit den in Elsass-Lothringen verbliebenen Deutschen, die Franzosen werden wollten? Sollte man ihnen erlauben, die deutsche Staatsangehörigkeit beizubehalten? Die Antwort des Senators von Straßburg, Berichterstatter einer Gesetzesvorlage im Senat, formulierte in einer Stellungnahme den Vorrang des Prinzips der Loyalität – und nicht der Treuepflicht – gegenüber Frankreich. Er definierte dabei eine liberale Konzeption der Zugehörigkeit zur Nation, für die eine doppelte Staatsangehörigkeit kein Problem darstellt. »Es ist bis zum Beweis des Gegenteils anzunehmen, dass eine Person, die die französische Staatsangehörigkeit erworben hat, keineswegs allein deswegen verdächtig und gefährlich ist, weil sie ein moralisches und pekuniäres Interesse an dem Land behält, das sie verlassen hat.«[4]

Dieses Prinzip wurde schließlich durch das Gesetz vom 10. August 1927 bekräftigt. Als das Gesetz eine Politik massiver Einbürgerungen begünstigte, interessierte den Gesetzgeber nicht, ob die eingebürgerten Ausländer ihre ursprüngliche Staatsangehörigkeit beibehielten oder nicht. Diese Position wurde abermals bestätigt durch die Verordnung, die 1945 ein neues Staatsangehörigkeitsgesetz aufstellte, und dominiert auch heute noch, selbst wenn sie durch politische Angriffe infrage gestellt wird, die eine auf »Rasse« gründende Konzeption nationaler Zugehörigkeit verfechten.[5]

Analysiert man die Haltung Frankreichs zur Doppelstaatsangehörigkeit, lässt sich das beschriebene Prinzip der Indifferenz mit der Anerkennung der Eigenschaft als Einwanderungsland in Verbindung setzen. Es ist im Übrigen nicht überraschend, dass die Doppelstaatsangehörigkeit seit Beginn der 2000er-Jahre Ziel regelmäßiger Angriffe in einem politischen Umfeld ist, in dem eine zunehmend an Bedeutung gewinnende Randgruppe der politischen Klasse Frankreichs sich der Einwanderung unter Berufung auf eine sogenannte nationale Identität entgegenstellt. Blick man heute auf Deutschland und Polen, sieht man auch hier, dass die Art der Anerkennung der Doppelstaatsangehörigkeit kennzeichnend dafür ist, welchen Platz sie der Einbürgerung in ihrer inneren Ordnung beimessen.

Polen, das sich nicht als Einbürgerungsland begreift, trifft in seinem Recht keine Vorkehrungen, um den Erwerb der polnischen Staatsangehörigkeit aufgrund des Territorialprinzips zuzulassen. Ebenso wenig sieht es Bestimmungen vor, die es in Polen eingebürgerten Ausländern erlauben, ihre Staatsangehörigkeit beizubehalten.

Deutschland wiederum wird oft vereinfachend als Land des Abstammungs- oder Blutsprinzips dem Land des Territorialprinzips, Frankreich, gegenübergestellt. Hingegen ließ sich das preußische Staatsangehörigkeitsrecht von 1842 gerade vom französischen Recht jener Zeit inspirieren, das sich seit dem napoleonischen Code civil von 1803 allein auf das *ius sanguinis* (Blutsprinzip) stützte. Dabei ließ sich der Code von dem Bestreben leiten, das Individuum der Gewalt des Staates zu entziehen, indem er aus der Staatsangehörigkeit ein persönliches Recht macht, das vom Vater an den Sohn weitergegeben wird.

Plakat der CDU-Jugendorganisation Junge Union gegen doppelte Staatsbürgerschaft, 1999

Die genannte Entgegensetzung ergibt heutzutage noch weniger Sinn, wenn man die verschiedenen Änderungen betrachtet, die Deutschland seit 1999 an seinem Staatsangehörigkeitsgesetz vorgenommen hat. Während Deutschland geteilt war, konnte es das Territorialprinzip nicht einführen, weil dies das Gebiet der westdeutschen Republik zum einzig legitimen Staatsgebiet verfestigt, den Bruch der Verbindung zu den Ostdeutschen riskiert und die Forderung nach der deutschen Wiedervereinigung aufs Spiel gesetzt hätte. Die frühe Repatriierung der Aussiedler in den 1950er-Jahren hatte ja gerade die Wirksamkeit eines solchen auf Abstammung beruhenden Bandes der Staatsangehörigkeit unter Beweis gestellt.

Zehn Jahre nach der deutschen Wiedervereinigung führte das Gesetz zur Reform des Staatsangehörigkeitsrechts vom 15. Juli 1999 das Territorialprinzip für in Deutschland geborene Kinder ausländischer Eltern ein. Gleichwohl knüpfte das neue Gesetz infolge einer Kampagne, die die CDU/CSU gegen diese Reform führte, den Erwerb der deutschen Staatsangehörigkeit durch Geburt auf deutschem Boden an die Verpflichtung, auf die Staatsangehörigkeit der Eltern zu verzichten. Ausnahmen gelten nur für Bürger der EU und der Schweiz. Die Optionspflicht, wie das deutsche Recht diese Pflicht zu wählen bezeichnet, trennt die Einführung des Territorialprinzips von der Anerkennung der Doppelstaatsangehörigkeit ab. Dies markiert einen Unterschied zwischen Frankreich und Deutschland in der praktischen Umsetzung des Territorialprinzips.

Kampagne der SPD-Jugendorganisation Jusos »Für immer Doppelpass?«, 2014

Der Bundestagswahlkampf 2013 brachte die Frage der Doppelstaatsangehörigkeit wieder in die Diskussion ein. Im Frühjahr des Jahres brach eine Kontroverse auf, in der Sabine Leutheusser-Schnarrenberger, FDP-Mitglied, Bundesjustizministerin und Befürworterin einer Anerkennung der doppelten Staatsangehörigkeit, Bundeskanzlerin Angela Merkel gegenüberstand. Als Verhandlungen zwischen der CDU/CSU und der SPD über die Bildung einer Regierungskoalition begannen, forderten die Vertreter der SPD ihrerseits eine Reform des Staatsangehörigkeitsgesetzes, die die doppelte Staatsangehörigkeit zulassen sollte. Es folgte die Umsetzung durch ein Gesetz vom 13. November 2014, das die Optionspflicht abschaffte. Seitdem kann ein Kind, das in Deutschland von ausländischen Eltern geboren wird – selbst, wenn diese nicht aus der Schweiz oder der EU stammen –, Deutscher sein und dabei zugleich die Staatsangehörigkeit seiner Eltern behalten. Dazu muss es allerdings acht Jahre durchgehend in Deutschland gelebt oder hier zumindest sechs Jahre bis zu seinem 22. Lebensjahr eine Schule besucht haben oder einen in Deutschland erworbenen Schulabschluss bzw. eine hier abgeschlossene Berufsausbildung nachweisen.

Der Gehalt dieser jüngsten Reform ist bemerkenswert. Sie definiert die Zugehörigkeit zu Deutschland mittels Sozialisation, und zwar vor allem durch die Ausbildung, und nicht mehr nur durch die Abstammung. Weiterhin bekräftigt sie, dass diese Sozialisierung ein hinreichend starkes Band zu Deutschland knüpft, sodass es nicht nötig ist, eine weitere ausdrückliche Treuebekundung, den Verzicht auf die andere Staatsangehörigkeit, zu verlangen. Schließlich markiert die Reform die Annäherung zwischen Deutschland und Frankreich auf dem Gebiet des Territorialprinzips, ja, sogar eine Umkehrung, zumal Deutschland nunmehr eine liberalere Regelung vorsieht. Denn in der Tat schreibt die 1998 unter der Regierung Lionel Jospins verabschiedete Gesetzgebung nach einer fast 20 Jahre währenden, von der Rechten und extremen Rechten betriebenen Auseinandersetzung über das Territorialprinzip vor, dass jedes in Frankreich geborene und von ausländischen, im Ausland geborenen Eltern abstammende Kind mit Vollendung des 18. Lebensjahres Franzose ist, falls es bei Erreichen der Volljährigkeit noch in Frankreich ansässig ist oder hier über fünf Jahre im Alter zwischen 11 und 18 Jahren ansässig war.

Mit der Reform erkennt Deutschland an, dass es ein Einwanderungs- und Aufnahmeland ist. Es hält indessen weiterhin gegenüber Personen, die in Deutschland eingebürgert wurden, an der strikten Forderung nach einem Treuebekenntnis fest. Mit Ausnahme von Staatsangehörigen der Schweiz und der Länder der Europäischen Union, von Flüchtlingen sowie von Personen, deren Herkunftsländer die Ablegung ihrer Staatsangehörigkeit verweigern, muss jede Person, die sich in Deutschland einbürgern lassen will, ausdrücklich die Staatsangehörigkeit ihres Herkunftslandes aufgeben.

Die Akzeptanz der Doppelstaatsangehörigkeit, um das Abstammungsprinzip beizubehalten

Im Fall Polens bestimmen drei Gesetze – von 1920, 1951 und 1962 – die Prinzipien, nach denen die polnische Staatsangehörigkeit übertragen oder erworben wird. Alle gründen sich im Wesentlichen auf das *ius sanguinis*. Die Gesetze von 1920 und 1951 stellen ausdrücklich das Prinzip der Ablehnung der doppelten Staatsangehörigkeit auf, indem sie festlegen, dass ein polnischer Staatsbürger nicht Angehöriger eines anderen Staates sein kann. Das noch heute geltende Gesetz von 1962 ist ambivalenter. Sein Artikel 2 legt in der Tat fest: »Ein polnischer Staatsangehöriger kann laut dem polnischen Recht nicht gleichzeitig als Staatsangehöriger eines anderen Staates anerkannt werden« (Gesetz vom 15. Februar 1962 über die polnische Staatsangehörigkeit). Die heute vorherrschende Auffassung interpretiert diesen Artikel so, dass er die doppelte Staatsangehörigkeit zulässt, sofern eine polnische Person ihre Rechte aus einer anderen Staatsangehörigkeit nicht geltend macht (was in der Tat die Regel in allen Fällen doppelter Staatsangehörigkeit ist). In der postkommunistischen Ära wird das Prinzip der Anerkennung der doppelten Staatsangehörigkeit schließlich gestärkt durch die 1998 erfolgte Abänderung des Gesetzes von 1951, die Männer und

Video zum Verhalten mit doppelter Staatsangehörigkeit in Polen, 2017

Frauen hinsichtlich der Übertragung der Staatsangehörigkeit gleichstellt. Eine Polin, die mit einem Ausländer verheiratet ist, kann fortan ihre Staatsangehörigkeit an ihre Kinder weitergeben.

Gleichwohl ist diese Hinnahme der doppelten Staatsangehörigkeit selektiv,[6] weil sie in erster Linie Personen polnischer Abstammung betrifft, sei es Kinder aus einer binationalen Ehe oder ins Ausland Emigrierte. Indem es weiterhin dem *ius sanguinis* den Vorrang gibt, ermöglicht das polnische Recht die Wiederaufnahme von Staatsangehörigen anderer Staaten – vor allem Deutschen[7] und Israelis[8] – in die polnische Staatsangehörigkeit. Hingegen sind die nach Polen Eingewanderten, die die polnische Staatsangehörigkeit erlangen, noch immer gehalten, auf ihre Herkunftsstaatsangehörigkeit zu verzichten.

In Deutschland wurde die Beibehaltung der deutschen Staatsangehörigkeit für deutsche Auswanderer, die das Delbrück-Gesetz ermöglicht hatte, in der Zeit unmittelbar nach dem Zweiten Weltkrieg aufgehoben. Bis zur Reform des Staatsangehörigkeitsrechts 1999, das ein System einführte, dem zufolge die deutsche Staatsangehörigkeit bei Annahme einer anderen beibehalten werden kann, verlor ein im Ausland ansässiger Deutscher, der sich entschied, die Staatsangehörigkeit seines Emigrationslands anzunehmen, die Staatsangehörigkeit seines Geburtslands. Die einzigen möglichen Fälle doppelter Staatsangehörigkeit betrafen Kinder, die von einem deutschen Vater und einer ausländischen Mutter abstammten. Seit dem Reformgesetz vom 20. Dezember 1974, das die Gleichberechtigung der Geschlechter bei der Weitergabe der Staatsangehörigkeit durchsetzte, sind auch die Kinder einer deutschen Mutter und eines ausländischen Vaters gleichzeitig Deutsche.

In Frankreich war die Möglichkeit der doppelten Staatsangehörigkeit für Personen, die qua Abstammung Franzosen waren und im Ausland lebten, nicht immer selbstverständlich. Unter dem Ancien Régime und während der Revolution riskierten Franzosen, die sich im Ausland niederließen, ihre Eigenschaft als Franzosen zu verlieren bzw. als zivilrechtlich tot erklärt zu werden. Es war wiederum das Staatsangehörigkeitsgesetz von 1889, das den Franzosen das Recht zurückgab, eine ausländische Staatsangehörigkeit zu erwerben, und gleichzeitig, jedenfalls Männern, die Möglichkeit einer doppelten Staatsangehörigkeit eröffnete. Um zu verhindern, dass der Erwerb der ausländischen Staatsangehörigkeit (mit dem darauf folgenden Verlust der französischen Staatsangehörigkeit) als Mittel diente, sich der Wehrpflicht zu entziehen, behielten Männer im Alter der Grundausbildung ihre französische Staatsangehörigkeit, wenn sie eine andere annahmen. Diese Bestimmung wurde 1945 in die Verordnung zum Staatsangehörigkeitsrecht aufgenommen und erneut bestätigt durch das Gesetz vom 9. April 1954. Hingegen verloren zur selben Zeit weiterhin Französinnen, die eine andere Staatsangehörigkeit annahmen, ihre französische. Erst durch das Gesetz vom 9. Januar 1973 wurden Frauen und Männer rechtlich gleichgestellt. Aufgrund dieses Gesetzes kann eine Französin, die eine andere Staatsangehörigkeit annimmt, die Staatsangehörigkeit ihrer Geburt beibehalten und diese auch an ihre Kinder weitergeben, wenn sie einen Ausländer heiratet. Von diesem Moment an ist die doppelte Staatsangehörigkeit für Menschen, die durch Abstammung Franzosen sind, vollauf anerkannt. Durch Abstammung Franzose oder Französin zu sein, bedeutet nunmehr, seine französische Staatsangehörigkeit auf ewig zu behalten, welche anderen Staatsangehörigkeiten man auch sonst hat oder erwirbt. Erst 2016 – mit der Möglichkeit, den Staatsangehörigkeitsentzug auf alle binationalen Personen auszudehnen – wird das Prinzip des unauflöslichen Bandes zur französischen Staatsangehörigkeit auch für diejeni-

Karikatur von Lardon über die Ablehnung der doppelten Staatsangehörigkeit durch rechte Parteien in Frankreich, 2011

gen infrage gestellt, die aufgrund ihrer Abstammung Französinnen und Franzosen sind.[9]

Die Anerkennung der doppelten Staatsangehörigkeit, Kennzeichen einer liberalen Konzeption von Staatsangehörigkeit und nationaler Zugehörigkeit, gibt dem Prinzip der Loyalität von Individuen gegenüber dem Staat, in dem sie Staatsbürger sind, Vorrang vor einer Treuepflicht. Diese ist das Relikt einer Epoche, in der Individuen nur Untertanen waren. Im Kontext aktueller Entwicklungen, in denen liberale und demokratische Prinzipien auf dem Rückzug sind, kann man darauf wetten, dass die doppelte Staatsangehörigkeit zum Ziel neuer Angriffe wird. Aber geben wir uns nicht der Täuschung hin, dass dies nur die Doppelstaater angehe. Letztlich wird jeder Staatsbürger davon betroffen sein, der sich diesen Prinzipien verpflichtet fühlt.

Übersetzt von Dieter Gosewinkel

1 Vgl. Brubaker 1993, Noiriel 2006.
2 Vgl. Weil 2003.
3 Vgl. Zalc 2016, S. 32–33.
4 Zit. n. Weil 2003, S. 261.
5 Vgl. Mazouz 2016.
6 Vgl. Górny u. a. 2007.
7 Vgl. Górny/Pudzianowska 2014.
8 Vgl. Lamarche 2019, Harpaz/Mateos 2019.
9 Vgl. Mazouz 2016.

»der Emigrant
hat durchgelaufene Schuhe
die Zehen winken schon

der Emigrant
hat einen abgelaufenen Paß
die Polizisten winken schon«

Helga Novak, 1999

7 IDENTIFIZIERUNG, SELEKTION, AUSSONDERUNG

Die grundlegende Struktur der Staatsbürgerschaft besteht in ihrem ein- und zugleich ausschließenden Charakter. Die im Verlauf der letzten 200 Jahre immer gründlichere Erfassung der Staatsbürger und Staatsbürgerinnen und die kontinuierliche Erweiterung des Kategorienkatalogs ermöglichten und ermöglichen neue Dimensionen der Identifizierung, Selektion und Aussonderung von auf dem Staatsgebiet lebenden Personen – insbesondere in Zeiten von Kriegen und Krisen.

Schon vor der Etablierung der modernen Staatsbürgerschaft nach der Französischen Revolution gab es Bescheinigungen, die einzelne Reisen von Angehörigen einer Stadt oder eines Staates erlaubten. Permanente Identifikationsdokumente entstanden erst mit der Herausbildung der Staatsbürgerschaft. Seit dem ausgehenden 18. Jahrhundert wurden sie immer präziser und fälschungssicherer – von der detailreichen Personenbeschreibung zu Beginn des 19. Jahrhunderts bis zu auf Mikrochips abgespeicherten biometrischen Daten heute. Ereignisse wie der Erste Weltkrieg oder die Terroranschläge vom 11. September 2001 führten zu Neuregelungen im Passwesen – meist zu Verschärfungen der Passbestimmungen, die eine genauere Identifizierung an den Grenzen ermöglichen sollten.

Als Grundlage zur Aussonderung wurde die Staatsbürgerschaft bereits während des Ersten Weltkriegs gebraucht. Mit den 1914 verabschiedeten Gesetzen zum Umgang mit »feindlichen Ausländern« *(enemy aliens)* wurden erstmals Zivilisten in Lagern inhaftiert, die Staatsangehörige eines verfeindeten Landes waren. Insbesondere Männer sollten auf diese Weise an der Ausübung ihrer Wehrpflicht im Feindesland gehindert werden. Da nur die Staatsangehörigkeit als Kriterium herangezogen wurde, führte die Handhabung zu absurden Situationen. Es gab in Frankreich Fälle von Personen polnischer Nationalität mit preußischer Staatsangehörigkeit, die aufgrund der polenfreundlichen Politik Frankreichs in der französischen Armee dienen wollten, jedoch aufgrund ihrer »feindlichen Staatsbürgerschaft« inhaftiert wurden. Auch in Deutschland wurden zahlreiche Franzosen und Französinnen als »feindliche Ausländer« in Lager verschleppt, etwa in das Lager Holzminden.

Der selektive Charakter der Staatsbürgerschaft wurde insbesondere durch rassepolitische Elemente im Staatsbürgerschaftsrecht des NS-Staates deutlich. Die ab März 1941 flächendeckend in den annektierten polnischen Gebieten eingeführte »Deutsche Volksliste« stellte einen Tiefpunkt der staatsbürgerlichen Politik dar. Je nach Einordnung in die vier Kategorien erhielten die sogenannten »Volksdeutschen« die deutsche Staatsangehörigkeit vollständig, auf Widerruf oder erst nach einer rassischen Untersuchung. Die nicht für die »Deutsche Volksliste« qualifizierten Einwohner wurden in das Generalgouvernement deportiert und völlig entrechtet. Der Grad der Zugehörigkeit zum NS-Staat bestimmte demnach ganz konkrete Lebenschancen der Bewohner und Bewohnerinnen. Verfolgt wurde das Ziel der völligen Liquidierung der polnischen Elite und Kultur. Insbesondere in den Gauen Danzig-Westpreußen und Oberschlesien stand die formelle Erreichung dieses Ziels im Vordergrund, weshalb dort viele Polen und Polinnen von den deutschen Besatzern zur Eintragung in die »Deutsche Volksliste« gedrängt wurden. Häufig in die dritte Kategorie eingestuft, folgte daraus insbesondere zum Ende des Zweiten Weltkriegs der Einzug in die Wehrmacht. Nach Ende des Krieges wurden die Kriterien der »Deutschen Volksliste« von der polnischen Regierung als Instrument zur Kategorisierung umgekehrt und zur Bestimmung von auszuweisenden Deutschen herangezogen. **Paulina Szoltysik**

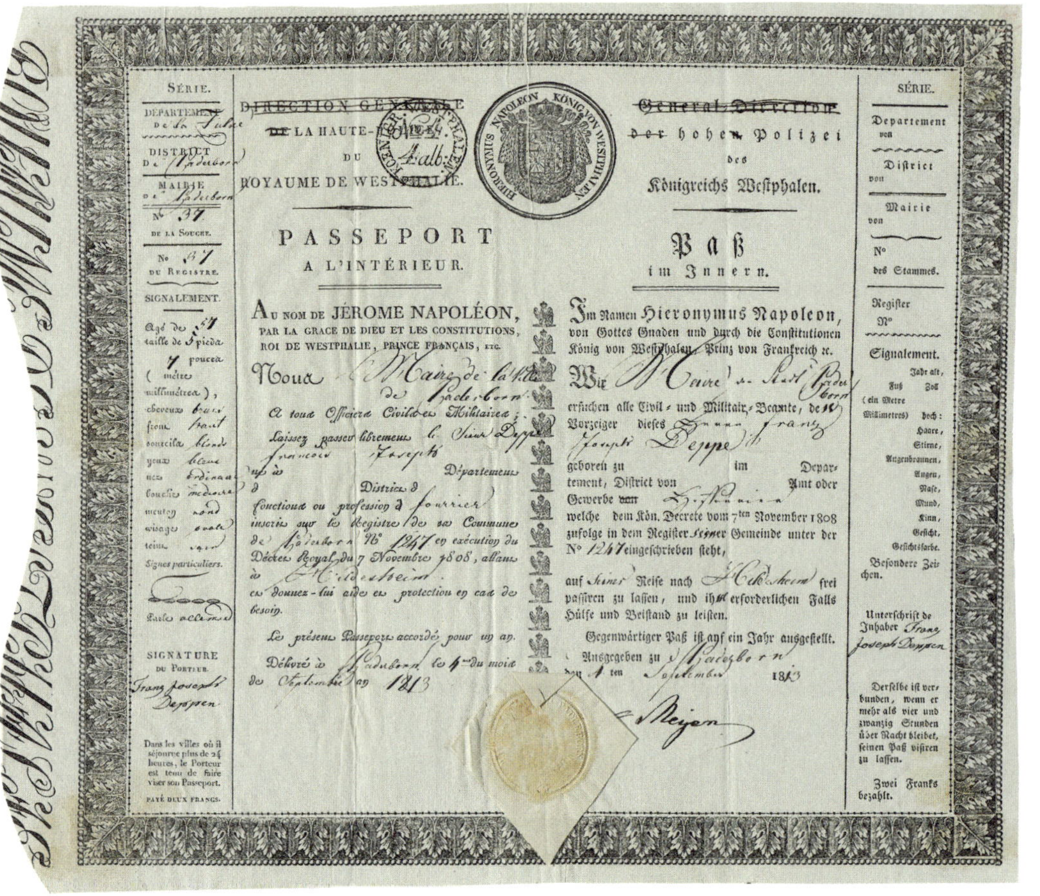
SÉRIE.
DÉPARTEMENT de la Fulde
DISTRICT de Paderborn
MAIRIE de Paderborn
№ 37 DE LA SOUCHE.
№ 37 DU REGISTRE.
SIGNALEMENT.
Agé de 57
taille de 5 pieds 7 pouces (mètre millimètres),
cheveux bruns
front haut
sourcils blonds
yeux bleus
nez ordinaire
bouche moyenne
menton rond
visage ovale
teint sain
Signes particuliers.
Parle allemand
SIGNATURE DU PORTEUR.
Franz Joseph Deppen
Dans les villes où il séjourne plus de 24 heures, le Porteur est tenu de faire viser son Passeport.
PAYÉ DEUX FRANCS.

~~DIRECTION GÉNÉRALE~~ DE LA HAUTE-POLICE DU ROYAUME DE WESTPHALIE.
~~General-Direction~~ der hohen Polizei des Königreichs Westphalen.
HIERONYMUS NAPOLEON KÖNIG VON WESTPHALEN
KÖNIGR. WESTPHALEN 4 alb.

PASSEPORT A L'INTÉRIEUR.
Paß im Innern.

AU NOM DE JÉROME NAPOLÉON, PAR LA GRACE DE DIEU ET LES CONSTITUTIONS, ROI DE WESTPHALIE, PRINCE FRANÇAIS, ETC.
Nous le Maire de la Ville de Paderborn
à tous Officiers Civils et Militaires; laissez passer librement le Sieur Deppe François Joseph né à Département District de fonction ou profession de fourrier inscrit sur le Registre de sa Commune de Paderborn № 1247 en exécution du Décret Royal du 7 Novembre 1808, allant à Hildesheim et donnez-lui aide et protection en cas de besoin.
Le présent Passeport accordé pour un an.
Délivré à Paderborn le 4 du mois de Septembre an 1813

Im Namen Hieronymus Napoleon, von Gottes Gnaden und durch die Constitutionen König von Westphalen, Prinz von Frankreich ꝛc.
Wir der Maire der Stadt Paderborn ersuchen alle Civil- und Militair-Beamte, den Vorzeiger dieses Herrn Franz Joseph Deppe geboren zu im Departement, District von Amt oder Gewerbe Fourier welche dem Kön. Decrete vom 7ten November 1808 zufolge in dem Register seiner Gemeinde unter der № 1247 eingeschrieben steht, auf seiner Reise nach Hildesheim frei passiren zu lassen, und ihm erforderlichen Falls Hülfe und Beistand zu leisten.
Gegenwärtiger Paß ist auf ein Jahr ausgestellt.
Ausgegeben zu Paderborn den 4 ten September 1813
Meyer

SÉRIE.
Departement von
District von
Mairie von
№ des Stammes.
Register №
Signalement.
Jahr alt, Fuß Zoll (ein Metre Millimetres) hoch: Haare, Stirne, Augenbraunen, Augen, Nase, Mund, Kinn, Gesicht, Gesichtsfarbe.
Besondere Zeichen.
Unterschrift des Inhabers Franz Joseph Deppen
Derselbe ist verbunden, wenn er mehr als vier und zwanzig Stunden über Nacht bleibet, seinen Paß visiren zu lassen.
Zwei Franks bezahlt.

Reisepass des Königreichs Westphalen für Franz Joseph Deppe, Paderborn, 4. September 1813

Der am 4. September 1813 für ein Jahr ausgestellte Reisepass des Königreichs Westphalen sicherte Franz Josef Deppe eine ungefährdete Reise in die Stadt Hildesheim zu. Der Pass ist in französischer und deutscher Sprache verfasst und enthält Angaben zum Geburtsort Fulda und aktuellen Wohnort Paderborn. Im Reisepass sind zudem Alter, Augenfarbe, Haarfarbe und Gesichtsfarbe vermerkt. Zu Beginn des 19. Jahrhunderts wurden Individuen durch die Ausstellung von Reisepässen erstmals für die staatlichen Behörden greifbar. Grundlage für die Ausstellung des Passes war die seit dem 15. November 1807 geltende Verfassung, die für die Untertanen wie für den König Jérôme Bonaparte bindend war. Erst mit der Verfassung wurde das aus verschiedenen Gebieten zusammengesetzte Königreich Westphalen dem Namen nach ein Staat mit einer Staatsangehörigkeit.

Maximilian Auth

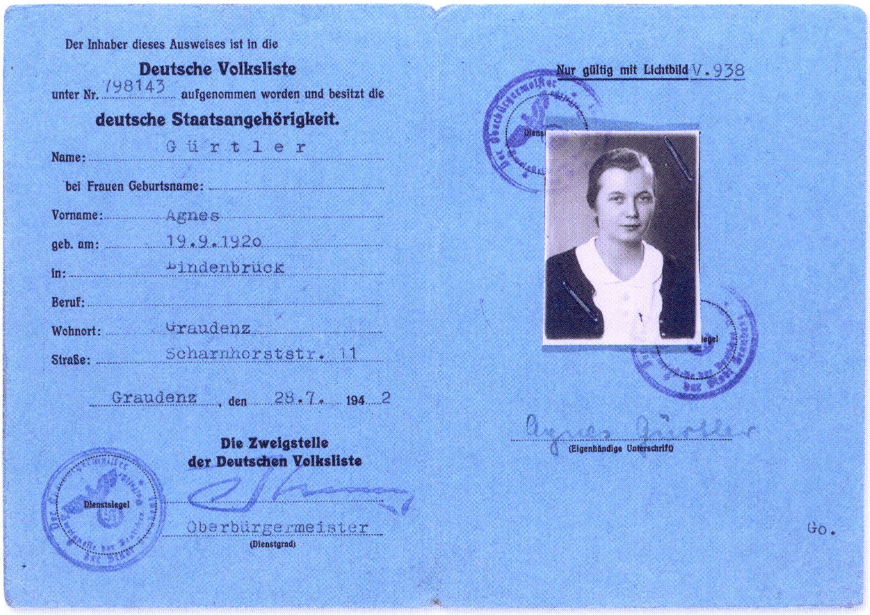

Der Inhaber dieses Ausweises ist in die
Deutsche Volksliste
unter Nr. 798143 aufgenommen worden und besitzt die
deutsche Staatsangehörigkeit.

Name: Gürtler
bei Frauen Geburtsname:
Vorname: Agnes
geb. am: 19.9.1920
in: Lindenbrück
Beruf:
Wohnort: Graudenz
Straße: Scharnhorststr. 11

Graudenz, den 28.7. 1942

Die Zweigstelle der Deutschen Volksliste

Dienstsiegel

Oberbürgermeister
(Dienstgrad)

Nur gültig mit Lichtbild V.938

Agnes Gürtler
(Eigenhändige Unterschrift)

Go.

Blauer Ausweis der »Deutschen Volksliste«, Graudenz/Pommern, 1942

Die Ausweise der »Deutschen Volksliste« waren Ausdruck der rassistischen Selektion der Bewohner der annektierten polnischen Gebiete. Insgesamt gab es vier Kategorien und drei verschiedenfarbige Ausweise: blau für die erste und zweite Kategorie, grün für die dritte und ein roter Ausweis für die vierte Kategorie. Die Inhaber des blauen Ausweises waren deutsche Staatsangehörige, grüne Ausweise dokumentierten die Staatsangehörigkeit auf Widerruf und rote Ausweise ermöglichten nur in seltenen Fällen den Zugang zur deutschen Staatsangehörigkeit. Insbesondere in den Gauen Danzig-Westpreußen und Oberschlesien wurden massenhaft Polen und Polinnen in die dritte Kategorie der »Deutschen Volksliste« aufgenommen. Dies führte dazu, dass viele von ihnen – insbesondere zum Ende des Krieges hin – in die Wehrmacht eingezogen wurden. **Paulina Szoltysik**

Koffer mit dem Nachlass von Georg Beyer, einem Flüchtling aus Polen, 1945

Als das Ehepaar Georg und Klara Beyer im Juni 1945 als »Reichsdeutsche« aus Landsberg an der Warthe, nun polnisches Staatsgebiet, ausgewiesen wurden, blieb ihnen kaum Zeit, das Nötigste, Dokumente, etwas Kleidung, Medikamente und ein paar persönliche Hygieneartikel zusammenzupacken. Anfang August kamen sie in Berlin an, kurz darauf verstarb Klara an den Strapazen der Flucht. Georg bat den Oberbürgermeister Berlins – seit dem 17. Mai 1945 war dies Arthur Werner –, in seiner Geburtsstadt eine neue Heimat finden zu dürfen. 60 Jahre nach Kriegsende schenkten Familienangehörige diesen und einen zweiten Koffer sowie deren Inhalt dem Deutschen Historischen Museum.

Sabine Witt

Armand Adrian Marie Apol, *Holzminden, 1915*

Im Ersten Weltkrieg wurde die Staatsbürgerschaft zum Instrument einer scharfen Aussonderung. Mit Kriegsbeginn im August 1914 verschärften zahlreiche europäische Staaten ihre Politik gegen Ausländerinnen und Ausländer sogenannter Feindstaaten, die nun als *enemy aliens* galten: Diese mussten sich registrieren lassen, wurden überwacht und inhaftiert. Ab Dezember 1914 wurden französische und belgische Zivilisten und Kriegsgefangene im Lager Holzminden in Niedersachsen interniert. Zu den etwa 10 000 Gefangenen gehörte auch der belgische Maler Armand Apol, der 1915 durch deutsche Besatzungstruppen gefangen genommen wurde. Das Lagerleben dokumentierte er in zahlreichen Aquarellen, bevor er 1916 als »freier Gefangener« in die Schweiz übersiedelte. Viele Ausländerinnen und Ausländer blieben jedoch bis zum Kriegsende interniert.
Marie Czarnikow

Albert Forster (1902–1952)

Albert Forster wurde 1902 in Fürth/Bayern geboren. Nach Abschluss der Mittleren Reife absolvierte er eine kaufmännische Ausbildung und arbeitete anschließend als Bankkaufmann. Früh entwickelte er eine Faszination für die nationalsozialistische Bewegung, der er 1923 als SA-Mann beitrat. Seine politischen Agitationen führten 1924 zu seiner Entlassung aus dem Bankhaus Brückner in Fürth, sodass er sich fortan vollständig der Bewegung widmete. Adolf Hitler, dem Forster 1925 das erste Mal begegnete, schätzte seinen Fanatismus und förderte ihn. Nur ein Jahr später trat Forster der SS bei und übernahm 1928 die Bezirksleitung der NSDAP in Mittelfranken. Bereits 1930 wurde er als Gauleiter in Danzig eingesetzt.

Mit Beginn des Zweiten Weltkriegs betrieb er eine rigorose Germanisierungspolitik und war für Massenerschießungen der polnischen Elite verantwortlich. Das Ziel, den Gau Danzig-Westpreußen möglichst schnell »polen- und judenfrei« melden zu können, setzte Forster mit der erzwungenen »Eindeutschung« eines Großteils der polnischen Bevölkerung um. Überwiegend in die dritte Kategorie der »Deutschen Volksliste« eingetragen, dienten diese Menschen Forster auch als »Reservebecken« für Zwangsarbeiter und -arbeiterinnen sowie Wehrmachtssoldaten. Seine Handhabung der Richtlinien für die »Deutsche Volksliste« brachte ihn in Konflikt mit Heinrich Himmler und der SS, die eine striktere Einhaltung der rassepolitischen Vorgaben forderten. Nach Kriegsende wurde Forster an die polnische Regierung ausgeliefert, von der er 1948 zum Tode verurteilt wurde. Am 28. Februar 1952 wurde er in Warschau hingerichtet. **Paulina Szoltysik**

Albert Forster, nach 1926

Kathrin Kollmeier

Hundert Jahre Staatenlosigkeit

Zur Geschichte von Zugehörigkeit gehört auch diejenige prekärer, bestrittener und verweigerter Zugehörigkeit. Vor einem Jahrhundert entstand Staatenlosigkeit in einer Hochphase nationaler Spannung. Als der Pariser Jurist Charles Claro im Frühjahr 1918 eine antideutsche Begriffsreform ausrief, ahnte er nicht, dass der Gegenstand, den er vom »Geruch der Barbaren« befreien wollte, sich soeben grundlegend wandelte – der Terminus *heimatlosat* war in der französischen Rechtssprache seit Ende des 19. Jahrhunderts für den (seltenen) Verlust der Staatsangehörigkeit gebräuchlich. In der eskalierten Konfrontation des Ersten Weltkriegs forderte Claro, das deutsche Lehnwort durch das Kunstwort *apatride* zu ersetzen.[1] Es verbreitete sich in der Zwischenkriegszeit rasch, traf die Neubenennung doch auf eine gewaltige Konjunktur, denn in der Auflösung der europäischen Imperien wurde Staatenlosigkeit – das Fehlen der rechtlichen Verbindung zwischen Individuum und Staat, einer Staatsangehörigkeit – zur Massenerscheinung.

Im *Sortie de guerre* 1918 wurden drei Millionen Menschen in verschiedenen lokalen Konstellationen in Zentral- und Osteuropa sowie in der Nachbarregion im Nahen Osten staatenlos, als sich durch die Entstehung neuer Nationalstaaten das Prinzip staatlicher Zugehörigkeit der Staatsbürger durchsetzte. Einzelne Minderheiten hatten jedoch Schwierigkeiten, das Staatsbürgerschaftsrecht in den neu konstituierten Staaten zu erhalten; Gruppen, die den Zugehörigkeitsregeln der sich homogenisierenden Staaten nicht entsprachen, verloren als Staatenlose mit der rechtlichen Bindung an einen Staat auch seinen Schutz. Grenzverschiebungen und Optionsrechte, rechtssystematische Lücken und Widersprüche gehörten zu den Ursachen, ebenso aggressive Bevölkerungspolitiken durch Vertreibungen und gezielte Ausbürgerungen. Jüdische Minderheiten sowie Frauen und Kinder waren besonders betroffen.

Durch humanitäre Hilfsorganisationen gelangte das neue Massenphänomen im 1920 gegründeten Völkerbund auf die politische Agenda. In diesem

Umfeld wurde ein Rechtsbegriff entwickelt, der Schutzlosigkeit und Unfreiwilligkeit betonte und massenhafte Staatenlosigkeit damit gegenüber individuell Heimatlosen und politisch aktiven Exilanten des 19. Jahrhunderts abgrenzte. Eine zweite Karriere machte der Begriff in der zweiten Hälfte des 20. Jahrhunderts als Deutungskategorie, um gesellschaftliche Deprivation und Teilhabe zu verhandeln. Hannah Arendts Theoretisierung, die Staatenlose als Indikatoren menschenrechtlicher Standards (und zugleich als potenzielle Avantgardefiguren) begriff, war hier besonders wirkmächtig.[2] Staatenlosigkeit kennzeichnet so als historisches Phänomen wie als diskursive Figur das 20. Jahrhundert hochmoderner Staatlichkeit.

Zwischenkriegszeit

Der Völkerbund konzentrierte sich zunächst auf das Schicksal der vor der Russischen Oktoberrevolution ins Ausland Geflüchteten. Als die Emigranten Ende 1921 pauschal ausgebürgert wurden, beriet die Staatengemeinschaft gerade unter der Leitung von Fridtjof Nansen, dem Hochkommissar für die russischen Flüchtlinge, über die Frage der Staatenlosigkeit. Im Laufe eines Jahrzehnts erließ der Völkerbund in mehreren Pass- und Flüchtlingskonferenzen schrittweise verschiedene innovative, doch stets provisorische Maßnahmen für einzelne, prominente Gruppen staatenloser Flüchtlinge aus dem ehemaligen Russischen und Osmanischen Reich. Sie bildeten das erste internationale Flüchtlingsregime und stellten damit einen Meilenstein in der Entwicklung des humanitären Völkerrechts dar: Sie umfassten Identifikationspapiere (den »Nansen-Ausweis«), Flüchtlingsbüros und -ämter in vielen europäischen Großstädten, Unterstützungsleistungen und Duldungsrechte, doch kein reguläres Asylrecht.[3] Allerdings galten die Maßnahmen nur für ganz bestimmte Gruppen, während andere, die – wie Zehntausende in den Nachfolgestaaten des Habsburgerreiches – an ihrem Wohnort staatenlos geworden waren, ausgeblendet blieben. Ende 1933 fasste die erste Genfer Flüchtlingskonvention die »Nansen-Vereinbarungen« zusammen und definierte erstmals »Flüchtlinge« als Staatenlose durch den Verlust staatlichen Schutzes, der nun durch das Völkerrecht garantiert werden sollte. Die Konvention vermied jede Anspielung auf die politischen Ursachen des Exils. Doch waren zu diesem Zeitpunkt nur noch wenige Staaten zur Unterstützung bereit, zumal die Entwicklung der totalitären Regime das Fluchtgeschehen erneut verschärfte. Seit Beginn der nationalsozialistischen Herrschaft trieben Ausgrenzungs- und Ausbürgerungspolitiken gegen Juden, weitere Minderheiten und politische Gegner verstärkte Fluchtbewegungen an. Staatenlosigkeit wurde gezielt als politisches Instrument eingesetzt – gleichermaßen zur Verfolgung der Betroffenen wie zur Einschüchterung anderer Staaten.

Nansen-Ausweis
von Tamara Matul,
23. März 1933

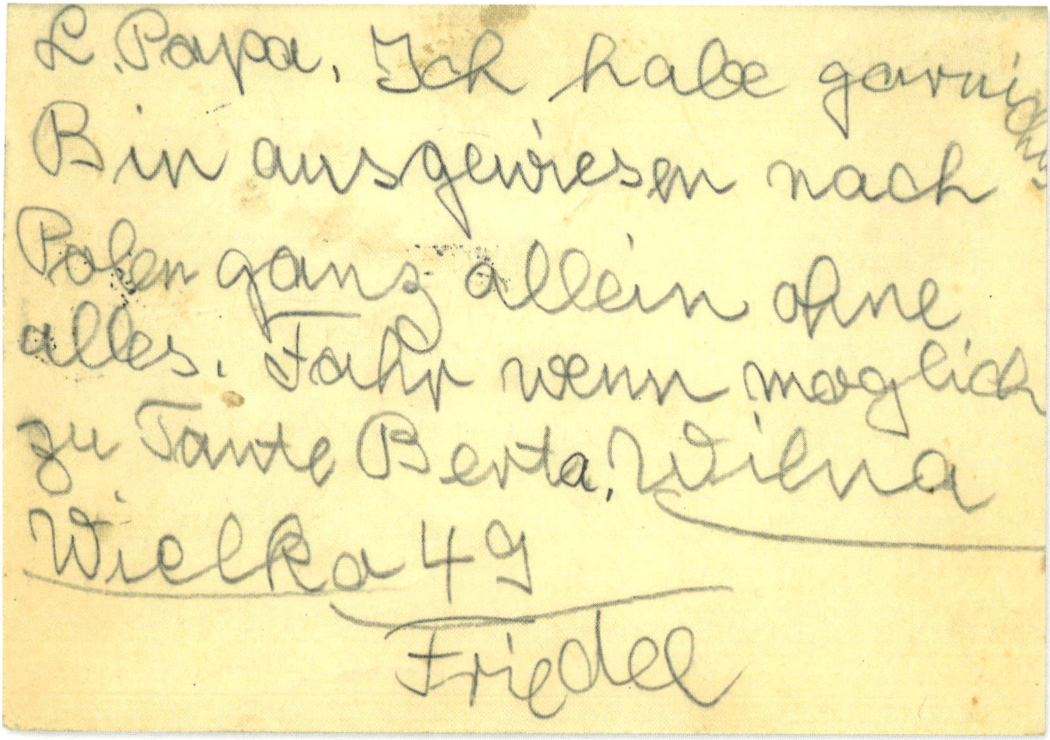

L. Papa, Ich habe garnich
Bin ausgewiesen nach
Polen ganz allein ohne
alles. Fahr wenn möglich
zu Tante Berta, Wilna
Wielka 49
Friedel

Postkarte der 16-jährigen Friedel Mayer, die bei der »Polenaktion« ausgewiesen wurde, 1939

Das Jahr 1938 steht sowohl für das Scheitern des internationalen Flüchtlingsschutzes wie für den gezielten Einsatz von Staatenlosigkeit gegen Juden als Vorstufe der NS-Vernichtungspolitik. Wenige Wochen nach der erfolglosen Konferenz von Évian im Sommer 1938 – statt Asyllösungen für gefährdete Juden aus Deutschland und Österreich zu finden, offenbarte sie den Antisemitismus und Protektionismus der Flüchtlingspolitiken vieler Staaten – kam es zur ersten Massendeportation aus dem Deutschen Reich. Ende Oktober 1938 ließ das NS-Regime etwa 17 000 Jüdinnen und Juden mit polnischer Staatsbürgerschaft verhaften, ausweisen und gewaltsam nach Polen abschieben. Den Anlass hatte eine polnische Verordnung geboten, welche die Pässe von im Ausland lebenden jüdischen polnischen Staatsbürgern für ungültig erklärte. Die NS-Behörden nutzten die neu geschaffene Rechtslage und schoben die im Deutschen Reich lebenden Juden polnischer Herkunft ab. Ihre Zwangsabschiebung ins Niemandsland an der Grenze bildete den Auslöser für das Attentat Herschel Grynszpans auf einen deutschen Botschaftsangehörigen in Paris am 7. November, das wiederum als Vorwand für die Novemberpogrome im gesamten Reichsgebiet diente. Seine Familie war von der sogenannten »Polenaktion« betroffen.

Nach dem Zweiten Weltkrieg

Das Ende des Zweiten Weltkriegs markierte den Höhepunkt internationaler Fluchtbewegungen im 20. Jahrhundert, als ungefähr 60 Millionen Menschen ihre Heimat verlassen mussten. Von den etwa zehn Millionen Überlebenden von Vertreibung, Deportation und Zwangsarbeit, die auf deutschem Territorium als *Displaced Persons* (DP) von der alliierten Militärregierung und neuen Organisationen der Vereinten Nationen betreut wurden, waren viele staatenlos. 1951 wurde in Genf die internationale Flüchtlingsorganisation UNHCR eingerichtet. Dieser Nachfolger der Nansen-Organisation verfügte erstmals über eine gesicherte Finanzierung und etablierte sich als dauerhafte Institution. Gleichzeitig entstand mit der Genfer Flüchtlingskonvention das wohl wirkungsmächtigste Instrument des internationalen Flüchtlingsrechts, das, mit einigen charakteristischen Erweiterungen, bis heute gilt. Das Abkommen über die Rechtsstellung der Flüchtlinge beruht auf den Vereinbarungen der Nansen-Ära und der 1930er-Jahre für staatenlose Flüchtlinge seit 1922, die es ausdrücklich einschließt. Dennoch steht es für einen Systemwechsel, denn die kollektive Flüchtlingsdefinition der Zwischenkriegszeit wurde ersetzt durch die individuell begründete (und individuell nachzuweisende) Bedrohung vor rassistischer, religiöser, politischer, nationaler oder sozialer Verfolgung, die bis 1967 allerdings direkt auf die Kriegsfolgen in Europa beschränkt war. Die spezifische Frage der Staatenlosen war ausgegliedert worden, um die Verhandlungen nicht zu gefährden. Die Bundesrepublik Deutschland schuf mit dem Gesetz über die Rechtsstellung heimatloser Ausländer 1951 einen speziellen Rechtsstatus für die hier zurückbleibenden DPs.

Flugblatt mit persönlicher Erläuterung der staatenlosen Tamara Tschikowani zu ihrer Situation, um 1978

Aufgrund der Regulierung des Asylrechts in Europa durch die Genfer Flüchtlingskonvention und andere Maßnahmen verlagerte sich Staatenlosigkeit in der zweiten Hälfte des letzten

Jahrhunderts in den außereuropäischen Raum. Hier wurde sie besonders virulent. Das UNHCR – erst seit 2003 ausdrücklich für Staatenlose zuständig, obwohl sein Vorläufer gerade für diese entstanden war – schätzt ihre Anzahl heute auf mindestens zwölf Millionen Menschen weltweit.

Völkerrechtler stimmen seit mehr als hundert Jahren darin überein, dass die »Anomalie des Rechts«,[4] ohne eine Staatsangehörigkeit leben zu müssen, durch rechtliche Regulierungen lösbar wäre – aber als politisch gewollte Anomalie eben nicht gelöst werden soll. Zwar verpflichtete sich die Staatengemeinschaft, zu Staatenlosigkeit führende Bevölkerungspolitiken einzuhegen und den Betroffenen bestimmte Grundrechte zu gewähren, insbesondere ihre Assimilation und Einbürgerung zu erleichtern: 1954 verabschiedeten die Vereinten Nationen in New York eine internationale Konvention über den Status staatenloser Personen; 1961 folgte eine weitere zur »Reduktion von Staatenlosigkeit«, die erstmals für alle Gruppen von Staatenlosen galt und diese als Personen definierte, die kein Staat aufgrund seines Rechts als einen seiner Staatsangehörigen betrachtet. Jedoch wurde sie bis heute von weit weniger Staaten ratifiziert als die Genfer Flüchtlingskonvention von 1951. Anlässlich des 60-jährigen Jubiläums des New Yorker Abkommens startete das UN-Flüchtlingshilfswerk 2014 eine groß angelegte Kampagne, um bis 2024 Staatenlosigkeit durch Identifikation, Prävention, Reduktion und Schutz zu beseitigen.[5]

Aktuelle Entwicklungen

Dessen ungeachtet bringen Krieg und Bürgerkrieg in Syrien seit 2011 Staatenlose wieder in genau der Region hervor, in der vor einhundert Jahren Hunderttausende Armenier und Angehörige anderer christlicher Minderheiten vertrieben und staatenlos wurden. Heute sind Zehntausende Kinder, die seit Kriegsbeginn im Exil geboren wurden, von Staatenlosigkeit bedroht, denn in Syrien wird die Nationalität nur über den Vater vererbt – aber viele haben ihre Väter im Krieg verloren. Hinzu kommt der Verlust von notwendigen Identitätspapieren auf der Flucht, der eine Registrierung Neugeborener und damit ihren Anspruch auf die Staatsangehörigkeit verhindert. Weitere Beispiele der letzten Jahre betreffen Ausbürgerung als individuelle Strafe zum Zweck des Staatsschutzes. Im Kontext einer neuen Bedrohung durch Terror bilden auch sie Varianten bekannter historischer Muster:

Erstens wurde es in der Türkei im Zuge einer umfangreichen Notstandsgesetzgebung Anfang 2017 möglich, im Ausland lebenden Türken, die schwerer Straftaten beschuldigt werden, ihre Staatsbürgerschaft zu entziehen. Die Formulierung im türkischen Dekret zitiert die Situation knapp einhundert Jahre zuvor, als die sich gründende Sowjetunion nach Revolution und Bürgerkrieg

Hunderttausende Flüchtlinge und Exilanten für staatenlos erklärte: Wer sich zu einem Stichtag außerhalb der Grenzen aufhielt und nicht in die Sowjetunion zurückkehrte, verlor seine Staatsangehörigkeit. Erst 2015 war die Türkei der UN-Konvention über den Status staatenloser Personen beigetreten.

Zweitens wurde eine Ausbürgerung von (potenziellen) Terroristen in verschiedenen europäischen Staaten diskutiert, etwa 2016 in Frankreich als Reaktion auf mehrere massive Terroranschläge. Die umstrittene Reformvorlage erinnerte an die diskreditierten Ausbürgerungen des Vichy-Regimes, stieß auf Protest und wurde nicht durchgesetzt.[6] Auch in Deutschland wurde 2019 eine Gesetzesinitiative diskutiert, um Doppelstaatern, die als »islamistische Extremisten« gelten, die deutsche Staatsbürgerschaft oder zumindest den Reisepass zu entziehen.

Die Ungültigerklärung oder Einziehung eines gültigen Reisepasses bildet eine *dritte Variante,* um politische Gegner gezielt durch Staatenlosigkeit auszuschalten. 2013 ging die Regierung der USA auf diese Weise gegen Edward Snowden vor, nachdem dieser Geheiminformationen über Überwachungsprogramme widerrechtlich an Journalisten weitergegeben hatte. Als Snowden von Hongkong aus seine Identität und Verantwortung als Informant dieser Staatsgeheimnisse offenbarte, erwirkte das FBI unter anderem wegen Spionage einen Haftbefehl. Während Snowden nach einem Zufluchtsland suchte, das ihn durch dauerhaftes politisches Asyl vor einer Auslieferung schützen sollte, erklärte die US-Regierung seine Ausweispapiere für ungültig, sodass er sich wochenlang im Transitbereich eines Moskauer Flughafens gefangen sah, bevor die russische Regierung ihm zunächst provisorisches Asyl und schließlich befristeten Aufenthalt gewährte. Denn die Ungültigkeitserklärung machte ihn de facto zu einem Staatenlosen, der all die Bewegungsfreiheit verlor, für die gerade der amerikanische Pass steht – auch ohne dass ihm formal die Staatsbürgerschaft entzogen wurde. Snowden analysierte diese Strategie als »Einsatz von Staatsbürgerschaft als Waffe«. Ohne eines Vergehens verurteilt zu sein, habe die Regierung ihn staatenlos gemacht. Er erinnerte daran, dass diese Strafe des Exils ein erprobtes Mittel politischer Aggression mit dem Ziel breiter Einschüchterung sei.[7] Historische Untersuchungen stimmen mit der Analyse des politischen Akteurs Snowden überein. Linda K. Kerber etwa begreift die Funktion von Staatenlosigkeit als Machtgeste des Loyalität einfordernden Staates und als Drohgebärde gegenüber der Mehrheit: Als Gegenbilder des Staatsbürgers – *the citizens' other* – signalisiert sie, wer nicht schutzberechtigt ist, um alle anderen einzuschüchtern.[8]

Gegenüber der historischen Urszene von Staatenlosigkeit am Ausgang des Ersten Weltkriegs hat sich innerhalb eines Jahrhunderts vieles verändert. *Erstens* können Staatenlose durch den Aufstieg eines humanitären Völkerrechts und von individuellen Menschenrechten zur universellen Rechtsnorm in vielen Staaten bestimmte Grundrechte ausüben, auch ohne dass ein Heimatstaat sie garantiert. Neben den beiden UN-Konventionen gelten regionale Abkommen in vielen Teilen der Welt oder einzelstaatliche Schutzbestimmungen. Lücken in nationalen Staatsbürgerschaftsrechten konnten durch lokale Rechtsreformen oder internationale Anpassungen geschlossen werden. Im Herzen Europas und in den Nachbarregionen entstanden, verlagerte sich Staatenlosigkeit so als Massenphänomen seit Mitte des 20. Jahrhunderts in nichteuropäische Regionen.

Zweitens wurden Zugehörigkeitsvorstellungen pluralisiert. Neben die ausschließliche und eindeutige nationale Zuordnung durch eine (und nur eine) Staatsangehörigkeit, die bis heute international dominiert, sind Mischformen getreten. Nachdem duale Staatsangehörigkeit zu Anfang des 20. Jahrhunderts als zu tilgende Anomalie galt, wird sie heute juristisch nicht mehr stigmatisiert, wenngleich politisch immer wieder infrage gestellt. Als soziologische Kategorie etablierte sich der Begriff (pluraler) Mehrfachzugehörigkeiten, um vielfältige Verbindungen und Loyalitäten abzubilden.

Drittens veränderte sich die Sprachpolitik der Akteure. Die negative Semantik der Nichtzugehörigkeit, die den juristisch-bürokratischen Terminus der Staatenlosigkeit in vielen europäischen Sprachen bestimmt *(stateless, without a country, apatride, apolidi, heimatlos, sans patrie)*, wurde von Betroffenen lange Zeit abgelehnt oder nur äußerst distanziert verwendet. Russische Staatenlose empfanden diese Fremdzuschreibung in den 1920er-Jahren als identitätsbedrohend, andere vermieden den Begriff. Seit 1945, dem zweiten Höhepunkt staatenloser Entwurzelung in Europa, finden sich auch strategische Aneignungen. Einige als *Displaced Persons* registrierte Überlebende der NS-Zwangsarbeit und -Vernichtungspolitik zogen die Selbstbezeichnung als Staatenlose einer nationalen Zugehörigkeit vor, um sich etwa der Repatriierung in die Sowjetunion oder nun in ihrem Einflussbereich liegenden Herkunftsländer zu widersetzen. Andere begriffen diese Wahl als politische Geste. Juden dokumentierten als Staatenlose demonstrativ die gewaltsame Ausgrenzung oder verstanden sie als zionistische Übergangsidentität, während sie auf einen jüdischen Staat in Palästina warteten. Von diesen Überlebensstrategien unterscheiden sich heute positiv konnotierte Aneignungen als künstlerische oder literarische Strategien, um politischen Protest zu artikulieren oder Zugehörigkeit performativ zu reklamieren: Auf der Biennale 2011 in Venedig agierte eine Künstlergruppe als »Anonymous Stateless Immigrants«; eine Initiative in Aix-en-Provence feierte 2014 die unstrittige Zugehörigkeit von Staatenlosen: »L'apatride est un citoyen« beginnt eine Strophe – der Staatenlose ist ein Bürger.[9] 2011 gab der ikonisch-patriotische Comic-Held Superman seine US-Staatsbürgerschaft zurück, um seine übernatürlichen Kräfte in einer globalen Perspektive einzusetzen.[10]

Die Strategie der selbstverständlichen Affirmation griff die Weltflüchtlingsorganisation mit der programmatischen Kampagne #IBELONG auf – Ich gehöre dazu.[11] Indem Betroffene in Porträts selbst zu Wort kommen und als Expertinnen und Experten ihres eigenen Lebens ermächtigt werden, wird ein Perspektivenwechsel vollzogen, der mit etablierten Narrativen humanitärer Diskurse zumindest teilweise bricht. Er korrespondiert mit dem konzeptuellen Perspektivenwechsel in der Fluchtforschung, der darauf zielt, auch verletzliche Bevölkerungsgruppen als volle historische Akteure zu würdigen, statt sie als Problemkategorie und nur Objekte staatlichen Verwaltungshandelns zu beschreiben.[12]

Unverändert scheint hingegen die Bereitschaft, Zugehörigkeit politisch infrage zu stellen und mit ihrer Fragilität zu drohen, wenn Regierungen oder Gesellschaften sich in ihrem Sicherheitsbedürfnis bedroht fühlen. Diese Drohgebärde, welche die Definitionsmacht und Verfügungsgewalt über Zugehörigkeit reklamiert, ist keineswegs auf totalitäre Regime oder gescheiterte Staaten beschränkt. Fast täglich wächst die Zahl der Indizien, dass sich unsere Gegenwart im Rückblick künftiger Historikerinnen und Historiker erneut als ein globaler Moment darstellen könnte, an dem Politiken und Praktiken von Zugehörigkeit und Nichtzugehörigkeit kulminieren.

1 Claro 1918, S. 1.
2 Arendt 2009, S. 559–625.
3 Vgl. Kollmeier 2019.
4 Gargas 1928, S. 128; vgl. Kollmeier 2013, S. 197.
5 Ending Statelessness 2014.
6 Vgl. den Beitrag von Patrick Weil in diesem Band.
7 Snowden 2013.
8 Kerber 2007, S. 31.
9 Lefebvre 2014.
10 Goyer/Sepulveda 2011.
11 #IBelong 2014.
12 Vgl. etwa Gatrell 2015, S. vii.

»Dazu fällt mir das DDR-Wort ›Republikflucht‹ ein: Der Mensch ist dem Staat leibeigen. Das Gegenteil heißt, staatenlos sein. Das heißt, obwohl du geboren bist, darfst du eigentlich nirgendwo leben. Das sind geläufige Alternativen meiner Generation.«

Ruth Klüger, 1992

8 RITES DE PASSAGE

Die Geschichte der Staatsbürgerschaft ist auch eine Geschichte der Emotionen. In die Staatsbürgerschaft eines anderen Landes aufgenommen zu werden, bedeutet für viele Menschen – damals wie heute –, die politische Zugehörigkeit zu wechseln und sich zu einem anderen Staat zu bekennen. Sie werden aus der alten Staatsbürgerschaft entlassen, um in eine andere Staatsbürgerschaft aufgenommen und Teil einer neuen Gemeinschaft zu werden.

Nach der Niederlage Frankreichs 1871 im Deutsch-Französischen Krieg wurden das Elsass und Lothringen Teil des Deutschen Kaiserreichs. Für das so bezeichnete »Reichsland« enthielt Artikel 2 des Frankfurter Vertrags eine eigene Regelung zur Staatsbürgerschaft: Elsässer wurden entweder unmittelbare deutsche Reichsangehörige oder sie optierten für die französische Staatsbürgerschaft. Mit der Neugründung des polnischen Staates nach dem Ersten Weltkrieg konnten Menschen polnischer Herkunft ebenfalls ein Optionsverfahren durchlaufen, um die polnische Staatsangehörigkeit anzunehmen. Dies hielt der Versailler Vertrag in Artikel 91 fest.

Es handelte sich in beiden Fällen um mehr als einen bürokratischen Akt. Kein Staat ließ seine Staatsbürger einfach gehen – davon zeugen Plakatkampagnen und Mobilisierungen beider Seiten, denn der Kampf um Staatsbürger war nicht zuletzt auch stets ein Kampf um Wehrpflichtige. Drückten die betroffenen Menschen mit der Option ihr Zugehörigkeitsgefühl zu Frankreich (1871/72) bzw. Polen (ab 1919) aus, so trafen sie gleichzeitig eine existenzielle Lebensentscheidung. Infolge der Option für die andere Staatsbürgerschaft mussten sie ihre Heimat verlassen. Dokumentarische Gemälde der Zeit zeugen von der emotionalen Betroffenheit, die Abschied und Umzug begleiteten: Der getragene patriotische Schmuck war eine Form des Zugehörigkeitsbekenntnisses zur alten Heimat. Gleichwohl standen die Optionen in der deutsch-französischen Grenzregion nach 1871 und in der deutsch-polnischen Grenzregion nach dem Ersten

Weltkrieg in der liberalen Tradition der Staatsbürgerschaftspolitik des 19. Jahrhunderts.

Das 20. Jahrhundert zeichnete sich durch einen restriktiven Umgang mit Staatsbürgerschaften aus. Seit dem Ersten Weltkrieg gehörten Ausbürgerungen zu oft ergriffenen Maßnahmen autoritärer Regime. Bei den Betroffenen löste dies auch emotionale Kränkungen aus – hatten sie sich doch zu einem Staat zugehörig gefühlt oder zuvor hart um die Aufnahme in seine Staatsbürgerschaft gekämpft. So stellte das NS-Regime etwa den Entzug der Staatsbürgerschaft politischer Gegner öffentlich im *Reichsanzeiger* zur Schau. Ausbürgerungslisten zeigten die symbolische Entehrung, Urkunden beschlossen das Verfahren der rituellen Ausstoßung. Viele Ausgebürgerte kehrten ihrem Heimatland für immer den Rücken – wurden sie in die Staatenlosigkeit entlassen, mussten sie um ihre Existenz und ihr Leben fürchten.

Seit den 2000er-Jahren wird die Aufnahme in die neue Staatsbürgerschaft in vielen europäischen Ländern gleich einem *Rite de passage,* einem Übergangsritus, mit einer Einbürgerungszeremonie oder -feier abgeschlossen. Ziel ist es, das bürokratische Verfahren der Einbürgerung um eine emotionale und symbolische Dimension zu ergänzen. Auf der Feier erhalten die neuen Staatsbürgerinnen und -bürger nicht nur ihre Einbürgerungsurkunde, sondern werden auch mit den Werten des Staates vertraut gemacht. Gleichwohl zeichnen sich die Zeremonien durch die Ambivalenz jeglicher Staatsbürgerschaftspolitik aus: Sie unterscheiden zwischen denjenigen, die dazugehören, und den anderen, die nicht in die Gemeinschaft des Staates aufgenommen werden. **Marie Czarnikow**

Louis-Frédéric Schützenberger, *L'Exode. Famille alsacienne quittant son pays* (dt. Der Exodus. Eine elsässische Familie verlässt ihr Land), Elsass, 1872

Beladen mit ihrem gesamten Hab und Gut und begleitet von ihren Gänsen und Hühnern verlässt diese Familie ihr Heimatdorf im Elsass. Entschlossen schreitet der Vater voran, doch am Rande spielen sich Abschiedsszenen ab. Ein preußischer Soldat beaufsichtigt diesen Wegzug der Optanten. Nach der Niederlage im Deutsch-Französischen Krieg 1870/71 wurde das Elsass Teil des deutschen Reichsterritoriums. Aus patriotischen Gefühlen für Frankreich und um dem deutschen Wehrdienst zu entgehen, optierten ganze Familien für die französische Staatsbürgerschaft und mussten infolgedessen ihre Heimat verlassen. Das dokumentarische Gemälde Schützenbergers hält diesen symbolischen Moment für eine noch zu schreibende Nationalgeschichte fest. Der Titel des Gemäldes – *Der Exodus* – schreibt diesen *Rite de passage* der Nation in einen religiösen Kontext ein.

Marie Czarnikow

Patriotische Schmuckstücke zum Gedenken an Elsass und Lothringen, Frankreich, um 1872

Nachdem das Elsass und Lothringen Teil des Deutschen Kaiserreichs geworden waren, verließen infolge der Optionen viele Franzosen ihre alte Heimat. Die *Alsacienne,* weibliche Allegorie für das verlorene Elsass, wurde in zahlreichen Gemälden und Skulpturen zum Ausdruck des traumatischen Verlusts. Viele der nach Frankreich Emigrierten drückten ihre persönliche Zugehörigkeit zu Elsass und Lothringen zudem durch den Erwerb von patriotischem Schmuck aus. Besonders in den Jahren 1871 und 1872 blühte dessen Produktion in Frankreich. Das Tragen solcher Ohrringe und Anhänger wurde eine regelrechte Modeerscheinung. *Souviens-toi France / Alsace-Lorraine / 1871 / Je vous pleure et j'espère* (dt. Frankreich, erinnere Dich an / Elsass-Lothringen / 1871 / Ich trauere um Dich in Hoffnung) ist dem Anhänger eingraviert, auf den Ohrringen befinden sich die Worte *France* (Frankreich) und *Espoir* (Hoffnung). Vergissmeinnicht und Efeu, ein Anker und die Wappen von Elsass und Lothringen unterstreichen das Zugehörigkeitsbekenntnis. **Marie Czarnikow**

Seite 1178 Illustrierter Beobachter 1933 / Folge 36

Volksverräter

ausgestoßen aus der deutschen Volksgemeinschaft!

Auf Grund des § 2 des Gesetzes über den Widerruf von Einbürgerungen und die Aberkennung der deutschen Staatsangehörigkeit vom 14. Juli 1933 hat der Reichsminister des Innern im Einvernehmen mit dem Reichsminister des Auswärtigen durch eine im „Reichsanzeiger" veröffentlichte Bekanntmachung vom 23. August 1933 zunächst folgende im Ausland befindliche Reichsangehörigen der deutschen Staatsangehörigkeit für verlustig erklärt, weil sie durch ein Verhalten, das gegen die Pflicht zur Treue gegen Reich und Volk verstößt, die deutschen Belange geschädigt haben:

Philipp Scheidemann – Otto Wels – Wilhelm Pieck – Dr. Robert Weißmann – Dr. Rudolf Breitscheid – Heinz Werner Neumann

Albert Grzesinski – Bernhard Weiß – Dr. Joh. Werthauer – Dr. Alfred Apfel – Friedrich Stampfer – Ruth Fischer

Dr. Friedr. W. Foerster – Emil Gumbel – Helmuth v. Gerlach – Leopold Schwarzschild – Dr. Kurt Tucholski – Max Hölz

Willi Münzenberg – Ernst Toller – Georg Bernhard – Alfred Kerr – Heinrich Mann – Lion Feuchtwanger

Porträts von ausgebürgerten Intellektuellen in der NSDAP-Wochenzeitschrift *Illustrierter Beobachter*, 9. September 1933

Die Rückseite der NSDAP-Zeitschrift *Illustrierter Beobachter* zeigt Porträts von 24 deutschen Politikern und Intellektuellen, denen die deutsche Staatsbürgerschaft aberkannt wurde. Sie standen, gemeinsam mit neun weiteren Personen, auf der ersten Ausbürgerungsliste des Deutschen Reiches vom 25. August 1933. Nach der sogenannten »Strafexpatriation« mussten die Ausgebürgerten eine Vielzahl von Einschränkungen in Kauf nehmen. So durften sie nicht mehr nach Deutschland einreisen. Ihr Vermögen konnte beschlagnahmt und die Ausbürgerung auf Familienmitglieder ausgeweitet werden. Die Veröffentlichung im *Illustrierten Beobachter* zeigt, dass die Aberkennung der Staatsbürgerschaft auch und vor allem dazu diente, emigrierte Deutsche, die dem nationalsozialistischen Staat ablehnend gegenüberstanden, als sogenannte »Volksverräter« öffentlich zu ächten.

Philine Pahnke

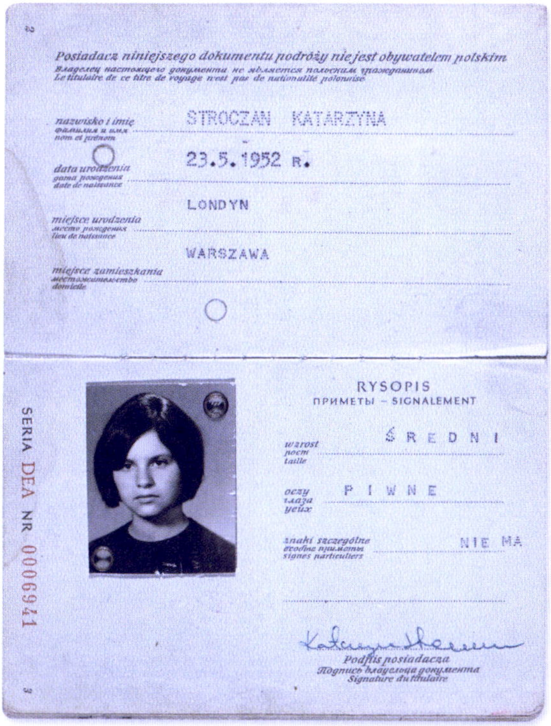

Ausreisedokument für Katarzyna Stroczan, eine Polin jüdischer Herkunft, mit dem Hinweis »Der Inhaber des Reisedokuments ist kein polnischer Staatsbürger«, 1969

Nach dem Massenmord der Nationalsozialisten und der Emigration der meisten Überlebenden verblieben in der Volksrepublik Polen in den 1960er-Jahren noch etwa 30 000 Juden. Viele waren überzeugte Kommunisten und in leitenden Funktionen in Politik und Wissenschaft aktiv. Umso drastischer traf sie die antisemitische Kampagne ab 1967, die von der Kommunistischen Partei Polens ausging. Nach dem Sechstagekrieg nutzte diese den außenpolitischen Bruch mit Israel für innenpolitische Maßnahmen gegen Polen jüdischer Herkunft und machte diese für die Studentenproteste des Jahres 1968 verantwortlich. Viele Juden erfuhren beruflich und privat extreme Diskriminierungen bis hin zum Verlust der Anstellung. Sie mussten ihren Pass eintauschen gegen ein Ausreisedokument mit dem Vermerk, der Besitzer sei »kein polnischer Staatsbürger« mehr. Im Zuge dieser Zwangsmaßnahmen wurde auch die 1952 geborene Katarzyna Stroczan 1969 ausgebürgert, sie musste ihr Heimatland Polen verlassen.

Marie Czarnikow

Plüschtier »Eisbär Knut« als Geschenk bei einer Einbürgerungsfeier, Berlin, 2010

Im Jahr 2010 wurden in Berlin 5537 Menschen eingebürgert. Im Rathaus Neukölln folgte der Einbürgerungsfestakt einer durchkomponierten Dramaturgie: Zum Auftakt erklang ein Potpourri aus den Nationalhymnen der Herkunftsländer. Es folgten Ansprachen, Beethovens »Ode an die Freude«, das Bekenntnis der Einbürgerungswilligen zum Grundgesetz, die Überreichung der Einbürgerungsurkunden und – als Höhepunkt – das gemeinsame Singen der deutschen Nationalhymne im Stehen. Im Anschluss ließ sich der Bezirksbürgermeister Heinz Buschkowsky mit den frischgebackenen deutschen Staatsbürgerinnen und -bürgern sowie deren Familien fotografieren. Dabei überreichte er den Kindern ein Plüschtier mit Stadtbezug: Das Eisbärbaby Knut hatte Berlin 2007 in einen regelrechten Knut-Taumel versetzt. Dies zeigte sich auch in einer Vielzahl von Merchandising-Produkten.

Friedrun Portele-Anyangbe

Zygmunt Bauman (1925–2017)

In Posen 1925 geboren, wuchs der Soziologe und Philosoph Zygmunt Bauman in einem assimiliert-jüdischen Elternhaus auf. Während seiner Schulzeit wurde er von der christlich-polnischen Umgebung ausgeschlossen, dennoch fühlte er sich als Pole. Nach der Flucht der Familie in die Sowjetunion infolge des Zweiten Weltkriegs meldete sich Bauman 1944 freiwillig bei den polnischen Streitkräften der Roten Armee. In seinem Aufstieg zum Offizier 1945 sah er eine Bestätigung seiner polnischen Identität. Von der Idee einer kommunistischen Gesellschaft ohne Diskriminierung überzeugt, trat Bauman 1946 der Polnischen Arbeiterpartei bei und war als Offizier im Korps der Inneren Sicherheit (KBW) tätig. Die Nähe seiner Familie zu Israel führte 1953 zum Ausschluss aus dem Militär. Nach Abschluss seines Soziologiestudiums dozierte er ab 1954 an der Universität Warschau. Aus Protest gegen die antisemitische Kampagne, die mit dem Sechstagekrieg in Nahost 1967 in Polen aufkam, verließ Bauman 1968 die Partei.

Öffentliche Anschuldigungen gegen ihn und der Ausschluss aus der Universität veranlassten die Familie im selben Jahr zur Emigration nach Israel. Mit dem Erlangen der Ausreisepapiere verlor die Familie ihre polnische Staatsangehörigkeit. Den dortigen Assimilierungsdruck ablehnend, wanderte sie 1971 nach England aus und nahm die britische Staatsbürgerschaft an. Bauman konnte dem Zwiespalt zwischen der von ihm selbst empfundenen Zugehörigkeit zu Polen und der ihm zugeschriebenen Zugehörigkeit zum Judentum erst in Leeds entkommen, wo er bis zu seinem Tod 2017 die selbst gewählte Rolle als polnischer Emigrant einnehmen konnte.

Paulina Szoltysik

Zygmunt Bauman, 2002

Charles de Gaulle (1890–1970)

Der 1890 in Lille geborene Charles de Gaulle besuchte bis 1911 die Offiziersschule von St. Cyr. Im Ersten Weltkrieg geriet er in deutsche Kriegsgefangenschaft, in der Zwischenkriegszeit stieg er zum Generalstabsoffizier auf und wurde schließlich zum jüngsten General der französischen Armee ernannt. Nach der militärischen Niederlage gegen Deutschland im Juni 1940 lehnte er den Waffenstillstand der neuen Regierung unter Marschall Philippe Pétain ab. Im Londoner Exil rief er am 18. Juni das französische Volk per Radioansprache dazu auf, an der Seite der Alliierten weiterzukämpfen. Sein entschiedener politischer Widerstand gegen das Regime Pétains führte nach dem Erlass eines neuen französischen Staatsangehörigkeitsgesetzes, das sich am Vorbild der NS-Gesetzgebung orientierte, zu seiner Ausbürgerung. Nach der Befreiung wurde de Gaulle 1945 zum ersten Ministerpräsidenten Nachkriegsfrankreichs gewählt. Nur wenige Monate später trat er zurück, da er die neue französische Verfassung ablehnte. Als sich Frankreich durch den verlorenen Indochina- und den noch andauernden Algerienkrieg in einer tiefen Krise befand, wurde de Gaulle 1958 erneut Ministerpräsident. Nachdem die auf ihn zugeschnittene Präsidialverfassung per Volksentscheid angenommen worden war, übernahm de Gaulle das Amt des Staatspräsidenten. Nach der Unabhängigkeit Algeriens 1962 floh ein Großteil der Algerienfranzosen und der muslimischen Hilfstruppen der französischen Armee, die sogenannten Harkis, aus dem Land und siedelte sich als französische Staatsbürger im Mutterland an. De Gaulle trat 1969 im Zuge der Studentenrevolte von seinem Amt zurück. **David Pfeffer**

Charles de Gaulle, 1964

Hannah Arendt (1906–1975)

Hannah Arendt, 1963

Die politische Theoretikerin Hannah Arendt wuchs in einem jüdisch-assimilierten Elternhaus in Königsberg auf. Nach ihrem Studium der Philosophie bei Martin Heidegger und Karl Jaspers floh sie 1933 vor den Nationalsozialisten zunächst nach Paris, dann nach New York. 1938 wurde ihr die deutsche Staatsbürgerschaft aberkannt – ein Vorgang, der seitdem auch ihr Denken bestimmte. 1943 veröffentlichte sie den Essay »Wir Flüchtlinge«. Arendt beschrieb darin aus eigener Erfahrung, wie das Schicksal von Staatenlosen von Geburtsurkunden, Pässen und Aufenthaltsgenehmigungen abhing. Der Essay erschien zuletzt 2016 mit hoher Auflage vor dem Hintergrund der aktuellen Flüchtlingskrise.

Grundsätzlicher noch befasste sich Arendt mit dem Problem in ihrem Hauptwerk *The Origins of Totalitarianism* (1951). Scharf konturierte sie die Lage von Menschen, die nicht nur im eigenen Land, sondern auch in jedem anderen staatenlos geworden waren. Die Aberkennung der Staatsbürgerschaft bedeutete nicht nur den Ausschluss aus dem eigenen Gemeinwesen, sondern ein generelles Ausgestoßensein aus der politisch verfassten Welt. Unter den Bedingungen totaler Herrschaft zielte der Entzug der Staatsbürgerrechte ganz bewusst auf die Tötung der juristischen Person. Arendt zog eine direkte Linie von der Entrechtung zu den Internierungslagern als letztem verbleibenden Ort der systematisch Ausgeschlossenen. Die Existenz der Staatenlosen machte überdies die politische Ohnmacht der vermeintlich universellen Menschenrechte nur zu deutlich. Arendt votierte daher für ein einziges Menschenrecht: »das Recht, Rechte zu haben«. **Monika Boll**

Olga Mannheimer im Gespräch mit Dominique Hipp

Auf festem Boden stehend

DOMINIQUE HIPP Liebe Frau Mannheimer, welche Ausweisdokumente haben Sie bisher besessen und hat Ihnen eines dieser Dokumente ein Gefühl der Zugehörigkeit vermittelt?

OLGA MANNHEIMER Aus Polen reisten wir mit einem Dokument aus, das die Aberkennung der polnischen Staatsangehörigkeit bescheinigte. In Frankreich bekamen wir einen *Certificat de réfugié* und einen *Titre de voyage* (Reiseausweis, der nach dem Abkommen über die Rechtsstellung der Flüchtlinge vom 28. Juli 1951 den Staatenlosen ausgestellt wird, Anm. DH). Und später die *Carte de séjour* – die Aufenthaltsgenehmigung, die alle paar Monate verlängert werden musste.

In Deutschland wurden in die französischen Dokumente die Aufenthaltsgenehmigungen gestempelt, abhängig von der Arbeitsgenehmigung des Vaters. 1980, nach der Einbürgerung, bekamen wir den Personalausweis und den Reisepass.

Weder die befristeten noch die unbefristeten Papiere stifteten ein Gefühl der Zugehörigkeit – das vermag nur die Gesellschaft, die Menschen, nicht eine Administration. Ein Pass signalisiert aber Akzeptanz und Schutz, er gab uns das Gefühl, endlich auf festem Boden zu stehen und unveräußerliche Rechte zu haben. Allen voran: das Recht, sich in einem bestimmten Land dauerhaft aufhalten zu können. Die Erleichterung versteht am besten, wer dieses Recht einmal verloren hat.

DH Aufgrund des Sechstagekriegs im Juni 1967 verurteilten die Staaten des Warschauer Pakts das Handeln Israels und brachen den Kontakt ab. Allerdings nutzte nur Polen dies als Vorwand für eine innenpolitische antisemitische Kampagne zur »Säuberung« des Parteiapparats und öffentlichen Lebens. Sie und Ihre Familie waren direkt davon betroffen und wanderten 1969 nach Frankreich aus. Wie blicken Sie auf diese Ereignisse zurück?

OM »Jeder Staatsbürger Polens sollte nur eine Heimat haben: die Volksrepublik Polen« – so Ende der 1960er-Jahre der Partei- und Staatschef Władysław Gomułka, der die Juden als »fünfte Kolonne« bezeichnete. Als fremdes – also »schädliches« – Element diffamiert, wurden sie durch Entzug der Existenzgrundlage zur Ausreise gezwungen. Diese Vertreibungskampagne wurde als Kampf gegen die »zionistische Verschwörung« erklärt, die sich in Polen – so die offizielle Erklärung – »hat entfalten können, weil die kommunistische Regierung den Antisemitismus besiegt hatte«.

Damit hat der damalige polnische Staat den Gesellschaftsvertrag, wie ihn Rousseau definierte, verraten. Die Grundlage einer republikanischen Regierung sollten Gesetzmäßigkeit und Legitimität sein, ihre Aufgabe, die Grundrechte aller ihrer Bürger zu sichern.

Unter Nutzung des in diesem Fall christlich-völkisch aufgeladenen Begriffs »Heimat« hat die polnische Volksrepublik gegen fundamentale republikanische Prinzipien verstoßen und gegen elementare Ethik: Die Juden wurden nicht nur ihrer Grundrechte und der Staatsbürgerschaft beraubt, sondern auch der Mittel, sich woanders eine neue Existenz aufzubauen. Sie durften weder Geld noch Wertgegenstände mitnehmen und Ausbildungsnachweise nur gegen enorme, unrealistische Zahlungen an den Staat. Diese Forderung erschien wie eine schändliche Nachfolge der nationalsozialistischen »Reichsfluchtsteuer«.

Statt eines Passes erhielten wir ein Reisedokument mit Israel als ausdrücklich vorgeschriebenem Reiseziel, das nur für die Ausreise galt, ohne Recht auf Rückkehr. Aufnahme fanden wir in Frankreich, das ich mit dem Begriff *Terre d'accueil* verbinde.

Olga Mannheimer wurde 1959 in Warschau geboren. Sie ist die Tochter einer Kosakin und eines Lemberger Juden, die beide den Gulag erlebten. Aufgrund der antisemitischen Kampagne in Polen wanderte die Familie 1969 nach Frankreich aus. Da ihr Vater 1972 eine Stelle als Redakteur beim Sender Radio Free Europe bekam, zog die Familie nach München, wo sie bis heute lebt. Olga Mannheimer arbeitet als Publizistin, Moderatorin, Autorin sowie Übersetzerin.

DH Die Ausstellung im DHM beschäftigt sich mit der Geschichte von Staatsangehörigkeit und Staatsbürgerschaft in den drei Ländern Polen, Frankreich und Deutschland im 19. und 20. Jahrhundert. Die Kuratorinnen und Kuratoren werfen aber auch einen Blick auf die heutige Situation. In Ihrer Biografie spielen alle drei Staaten eine Rolle, nicht nur als Orte des Aufenthalts, sondern

auch als Sprachen, die Sie sprechen und übersetzen. Haben Sie bestimmte Vorlieben, wenn ja, warum?

OM Ich hadere mit allen Sprachen – alle haben ihren eigenen Reiz und eigene Tücken. Allerdings hängt ihre Bedeutung für einen Menschen öfter von dessen Lebensumständen als von seinen Vorlieben ab. In meinem Fall lagen sie oft im Wettstreit miteinander: In der Warschauer Kindheit gewann Polnisch die Oberhand, das ich in der Emigration weiterhin mit meinem Vater gesprochen habe, mit meiner Mutter zeit ihres Lebens nur Russisch. In Frankreich habe ich als Zehnjährige die Landessprache rasch gelernt und sie hat sich im Teenageralter durchgesetzt, weil ich nach der Einwanderung in Deutschland in der französischen Schule nur französischsprachige Freunde hatte. Schlagfertigkeit half, sich in diesem Kreis eine Position zu verschaffen.

Die Geologie einer Migranten-Identität lässt sich aus der ungleichen Beherrschung verschiedener Sprachen ablesen: Schicht für Schicht erarbeitet, überlagern sie sich, vermischen oder verdrängen sich stellenweise, wirken unterschwellig aufeinander ein. Niveauunterschiede zeugen von den Wendungen des Lebenswegs, von der sozialen Atmosphäre, dem geistigen Klima, von allen wechselhaften Verhältnissen, welche die Kultur- und Sprachaneignung etappenweise beeinflusst und die Identität mitgebildet haben.

DH Wie ist es Ihnen in Deutschland ergangen? Sie leben lange hier, schreiben für deutsche Medien, sprechen aber mit einem französischen Akzent?

OM Deswegen war für mich jahrzehntelang die peinlichste Frage nicht »Wo kommen Sie her?«, sondern »Seit wann sind Sie in Deutschland?«. Ich verwechsle noch manchmal die Artikel und laut meiner Kinder schreibe ich sogar mit Akzent. Wie gesagt: Sprachbeherrschung hängt vom sozialen und familiären Umfeld ab. Mein »spätes« Deutsch ist meinem Vater geschuldet: Als polnischer Jude aus Lemberg war er ein sprachverliebter Literat und Übersetzer. Dank seines vor dem Krieg in Lemberger Kaffeehäusern geschärften Erzählvermögens hat er den Gulag als Scheherazade überlebt. Er war ein phänomenaler Unterhalter und hat mir das Wissen um die Macht des Wortes vermittelt, aber nicht die Beherrschung desselben (schon gar nicht in Deutsch).

Hierzulande hat er sich mit einer verdeutschten Fassung von Jiddisch verständigt. Heute, da fast ausgestorben, erfreut sich diese Sprache großer Beliebtheit, aber in den 1970er-Jahren war er ein radebrechend sprechender Vater, der dem Jiddischen nicht nur die eigentümliche Syntax, sondern auch die noch eigentümlicheren Sprachbilder entlieh, alles andere als lustig für einen anpassungsbemühten Teenager. Solange ich bei meinen Eltern lebte, habe ich kein Deutsch gesprochen – aus Angst, es könnte vom väterlichen Idiom kontaminiert werden.

DH Ihr Umgang mit dem Jüdischsein bricht wiederholt mit den Klischees und den gängigen Narrativen über deutsch-jüdische Geschichte in Deutschland. So haben Sie 2010 zusammen mit dem Journalisten Gil Bachrach eine Ausgabe des *Zeit-Magazins* mit der Frage, ob es überhaupt etwas typisch Jüdisches gibt, redaktionell geleitet und sich im Jüdischen Museum Berlin in einer Ausstellungsvitrine, wie Sie selbst sagen, »beäugen« lassen. Ist Ihr Umgang mit dem eigenen Jüdischsein ein solches Brechen mit Vorstellungen anderer?

OM Im Unterschied zu einer Staatsbürgerschaft, die durch ein ausdrückliches Dokument belegt wird, ist die Zugehörigkeit zum Judentum höchst komplex und nicht klar definiert. Es gibt natürlich die religiöse Zugehörigkeit, die durch das jüdische Religionsgesetz, das ist die Halacha, belegt ist. Diese besagt, Jude ist, wer eine jüdische Mutter hat oder wer zum Judentum konvertiert. Aber es gibt natürlich andere Formen des Jüdischseins. Ich hatte einen jüdischen Vater aus Lemberg. Lemberg ist die Wiege der Jiddischkeit, der galizischen Jiddischkeit. Ich hatte einen jüdischen Namen: Szenfeld (in Frankreich nennt man die polnischen Juden »Les Sz«) – dieser Name ging aus dem Namen Schönfeld hervor und ist dessen polonisierte Fassung. Ich hatte eine jüdische Nase. Ich hatte ein jüdisches Schicksal. Ich war in einem jüdischen Internat der Fondation de Rothschild in Frankreich gewesen, wo ich eine Überdosis Judentum abbekommen habe, mit der Absicht, nie mehr etwas damit zu tun zu haben. Aber ich hatte eigentlich ein ziemlich entspanntes Verhältnis dazu.

Erst in Deutschland habe ich Spannungen deshalb erlebt, zum Beispiel als ich während des Studiums in Berührung mit dem jüdischen Studentenverband kam und ich ganz offen erzählte, dass meine Mutter Kosakin war. Die Kosaken waren diejenigen, die früher die Pogrome organisiert hatten. Mein Vater sagte immer, das Verhältnis zwischen den Vorfahren meiner Mutter und seinen Vorfahren bestand darin, dass ihre Vorfahren seine immer verprügelt hätten, und die Historiker würden behaupten, dass die Vergangenheit nicht vergangen sei, sondern in der Gegenwart fortlebe. Meine Mutter fragte, was er damit eigentlich sagen möchte. Da sagte er, er sei kein Historiker, er wisse nicht, was das bedeutet. Wir waren nicht religiös. Mein Vater war Mitglied der jüdischen Gemeinde. Meine Mutter übrigens auch. Mein Vater hatte sie einfach eingetragen, ohne groß nachzufragen. Ich habe dann aber während einer Diskussion mit Ignatz Bubis festgestellt, dass man das Wort »Halbjude« in Deutschland nicht benutzen darf. Das sei ein verpönter Begriff – Nazivokabular –, das enorme Empörung auslöse. Woraufhin ich dann fragte, ob ich mich denn als »Halbschickse« zumindest bezeichnen dürfe. Das kam auch nicht gut an. Ich habe festgestellt, dass im Land der Täter die Juden einem besonderen Legitimationsdruck unterstanden, also man musste hier 120-prozentig jüdisch sein. Aufgrund meiner verschiedenen kulturellen Einflüsse und Sprachen war ich dazu nicht bereit. Für mich ist Judentum ein Teil meiner Identität, nicht mehr. Allerdings, die Juden haben mehr Erfahrung mit Kulturexport als die Kosaken. Deswegen hat sich bei uns zu Hause ergeben, dass sich die jüdische Kultur, die jüdische Ironie, der jüdisch gebrochene Blick auf die Dinge mehr durchgesetzt hat als die russisch-kosakische, also die bäuerliche Kultur meiner Mutter. Meine Mutter erzählte nicht viel davon und mein Vater behauptete, sie bestehe vor allem daraus, dass sie gut reiten könnten.

DH Staatsbürgerschaft ist ein Thema, das oftmals weniger pragmatisch als zuvorderst emotional verhandelt wird. Menschen, die eine bestimmte Staatsangehörigkeit erwerben wollen, sehen sich deshalb wiederholt einer Beweispflicht ausgesetzt. Würden Sie diese Erfahrung bestätigen?

OM Ich sehe keinen Widerspruch zwischen pragmatischen und emotionalen Erwägungen beim Erwerb einer Staatsbürgerschaft. Pragmatismus ist zulässig: Es bedarf keiner patriotischen Gefühle, um ein guter Staatsbürger zu sein. Was es braucht, ist Respekt vor der gesellschaftlichen Ordnung.

Wir sind aus pragmatischen Gründen von Frankreich nach Deutschland gezogen: Mein Vater bekam in München eine Stelle beim amerikanischen Sender Radio Free Europe – damit auch das Recht auf den amerikanischen Pass. Er hat lange mit der Wahl der Staatsbürgerschaft gezögert, die deutsche Politik genau beobachtet und sich schließlich für Deutschland entschieden.

Damals, 1980, wurden in Bayern Sprach-, Kultur- und Gesetzeskenntnisse – Voraussetzungen für die Einbürgerung – in einem persönlichen Gespräch geprüft. In meinem Freundeskreis habe ich wahrscheinlich als Einzige die bayerische Verfassung gelesen. Ich weiß noch, dass mich der Beamte fragte, was mir daran gefallen habe. Keine besonders schwierige Frage. Meine Antwort: »Der Bauer ist nicht an die Scholle gebunden.« Weiß der Teufel, warum mir ausgerechnet dieser Satz eingefallen war – mit Bauern hatte ich nichts zu tun, von der Scholle ganz zu schweigen. Der Prüfer zeigte sich jedenfalls zufrieden: Ich hegte offensichtlich nicht die Absicht, die Leibeigenschaft wieder einzuführen.

Mein Vater hat die Prüfung als willkommene Annäherung an die Staatsführung aufgefasst und jede Frage mit einem politischen Vortrag erwidert – samt Fallbeispielen, jüdischer *Chochme*[1], Buchempfehlungen, Kritik, Verbesserungsvorschlägen und der Aufforderung, dieselben an die geschätzte Staatsregierung weiterzuleiten. Der Prüfer musste ihn schließlich untergehakt aus dem Raum schieben, wonach Vater seinen Arm nicht loslassen wollte. Noch auf dem Flur klärte er ihn über die Notwendigkeit auf, die demokratische Ordnung mit konsequenten Maßnahmen aufrechtzuerhalten.

Meine Mutter, die kaum Deutsch sprach, wurde nur nach dem Namen des Bundeskanzlers gefragt. Sie nannte den Namen, den sie am häufigsten hörte:

Franz Josef Strauß. Ob seiner politischen Überzeugung oder seiner Erschöpfung wegen – der bayerische Prüfer hat diese Antwort als ausreichende Qualifikation für die Einbürgerung gewertet.

DH Glauben Sie, dass eine Welt ohne Staatsangehörigkeit möglich ist?

OM Die Welt gehört uns allen und wir sind alle ihre Bürger – schöne Idee. Allein: Wie wird das Zusammenleben, die Infrastruktur organisiert? Wie werden Regeln und Gesetze beschlossen, wer sorgt für deren Umsetzung? Wie wird der Schutz der Schwächeren, der Ausgleich von sozialen Unterschieden gewährleistet?

Vor etwa 5500 Jahren herausgebildet, haben sich Staaten nicht ohne Grund weltweit durchgesetzt. Das Wachsen und die zunehmende Heterogenität von Bevölkerungsgruppen erfordern komplexe Entscheidungsprozesse: Übergeordnete, zentralisierte Strukturen sind Ausweis der Zivilisation. Führungsgestalten, deren Autorität von allen anerkannt ist, sind nötig, damit Interessenkonflikte und Meinungsverschiedenheiten friedlich ausgetragen werden. Aber eine einzige, zentrale Weltregierung ist für mich die reinste Horrorvorstellung, vor der dystopische Romane seit Langem warnen.

Vernünftiger, als die Staatsangehörigkeit abzuschaffen, scheint mir, die Teilhabe der Bürger an ihrem Staat zu verstärken und deren Bewusstsein für die Verantwortung als Mitglied einer Gemeinschaft zu schärfen. Die Staatsangehörigkeit verbessert die Möglichkeiten, daran zu partizipieren.

Ebenso wichtig scheint es mir, Menschen ohne Staatsbürgerschaft vor Rechtlosigkeit zu schützen.

1 Jiddisch für Klugheit.

»Also doch, Herkunft, wie immer, dachte ich und legte los: Komplexe Frage! Zuerst müsse geklärt werden, worauf das Woher ziele. Auf die geografische Lage des Hügels, auf dem der Kreißsaal sich befand? Auf die Landesgrenzen des Staates zum Zeitpunkt der letzten Wehe? Provenienz der Eltern? Gene, Ahnen, Dialekte? Wie man es dreht, Herkunft bleibt doch ein Konstrukt! Eine Art Kostüm, das man ewig tragen soll, nachdem es einem übergestülpt worden ist. Als solches ein Fluch! Oder, mit etwas Glück, ein Vermögen, das keinem Talent sich verdankt, aber Vorteile und Privilegien schafft.«

Saša Stanišić, 2019

9 STAATSBÜRGER-SCHAFT HEUTE

Die politische Wende 1989 und die schrittweise erfolgte Erweiterung der Europäischen Union brachten Frankreich, Deutschland und Polen näher zusammen. Die mit dem Vertrag von Maastricht 1992 gebildete Unionsbürgerschaft vereinte die Staatsbürgerinnen und Staatsbürger der EU in einer überstaatlichen Bürgerschaft. Mit dem Beitritt Polens zur Europäischen Union 2004 waren die Beschränkungen der Freizügigkeit und des Austauschs zwischen den drei Ländern schließlich vollständig abgebaut.

Die mit der Unionsbürgerschaft einhergehende Stärkung der Rechte von EU-Ausländerinnen und EU-Ausländern machte die Einbürgerung in einem anderen EU-Land nahezu überflüssig. Dies spiegelt sich auch in der Einbürgerungsdynamik wider: Fast 90 Prozent der Anträge auf eine EU-Staatsbürgerschaft stammten 2019 von Menschen aus sogenannten Drittstaaten. Nur in Deutschland ließen sich mit 30 Prozent vergleichsweise viele Menschen einbürgern, die gleichzeitig im Besitz einer weiteren EU-Staatsbürgerschaft waren.

Tendenzen der Renationalisierung sind dennoch zu beobachten. Das Brexit-Referendum im Jahr 2016 markiert den stärksten Einbruch dieser Art. Der Austritt aus dem Staatenverband ging mit dem Verlust der Unionsbürgerschaft für britische Staatsangehörige sowie dem Verlust elementarer Rechte und Sicherheiten für in Großbritannien ansässige EU-Bürgerinnen und -Bürger einher. Mit Blick auf die Aufenthaltserlaubnis und um die Vorzüge der Unionsbürgerschaft weiterhin nutzen zu können, entschieden sich zahlreiche Britinnen und Briten für eine Einbürgerung in Deutschland, aber auch in Frankreich oder Polen. Umgekehrt lässt sich Ähnliches beobachten: Die Zahl der Einbürgerungen von polnischen Staatsbürgerinnen und Staatsbürgern im Vereinigten Königreich stieg seit 2016 signifikant an. Auch der Ausbruch der Coronapandemie führte zu einer reflexartigen Rückkehr zu nationalen Lösungsstrategien. Einschränkungen der Freizügigkeit innerhalb der Europäischen Union sowie auf Staatsbürgerinnen und Staatsbürger konzentrierte Rückholaktionen verdeutlichten dies besonders drastisch.

Die Bedeutung der deutschen, französischen und polnischen Staatsbürgerschaft wird in aktuellen Debatten berührt. Aus unterschiedlichen Blickwinkeln beleuchtet, bleibt die doppelte Staatsbürgerschaft ein rege diskutiertes Thema. Seit den terroristischen Anschlägen in Paris 2015 wird in Frankreich diskutiert, Terroristen, die im Besitz eines weiteren Passes sind, die französische Staatsbürgerschaft zu entziehen. In Deutschland besteht der Grundsatz der Vermeidung von Mehrstaatigkeit. Die neue Bundesregierung stellte 2021 eine Lockerung der Regelung in Aussicht, um unter bestimmten Voraussetzungen in Deutschland geborenen Kindern ausländischer Eltern einen vereinfachten Zugang zur deutschen Staatsbürgerschaft zu ermöglichen. Da Polen über lange Zeit ein klassisches Auswanderungsland war, ist das Thema vorwiegend für polnische Staatsbürgerinnen und Staatsbürger relevant, die im Laufe ihres Lebens eine weitere Staatsbürgerschaft angenommen haben. Zudem wird das Wahlrecht als exklusives, an die jeweilige Staatsangehörigkeit gebundenes Recht diskutiert und hinterfragt, ob der Ausschluss einer Vielzahl von Menschen, die im Staatsterritorium leben, noch zeitgemäß ist. Im EU-Ausland ansässigen EU-Bürgerinnen und -Bürgern wird das Wahlrecht im Rahmen der Unionsbürgerschaft auf kommunaler, jedoch nicht auf nationaler Ebene garantiert. Vielen ausländischen Mitbürgerinnen und Mitbürgern wird ein Mitspracherecht in Frankreich, Deutschland und Polen – ungeachtet ihrer zum Teil langen Aufenthaltsdauer im Land – verwehrt.

Paulina Szoltysik

Einbürgerungsrate (Einbürgerungen pro 100 ausländischen Einwohnern), 2019

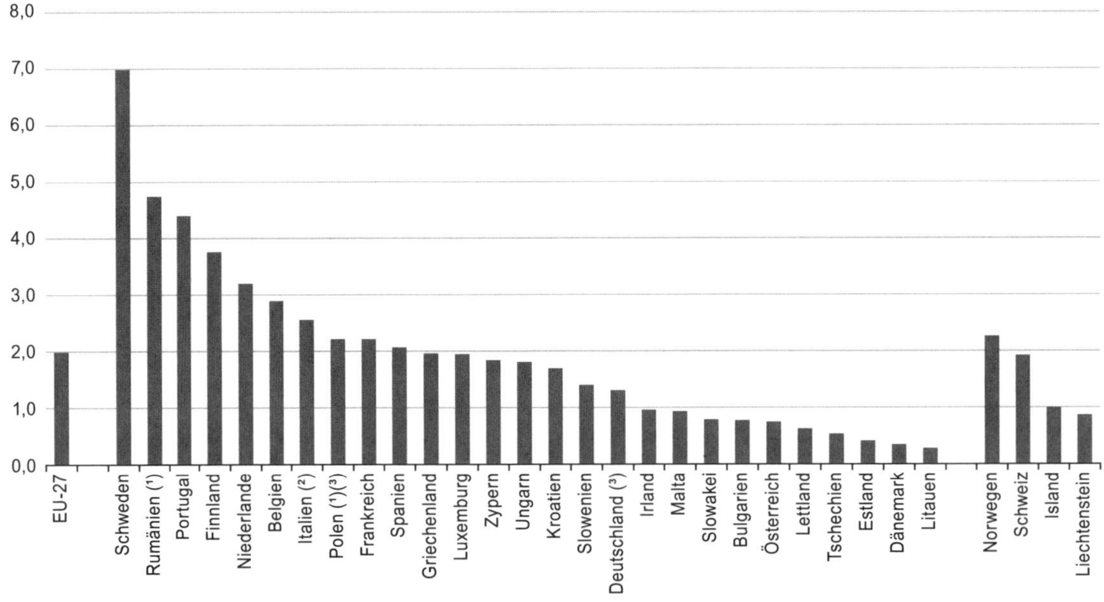

Anmerkung: Die Daten über die Zahl der ausländischen Einwohner beziehen sich auf den 1. Januar 2019.
(¹) geschätzt (²) Serienbruch (³) vorläufig *Quelle:* Eurostat (Online-Datenverzeichnis: migr acq, migr pop1ctz)

Statistik zur Einbürgerungsrate der EU-Länder aus dem Jahr 2019 im Vergleich

Die Einbürgerungsrate setzt die Zahl der Einbürgerungen im Verlauf eines Jahres mit der Zahl der im Land lebenden ausländischen Personen in Relation. Hierbei wird der Durchschnitt der Einbürgerungen pro 100 ansässigen Ausländerinnen und Ausländern berechnet. Gezählt werden alle im Land wohnhaften ausländischen Staatsbürgerinnen und Staatsbürger, nicht nur diejenigen, die die Voraussetzungen für eine Einbürgerung erfüllen. Die Einbürgerungsrate dient als Indikator für die Messung der Auswirkungen nationaler Politik auf die Einbürgerungsentwicklung. Deutschland verzeichnete im Jahr 2019 eine niedrige Einbürgerungsrate von 1,3. Ein Grund hierfür liegt in der restriktiven Rechtslage zur Mehrstaatigkeit. Der Zwang zur Aufgabe der ehemaligen Staatsbürgerschaft kann sich negativ auf die Einbürgerungsbereitschaft auswirken.

Paulina Szoltysik

Erwerb der britischen Staatsbürgerschaft durch Polen in den Jahren 2003–2018

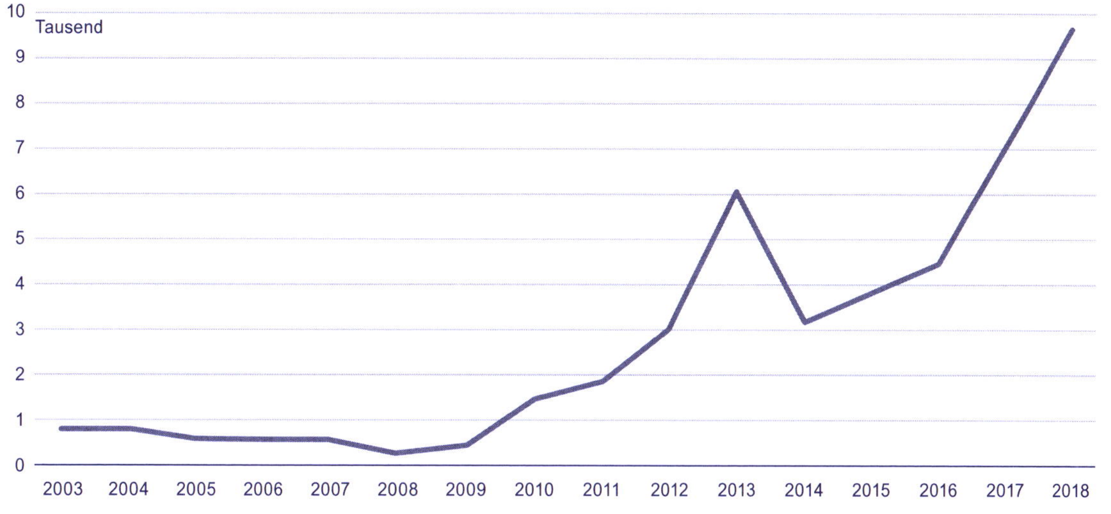

Statistik zu Einbürgerungen von Polinnen und Polen in Großbritannien 2013–2018

Die Personenfreizügigkeit, die mit dem Beitritt Polens zur Europäischen Union einherging, ermöglichte den polnischen Staatsbürgerinnen und Staatsbürgern die Niederlassung in jedem EU-Mitgliedsland. Anders als die meisten Mitgliedsländer gewährte das Vereinigte Königreich von Beginn an einen unbeschränkten Zugang zum Arbeitsmarkt. Bis 2014 nahm die Zahl der Polinnen und Polen, die ihren dauerhaften Lebensmittelpunkt nach Großbritannien verlagerten, von schätzungsweise 69 000 auf rund 853 000 Personen zu, wodurch sie zur größten ausländischen Minderheit im Land wurden. Nach dem Brexit-Referendum wuchs die Sorge vor einem Verlust des Aufenthaltsrechts. Deutlich wird dies auch am sprunghaften Anstieg von Einbürgerungen polnischer Staatsbürgerinnen und Staatsbürger in Großbritannien seit 2016. **Paulina Szoltysik**

Christoph Schönberger

Bürger Europas

Die Entwicklungsgeschichte der Bürgerschaft in Frankreich, Deutschland und Polen war bis zum Zweiten Weltkrieg maßgeblich nationalstaatlich geprägt. Seither ist durch die europäische Integration zunächst in Westeuropa, mit dem Beitritt Polens und weiterer Staaten zur Europäischen Union auch in Mittel- und Osteuropa eine grundlegende Veränderung eingetreten. Die nationale Staatsangehörigkeit wird in allen drei Staaten nun jeweils ergänzt und überlagert durch die europäische Bürgerschaft, die sogenannte Unionsbürgerschaft. Aus der geschichtlichen Parallelentwicklung und Verflochtenheit der Bürgerrechte ist eine gemeinsame Bürgerschaft geworden. Sie existiert in rechtlich formalisierter Form seit dem Vertrag von Maastricht, der im Jahr 1993 in Kraft getreten ist. Seither sind die Bürgerinnen und Bürger der Mitgliedstaaten der

Fernsehbeitrag über den Beitritt Polens zur EU, 2004

Europäischen Union immer gleichzeitig beides: Staatsangehörige ihres jeweiligen Staates und Bürger der Europäischen Union. Von besonderer Bedeutung ist dabei insbesondere das mit der Unionsbürgerschaft verbundene Recht auf Freizügigkeit, das es Unionsbürgern erlaubt, sich dauerhaft außerhalb ihres Heimatstaats in einem anderen Mitgliedstaat aufzuhalten.

Unionsbürgerschaft und nationale Staatsangehörigkeiten

Die Verknüpfung der Unionsbürgerschaft mit der nationalen Staatsangehörigkeit ist das wichtigste Charakteristikum der europäischen Bürgerschaft. Diese ist keine freischwebende Bürgerschaft der »Europäer«, sondern ein zusätzlicher Status, der zur überkommenen und fortbestehenden Staatsangehörigkeit der Mitgliedstaaten hinzutritt. Die Bürger der Mitgliedstaaten der Europäischen Union tragen also seit 1993 gleichzeitig zwei Hüte, einen nationalen und einen europäischen. Die Staatsangehörigkeit vermittelt ihnen Rechte auf der nationalen Ebene, wie etwa das Wahlrecht zu den nationalen Parlamenten, die Unionsbürgerschaft hingegen Rechte auf der Ebene der Europäischen Union, wie etwa die Freizügigkeit und das Wahlrecht zum Europäischen Parlament.

Die Ankopplung der Unionsbürgerschaft an die nationale Staatsangehörigkeit bringt es mit sich, dass es keine gesonderten europäischen Regeln über den Erwerb und Verlust der Unionsbürgerschaft gibt. Ihr Schicksal folgt vielmehr automatisch demjenigen der nationalen Staatsangehörigkeit. Wer in Deutschland eingebürgert wird, erwirbt also zwangsläufig die Unionsbürgerschaft hinzu. Man kann daher auch nicht etwa auf die Unionsbürgerschaft verzichten, zugleich aber die Staatsangehörigkeit eines EU-Mitgliedstaats behalten. Ein europaskeptischer deutscher Staatsbürger hat das einmal versucht: Er erklärte gegenüber den deutschen Behörden, er verzichte auf die Unionsbürgerschaft, wolle seine deutsche Staatsangehörigkeit aber behalten. Die daraufhin angerufenen Verwaltungsgerichte stellten klar, dass das rechtlich nicht möglich ist. Staatsangehörigkeit der Mitgliedstaaten und Unionsbürgerschaft sind die beiden Seiten einer Medaille.

Umgekehrt gilt auch: Ist eine Person nicht länger Staatsangehörige eines Mitgliedstaats der Europäischen Union, verliert sie dadurch auch ihre Unionsbürgerschaft. So haben viele Millionen britischer Staatsangehöriger mit dem Austritt Großbritanniens aus der Europäischen Union, der am 1. Februar 2020 wirksam wurde, ihre bis dahin bestehende Unionsbürgerschaft wieder verloren.[1]

Diese Form der Ankopplung der Unionsbürgerschaft an die Staatsangehörigkeit der Mitgliedstaaten ist gerade hinsichtlich der Einbürgerung keineswegs unproblematisch. Denn sie bringt es mit sich, dass jeder Mitgliedstaat eigen-

Plakat zur Einbürgerungskampagne, Berlin, 2006

ständig – ohne Mitsprache der Europäischen Union oder der anderen Mitgliedstaaten – darüber entscheidet, welchen Personen er mit seiner Staatsangehörigkeit gleichzeitig auch die Unionsbürgerschaft verleiht und damit das Recht auf Aufenthalt und Freizügigkeit innerhalb der gesamten Europäischen Union verschafft. Wer etwa in Bulgarien eingebürgert wird, erwirbt dadurch zugleich das Recht, sich in Deutschland niederzulassen. Die damit verbundenen Probleme haben sich in den letzten Jahren deutlich an den sogenannten Goldenen Pässen gezeigt: Mitgliedstaaten wie Malta, Zypern und Bulgarien gingen dazu über,

Karikatur der europäischen Kampagnenplattform »WeMove.EU«, um 2016

ihre Staatsangehörigkeit – und damit zugleich die Unionsbürgerschaft – gegen die zuvor festgelegte Zahlung einer hohen sechsstelligen Summe oder eine entsprechende Investition an wohlhabende Investoren aus Drittstaaten zu verleihen. Für derartige Investoren, wie etwa Mitglieder der russischen Oligarchie, ist das sehr attraktiv, gewinnen sie so doch die Möglichkeit, jederzeit nach wirtschaftlicher Interessenlage überall in der Union die Vorteile der Freizügigkeit in Anspruch zu nehmen. Die Mitgliedstaaten konnten sich bisher nicht darauf verständigen, europäische Mindestanforderungen an die Einbürgerung in den Mitgliedstaaten festzulegen und dabei etwa auch dem »Verkauf« von Staatsangehörigkeit und Unionsbürgerschaft an wohlhabende Drittstaatler Grenzen zu ziehen.

Die Rechte aus der Unionsbürgerschaft

Die Unionsbürgerschaft gewährleistet den Unionsbürgern ein Bündel von Rechten. Hierunter ragt die Freizügigkeit hervor, also das Recht, sich in den anderen Mitgliedstaaten auch langfristig aufzuhalten. Sie verbindet sich mit dem Anspruch auf Gleichbehandlung, der gewährleistet, dass die Unionsbürger von den anderen Mitgliedstaaten genauso behandelt werden wie deren eigene Staatsangehörige. Zu diesen Gewährleistungen treten politische Rechte hinzu: das Recht zur Teilnahme an der Wahl des Europäischen Parlaments und das Recht zur Teilnahme an Kommunalwahlen im jeweiligen Aufenthaltsstaat.

Ansprüche auf Freizügigkeit und Gleichbehandlung der Staatsangehörigen der Mitgliedstaaten hatte es zwar auch schon vor der förmlichen Einführung der Unionsbürgerschaft im Jahr 1993 im Rahmen der 1957 gegründeten Europäischen Wirtschaftsgemeinschaft (EWG) durch die sogenannten Grundfreiheiten des gemeinsamen Marktes gegeben. Aufgrund der primär wirtschaftlichen Ausrichtung der europäischen Integration seit den späten 1950er-Jahren hatte man diese Rechte damals aber nur wirtschaftlich aktiven Personen garantiert. Die Unionsbürgerschaft hat diese wirtschaftliche Prägung aus der Frühzeit der europäischen Integration inzwischen in großem Umfang abgestreift. Sie gewährleistet den Unionsbürgern Freizügigkeit und Gleichbehandlung nunmehr unabhängig davon, ob sie in einem anderen Mitgliedstaat einer wirtschaftlichen Betätigung nachgehen oder nicht. Für die mobilen Unionsbürger, die in einen anderen Mitgliedstaat reisen oder ihr Leben langfristig in einem anderen Mitgliedstaat verbringen, gewährleistet die Unionsbürgerschaft auf diese Weise die umfassende Gleichstellung mit der Bevölkerung des jeweiligen Aufenthaltsstaats.

Besondere Schwierigkeiten treten dabei allerdings immer wieder bei mittellosen Unionsbürgern auf, die in einem anderen Mitgliedstaat soziale Leistungen beantragen. Hier zeigen sich bis heute rasch die Grenzen der Solidarität zwischen den Mitgliedstaaten. Das Unionsrecht lässt es etwa weiterhin zu, dass nicht erwerbstätige Unionsbürger nur dann von ihrem Freizügigkeitsrecht Gebrauch machen können, wenn sie über aus-

Verfremdeter maltesischer Reisepass eines *investor citizen*, 2020

reichende Existenzmittel und einen ausreichenden Krankenversicherungsschutz verfügen. Auch nimmt es nach wie vor hin, dass die Mitgliedstaaten Arbeitsuchende vom Bezug von Sozialleistungen ausschließen und für mittellose Unionsbürger eine Wartezeit während der ersten drei Aufenthaltsmonate vorsehen. Hier bewegt sich die Unionsbürgerschaft im Spannungsfeld zwischen weiterhin ausschließlich nationalstaatlich organisierter sozialer Sicherung und übernationaler Freizügigkeitsverbürgung.

Durch das Kommunalwahlrecht für Unionsbürger, die sich in einem anderen Mitgliedstaat aufhalten, hat die Unionsbürgerschaft überdies die traditionelle Verknüpfung zwischen der Staatsangehörigkeit und den politischen Rechten aufgebrochen. Sie ermöglicht Unionsbürgern so zumindest auf der kommunalen Ebene die Vollintegration in die jeweilige Aufenthaltsgesellschaft auch im Bereich der politischen Partizipation.

Diese europäische Bürgerschaft ist freilich vielen ihrer Inhaberinnen und Inhaber gar nicht bekannt. Das liegt zum einen daran, dass die mit ihr verbundenen Rechte wie Freizügigkeit und Gleichbehandlung für den Einzelnen überwiegend nur dann relevant werden, wenn er sich in einem anderen Mitgliedstaat der Europäischen Union außerhalb seines Heimatstaats aufhält. Nur eine kleine Minderheit von Unionsbürgern lebt aber dauerhaft in einem anderen Mitgliedstaat.[2] Die große Masse der Unionsbürger kommt daher in ihrem Alltag mit den Wirkungen der Unionsbürgerschaft kaum in Berührung. Das Aschenputteldasein der Unionsbürgerschaft im Allgemeinbewusstsein beruht auch auf der langen nationalstaatlichen Prägung der Bürgerschaft in den europäischen Staaten, die es erschwert, sich eine Bürgerschaft jenseits der Staatsangehörigkeit vorzustellen. Jedoch ist eine derartige gestufte Bürgerschaft historisch gar nicht so präzedenzlos, wie sie vielen Europäern aufgrund der Prägekraft der nationalstaatlichen Imagination bis heute erscheint. So kennt etwa die Schweiz bis heute ein dreifach gestuftes Bürgerrecht: Die schweizerische Staatsangehörigkeit (das Schweizer Bürgerrecht) ruht auf dem Bürgerrecht der Kantone, das seinerseits das Gemeindebürgerrecht voraussetzt. Art. 37 Abs. 1 der geltenden Schweizer Bundesverfassung von 1999 bestimmt denn auch: »Schweizer Bürgerin oder Schweizer Bürger ist, wer das Bürgerrecht einer Gemeinde und das Bürgerrecht des Kantons besitzt.« Jeder Schweizer ist also gleichzeitig Bürger aller drei Ebenen der öffentlichen Gewalt, und Einbürgerungen setzen das Zusammenwirken aller Ebenen voraus.[3] Bereits das Beispiel der Schweiz zeigt also anschaulich, dass ein monolithisches Vorverständnis von »der« Staatsangehörigkeit differenzierten Bürgerschaftsrechten in einem föderalen Gebilde nicht gerecht werden kann.

Das historische Modell des Föderalismus

Der Föderalismus stellt insgesamt das geschichtliche Erfahrungsreservoir bereit, vor dessen Hintergrund sich die Charakteristika der Unionsbürgerschaft am besten einordnen und verstehen lassen. Denn in der Verfassungsgeschichte föderativer Staatenzusammenschlüsse hat es immer wieder komplexe Bürgerschaftsbeziehungen gegeben, die der inneren Vielfalt und Heterogenität föderaler Ordnungen bürgerschaftlich Rechnung trugen. Für die Europäische Union, die auf einem freiwilligen Zusammenschluss ihrer Mitgliedstaaten beruht, liegt der Vergleich mit derartigen föderativen Gebilden, die auf einer freien Einung rechtlich Gleicher beruhen, besonders nahe.[4]

Die Bürgerschaft föderaler Gebilde ist regelmäßig ein plurales Gebilde. Bund und Gliedstaaten verfügen jeweils über eine eigene Bürgerschaft und diese Bürgerschaftsrechte stehen untereinander in Beziehung. Die Pluralität dieser Bürgerschaften ist freilich in föderativen Kontexten spezifisch organisiert: Bürgerschaft der Gliedstaaten und Bürgerschaft des Bundes sind dort nämlich untrennbar miteinander verknüpft. Jeder Bürger eines Gliedstaats ist zugleich auch Angehöriger des gesamten Bundes.[5] Diese Verknüpfung ist heute auch für die Europäische Union charakteristisch, wo die Unionsbürgerschaft durch die Staatsangehörigkeit eines Mitgliedstaats der Union vermittelt wird.

Entwicklungsgeschichtlich ist diese untrennbare Verbindung zweier Bürgerrechte leicht erklärbar. Wenn Staaten miteinander ein neues bündisches Gemeinwesen bilden, können sie ihre jeweiligen Bürger wechselseitig nicht länger so behandeln, als wären es Ausländer aus beliebigen Drittstaaten. Sie müssen diese vielmehr in irgendeiner Weise wechselseitig privilegieren, ihnen also gewisse Aufenthaltsrechte einräumen und ihnen in bestimmtem Umfang die Gleichbehandlung mit ihren eigenen Staatsbürgern zusichern. Derartige Gewährleistungen gab es daher in unterschiedlichem Umfang schon in den traditionellen Staatenbünden, obwohl diese insgesamt noch auf eine vergleichsweise lockere Verbindung der beteiligten Staaten abzielten und stärker von der gemeinsamen Außen- und Verteidigungspolitik her geprägt waren. Am umfangreichsten geschah dies bereits in Artikel IV der nordamerikanischen Konföderationsartikel von 1777/81.[6] Durch dieses Rechtebündel, das noch durch gewisse besondere Pflichten, wie etwa die wechselseitige Auslieferung eigener Bürger, ergänzt wurde, waren die beteiligten Staaten füreinander nicht länger Ausland, sondern in ihren wechselseitigen Beziehungen entfiel in großem Umfang die Unterscheidung von innen und außen. Die verbundenen Staaten sahen ihre Bürger wechselseitig nicht länger als Ausländer an, sondern diese bekamen einen gemeinsamen Status, der ihre rechtliche Stellung derjenigen der jeweiligen Staatsbürger gleichstellte oder doch zumindest annäherte. Dieses Bündel föderativer Rechte ist noch heute in entsprechenden Regeln bundesstaatlicher Verfassungen enthalten, die den Bürgern des Bundes die Freizügigkeit zwischen den Gliedstaaten und die Gleichbehandlung mit den vor Ort ansässigen Bürgern gewährleisten. Im deutschen Grundgesetz finden sich die entsprechenden Garantien in Art. 11 GG und Art. 33 Abs. 1 GG.[7] Es bildete sich schrittweise eine doppelte und verknüpfte Bürgerschaft auf der Ebene der Gliedstaaten und des Bundes heraus.

Diese typischen entwicklungsgeschichtlichen Wurzeln des Bundesbürgerrechts erklären auch, warum die frühen Föderationen diese entstehende Bundesbürgerschaft immer mit der Staatsbürgerschaft der beteiligten Staaten verknüpft haben.[8] Denn im Ausgangspunkt ging es ja gerade darum, den Staatsbürgern der Gliedstaaten eine besondere rechtliche Stellung in den anderen Gliedstaaten zu verschaffen und diese dadurch aus der unvorteilhaften Situation des Ausländerstatus zu befreien. Insofern war es geradezu die natürliche Konsequenz, die entsprechenden Rechte an die Staatsbürgerschaft der Gliedstaaten anzuknüpfen. Das entstehende Bundesbürgerrecht konnte deshalb auch regelmäßig und noch für lange Zeit darauf verzichten, die Berechtigten eigenständig festzulegen und eigene Regeln für den Erwerb und Verlust des Bundesbürgerrechts aufzustellen. Es formte die Bundesbürgerschaft als eigenständigen Status vielmehr nicht näher aus, sondern begnügte sich damit, die entsprechenden Rechte den Staatsbürgern der Einzelstaaten zuzuweisen. Das Staatsangehörigkeitsrecht der Einzelstaaten entschied somit automatisch auch darüber, wem die bundesbürgerlichen Rechte zustanden.

Der Grund für diese Beharrungskraft des Vermittlungsmodells mit Primat der Staatsbürgerschaft der Gliedstaaten liegt darin, dass es föderalen Systemen häufig erst in einer sehr späten Entwicklungsphase gelingt, die vollständige Gleichbehandlung der Bürger der Gliedstaaten in den anderen Gliedstaaten sicherzustellen. Neuralgische Punkte sind hier regelmäßig die Frage, ob auch Freizügigkeit genießt, wer für seinen Lebensunterhalt auf staatliche Fürsorgeleistungen angewiesen ist, und ob zuwandernden Bürgern anderer Gliedstaaten auch die politischen Rechte zuerkannt werden. Indirekt zeigt sich an solchen Fragen das Ausmaß, in dem sich bereits eine föderative Solidarität zwischen den beteiligten Staaten ausgebildet hat. So ist in Deutschland die Gleichstellung zugewanderter Deutscher bei den politischen Rechten der Einzelstaaten – etwa bei Landtagswahlen – erst mit der Weimarer Reichsverfassung erreicht worden. Zuvor war hierfür eine Einbürgerung in dem jeweiligen Land erforderlich gewesen.[9] Innerhalb der Vereinigten Staaten unterlagen die Freizügigkeit und soziale Gleichbehandlung bedürftiger US-Bürger bis weit in das 20. Jahrhundert hinein erheblichen Einschränkungen. Noch in der Zeit der Großen Depression in den 1930er-Jahren versuchten Bundesstaaten wie Kalifornien, sich durch entsprechende Gesetzgebung vor dem Zustrom mittelloser Amerikaner aus anderen Bundesstaaten der USA zu schützen. Erst 1941 entschied der Oberste Gerichtshof in seinem Grundsatzurteil »Edwards v. California«, dass die Bundesverfassung Freizügigkeitsbeschränkungen für mittellose US-Bürger nicht zuließ. Der Supreme Court betonte damals, »that the peoples of the several states must sink or swim together, and that in the long run prosperity and salvation are in union and not division«.[10] In ähnlicher Weise wurden in der Schweiz die volle Niederlassungsfreiheit und soziale Gleichbehandlung für bedürftige Schweizer endgültig erst im Jahr 1975 (!) hergestellt.[11] Gerade die soziale Solidarität mit mittellosen Bürgern war auch innerhalb der traditionellen Bundesstaaten noch über lange Zeiträume sehr begrenzt; das galt erst recht, wenn der Bund selbst noch keine starke wohlfahrtspolitische Rolle übernommen hatte.

Nähert man sich der Unionsbürgerschaft vor dem Hintergrund des Erfahrungsschatzes föderativer Bürgerschaft, dann erweisen sich viele Phänomene und Erfahrungen der heutigen Europäischen Union nicht als präzedenzlos. Vorläufer und vergleichbare Situationen sind zu anderen Zeiten bereits aufgetreten und können heute dazu beitragen, die Entwicklung der europäischen Bürgerschaft besser einzuordnen und zu verstehen. Dabei ist es nötig, den Blick für die Bürgerschaftsfragen großräumiger Herrschaftsgebilde insgesamt neu zu öffnen und die im Verlauf des 20. Jahrhunderts eingetretene Verengung des Blicks auf Nationalstaaten mit einheitlicher Staatsbürgerschaft zu überwinden. Der historisch geschärfte Blick wird dabei allzu euphorische Erwartungen dämpfen, die sich gelegentlich auf die Unionsbürgerschaft richten. Dieser Status kann etwa nur sehr begrenzt dazu beitragen, dass sich ein stärkeres gemeinsames Bewusstsein aller europäischen Bürgerinnen und Bürger entwickelt. Seine Leistungen liegen eher in der wechselseitigen Integration mobiler Unionsbürger in die Gesellschaften der Aufenthaltsstaaten als in der übergreifenden Bewusstseinsbildung eines sie umgreifenden europäischen Gemeinwesens. Auch in der Entwicklungsgeschichte der älteren Bundesstaaten ist das gemeinsame Bundesbürgerrecht häufig über viele Jahrzehnte wenig prominent geblieben. So hat sich in den Vereinigten Staaten eine stärker identitätsprägende Bedeutung der US-Bürgerschaft erst nach dem Bürgerkrieg und Ersten Weltkrieg entwickelt,[12] und ähnlich späte Entwicklungen lassen sich etwa auch für die Schweiz[13] oder das Deutsche Reich[14] beobachten. Ohnehin ist nicht zu übersehen, dass selbst in den im Vergleich zu Deutschland stärker föderativ geprägten Bundesstaaten Schweiz und USA die föderale Entwicklungsgeschichte zugleich eine Geschichte von Nationsbildung gewesen ist. Eine Entsprechung dazu ist für die europäische Integration nicht erkennbar, und es gibt keine Anzeichen dafür, dass sich ein derartiger Prozess in einem so ausgedehnten und innerlich heterogenen Gebilde künftig noch abspielen dürfte. Die Union ist vielmehr immer wieder von inneren Fliehkräften bedroht, die im Austritt Großbritanniens im Jahr 2020 ihren bisher stärksten Ausdruck gefunden haben und in der Zukunft an Bedeutung noch gewinnen könnten. Die Europäische Union dürfte daher auf lange Zeit viele der Züge bewahren, die in der föderativen Geschichte häufig nur Etappen auf dem Weg zu einer entschiedenen Konsolidierung der Bundesebene waren. Dazu zählt nicht zuletzt eine Bürgerschaft, die weiterhin auf der Staatsangehörigkeit der Mitgliedstaaten ruht und keine vollständige Gleichheit innerhalb der gesamten Union herzustellen vermag. Die föderative Erfahrung macht uns dabei immer wieder darauf aufmerksam, wie brüchig und vorläufig föderative Arrangements häufig sind und wie sehr diese Brüchigkeit und Vorläufigkeit gerade auch die Europäische Union kennzeichnet.

1 Vgl. Maas 2021, S. 172.
2 Im Jahr 2020 hatten 13,3 Mio. Unionsbürger ihren Aufenthalt in einem anderen Mitgliedstaat, vgl. Europäische Kommission, Bericht über die Unionsbürgerschaft 2020, COM (2020), 730 final, S. 1.
3 Zur Entwicklung und heutigen Form des Schweizer Bürgerrechts vgl. Schönberger 2005, S. 80–93.
4 Dabei sei nicht verkannt, dass die Abgrenzung zwischen »freiwilligen« und »unfreiwilligen« Staatenzusammenschlüssen historisch keineswegs immer eindeutig war, wie etwa die Entwicklungsgeschichte des Britischen Empire anschaulich zeigt, vgl. Hausteiner 2015.
5 Vgl. Schönberger 2005, S. 166–194.
6 Vgl. Kettner 1978, S. 220–247; Smith, Douglas G. 1997, S. 274 ff.; Diggelmann 2011, S. 136.
7 Zur Entwicklungsgeschichte dieser Normen in Deutschland vgl. Sachs 1984; vergleichender Überblick bei Antieau 1984, S. 8–23.
8 Für die US-amerikanische, schweizerische und deutsche Entwicklung vgl. Schönberger 2005, S. 60–127.
9 Vgl. ebd., S. 107–117.
10 Edwards v. California, 314 U.S. 160, 173 (1941); näher mit instruktivem Vergleich zur Situation in der EU vgl. Van der Mei 2002, S. 809–813.
11 Vgl. Schönberger 2005, S. 85–94.
12 Vgl. Bonwick 2000; Kramer 1994, S. 1557 f.
13 Vgl. Zimmer 2003.
14 Dazu Beaud 2002, S. 314 ff.

Christian Joppke

Staatsbürgerschaft im 21. Jahrhundert – national oder postnational, entwertet oder aufgewertet?

In Zeiten der Coronapandemie kann ein Ausblick auf die Staatsbürgerschaft im 21. Jahrhundert nicht ohne eine Einschätzung dieses epochalen Ereignisses beginnen. Zumindest ist der akademische Ruckus über »national« versus »postnational« entschieden. Einst als »so 80er« verspottet, ist die Inkarnation des Nationalen, die Grenze, plötzlich »in« – und dies als altertümlicher Schlagbaum.[1] Die reflexartige Schließung der Grenzen überall auf der Welt und die medial dramatisierten Rückholaktionen haben den kategorischen Primat des Nationalen, trotz drei Jahrzehnten Hyperglobalisierung, unter Beweis gestellt. Das erste Opfer der Krise in Europa war das zentrale Versprechen der von vielen als »postnational« bejubelten Unionsbürgerschaft: die unbeschränkte Bewegungsfreiheit zwischen Stockholm und Palermo, Lissabon und Warschau. Die panikartige Mobilitätsbeschränkung erfolgte mit überraschend breiter Zustimmung. Als im Mutterland des Liberalismus das »unveräußerliche Recht der freigeborenen Mitglieder des Vereinigten Königreichs, nach Belieben in einen Pub zu gehen«, wie Premier Boris Johnson es drollig nannte, wiedereingesetzt wurde und auch andere Beschränkungen nach langen Monaten des Lockdowns aufgehoben wurden, waren nicht alle begeistert. Fast die Mehrheit der britischen Bevölkerung sprach sich dafür aus, dass internationale Reisebeschränkungen permanent gelten sollten, unabhängig von Covid-19.[2]

Zurück zum nationalistischen Prinzip der Deckungsgleichheit von Staatsvolk und Staatsterritorium, wie in den merkwürdigen Rückholaktionen des März 2020. Zurück zur nationalen Staatsbürgerschaft, wie in der sofortigen Einkassierung des freien Bewegungsrechts in Europa. Wie sonst soll man diese Reaktionen lesen?

Leider ist die Welt der instinktiv Re-Nationalisierten nicht in Ordnung, und dies nicht etwa wegen des Virus. Die globalisierungs- und geschäftsfreundliche

Financial Times nahm die in der Coronakrise brutal zutage tretenden sozialen Ungerechtigkeiten – etwa das risikofreie Homeoffice für die durch Bildung und Einkommen Privilegierten, während der unterbezahlte Plebs in »systemrelevanten Beschäftigungen« hochriskant an der Virusfront agieren musste – zum Anlass, um über einen neuen sozialen Vertrag nachzudenken. Interessanterweise erscheint hier Staatsbürgerschaft *(citizenship)* als zentrale alt-neue Idee, eine umfassende Neuordnung für Politik, Gesellschaft und Wirtschaft anzustreben.[3] Das überrascht nicht, weil die seit 1789 institutionell als *citoyenneté* zusammengefassten Werte liberaler Gesellschaften – Freiheit, Gleichheit, Solidarität –, im neoliberalen Jargon gesprochen, »alternativlos« sind. Die treibende Kraft der wiederbelebten Idee der Staatsbürgerschaft ist aber eine konkretere: »Das erste Anliegen des demokratischen Staates muss es sein, die Wohlfahrt aller ihrer Bürgerinnen und Bürger zu befördern.«[4] Das klingt zugleich bekannt und anachronistisch.

Bereits Anfang der 1950er-Jahre hatte der britische Soziologe Thomas Marshall diese Vision, die im Wohlfahrtsstaat der Nachkriegszeit ihren institutionellen Ausdruck fand, als »soziale Staatsbürgerschaft« bezeichnet.[5] Es lohnt sich, diese Vision im Wortlaut in Erinnerung zu rufen, weil wir dann sehen, wie

Doppelter Zaun an der deutsch-schweizerischen Grenze während des ersten Corona-Lockdowns, Kreuzlingen/Konstanz, 4. April 2020

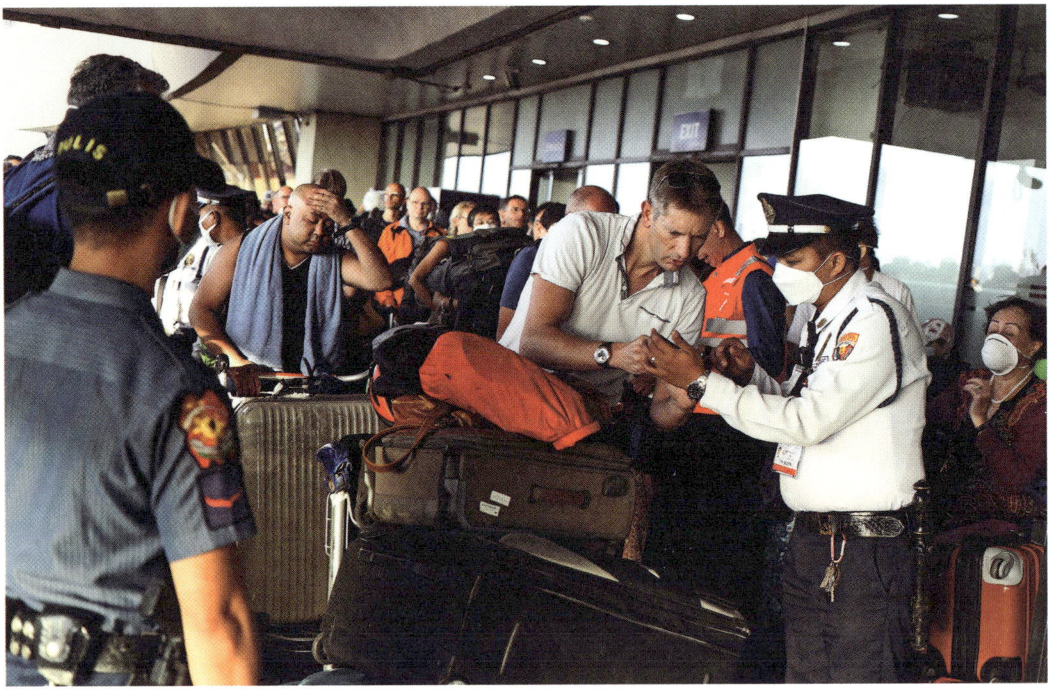

»Rückholaktion« deutscher Staatsbürgerinnen und -bürger während des ersten Corona-Lockdowns im Frühjahr 2020

sehr sich die Welt inzwischen verändert hat, so sehr, dass sogar das führende Finanzblatt die Defizite spürt. Soziale Staatsbürgerschaft, für Marshall die Krone einer drei Jahrhunderte langen Entwicklung, sei »das absolute Recht auf ein gewisses Maß an Zivilisation« und sie garantiere »grundlegende menschliche Gleichheit, die mit dem Begriff der vollen Mitgliedschaft in einer Gemeinschaft verbunden ist«. Die soziale Staatsbürgerschaft, so hoffte er, würde den hierarchischen »Wolkenkratzer« des brachialen Frühkapitalismus in einen abgeflachten »Bungalow« verwandeln, in dem jede und jeder etwa gleich viel hätte.

Natürlich kann eine revitalisierte *citizenship,* die *Financial-Times*-Kommentator Martin Wolf im ersten Jahr der Coronakrise zu Hilfe ruft, nicht einfach 40 Jahre Neoliberalismus ungeschehen machen. Drei Dinge seien jetzt damit gemeint:[6] erstens »Loyalität gegenüber Demokratie und Rechtsstaat« – keine Selbstverständlichkeit in den Zeiten Trumps und Johnsons; zweitens die »Möglichkeit für alle Mitbürgerinnen und -bürger *(fellow citizens)*, ein erfülltes Leben zu führen« – dies allerdings klingt ganz nach dem Marshall'schen Programm; und drittens die »Schaffung einer Wirtschaft, in der sich alle Bürgerinnen und Bürger entfalten können« – hier ist ein (rosiger) Rest von Neoliberalismus enthalten, der bei Marshall nicht vorkommt.

Auf die selbst gestellte Frage, warum es denn Staatsbürgerschaft sein müsse, unter deren semantischem Dach eine postpandemische Neuordnung erfolgen solle, antwortet Martin Wolf nicht Französisch, sondern Amerikanisch: weil eine »blühende Mittelklasse« die zentrale Voraussetzung für demokratische Stabilität sei – was übrigens keine amerikanische Erfindung ist (wenn sie auch dort in der Nachkriegszeit zuerst realisiert wurde), sondern was bereits Aristoteles wusste. Nun ist genau diese Mittelklasse in vier Jahrzehnten Neoliberalismus und drei Jahrzehnten Globalisierung systematisch ausgehöhlt und fragmentiert worden, wie Wolf selbst zugibt und wir nicht zuletzt durch Thomas Pikettys Diagnose einer Wiederkehr des Eigentum konzentrierenden »patrimonialen Kapitalismus«[7] und Branko Milanovićs berühmte Elefantenkurve wissen (welche Einkommensstagnation oder sogar -rückgang in den westlichen Mittelschichten zwischen 1980 und 2010 aufzeigt, also genau für die Periode der Globalisierung).[8] Was zwischen Marshalls Verkündigung einer sozialen Staatsbürgerschaft und ihrer Wiederbeschwörung 70 Jahre später liegt, sind die *Trente Glorieuses* (30 glorreichen Jahre) des Wohlfahrtsstaats, wie sie in Frankreich ein wenig heuchlerisch erinnert werden (weil er sich dort länger hielt als anderswo); und was zwischen ihnen liegt, ist die einseitige Aufkündigung der »Schrotflintenehe« zwischen Kapital und Demokratie nach der ersten Ölkrise.[9] Wobei allerdings nicht vergessen werden darf, dass es sich bei dieser Aufkündigung nicht (nur) um eine kapitalistische Verschwörung handelte, sondern dass diese mit voller Unterstützung der »Mehrheitsklasse« erfolgte, die qua (moderaten) Aktieneinkäufen und kreditfinanziertem Eigenheimbesitz vom neuen System des Finanzkapitalismus zu profitieren hoffte.[10]

Wenn wir vor diesem Hintergrund auf die wirtschaftspolitischen Instrumente schauen, mit deren Hilfe ein totaler Zusammenbruch im März 2020 vermieden werden konnte, so kann das für eine Revitalisierung von Mittelklasse und sozialer Staatsbürgerschaft nicht optimistisch stimmen. Für den Wirtschaftshistoriker Adam Tooze ist der zentrale Held nicht die staatliche Fiskalpolitik, deren generöse Nachfragestimulierung durch Defizitfinanzierung zumindest formal an Keynesianismus erinnert; vielmehr sind es die staatlichen Zentralbanken.[11] Diese haben sich durch unlimitierte Geldschöpfung und sogenannte Quantitative Lockerung (Ankauf staatlicher Schuldtitel) überraschend von ihrem konstitutiven Mandat der Inflationsbekämpfung abgekehrt. Nur war das Hauptmotiv dafür, wie Tooze aufzeigt, nicht die Bereitstellung von Liquidität für die staatliche Fiskalpolitik, sondern die Beruhigung der privaten Aktienmärkte, die auch prompt erfolgte – die reichsten 10 Prozent sind auch die größten Gewinner der Coronakrise.[12] Die Risiken der Finanzialisierung wurden also mit den Mitteln der Finanzialisierung abgewehrt. »Alles muss sich ändern, damit alles gleich bleiben kann«, so fasst Tooze, mit Lampedusas *Gatto-*

pardo, die »fiskalisch-monetäre Synthese« der Krisenbewältigung 2020 zusammen. Warum aber hat sich die Angst vor der Inflation verflüchtigt? Weil es nach dem Niedergang der Gewerkschaften und der Sozialdemokratie keine »antisystemische Herausforderung« mehr gab bzw. gibt, sodass keine Wiederkehr der den Neoliberalismus (re-)generierenden 1970er-Jahre mit sich überbietenden Lohnforderungen und Preissteigerungen droht.[13]

Eine schleichende interne Entwertung der Staatsbürgerschaft lässt sich vor allem in der neoliberalen Sozialpolitik nachverfolgen, die in den 1990er-Jahren an Fahrt aufgenommen hat und ungebremst anhält. Ihre Logik, wie etwa an Hartz IV in Deutschland ablesbar, ist nicht länger wie bei Marshall die De-, sondern umgekehrt die Re-Kommodifizierung der Person, ihre möglichst schnelle und im Kern erzwungene Rückkehr in den Arbeitsmarkt, bei zunehmend geringerer Berücksichtigung ihres Ausbildungsniveaus und ihres legitimen Erwartungshorizonts. Der Fluchtpunkt dieser Entwertung ist die Figur des *worker citizen,*[14] die funktional und nicht ethnisch-national definiert ist und so Eingewanderte nicht aus-, sondern einschließt, solange sie eben produktiv sind.

Natürlich ist die Rede von der internen Entwertung der Staatsbürgerschaft eine provinziell westliche. Im globalen Vergleich ist der Zufall, in einem reichen OECD-Staat geboren zu sein, wie immer er auch sozialpolitisch ausgedünnt sein mag, und diesem Staat somit automatisch und potenziell lebenslang anzugehören, eine Wohlstandsgarantie, die auf andere Art unerreichbar ist. Milanović nennt es die »Staatsbürgerschaftsprämie«: Die bloße Tatsache etwa, in den USA geboren zu sein, multipliziert das Einkommen dieser Person gleich um das 93-Fache.[15] Im Zuge der seit etwa 1990 einsetzenden »zweiten Globalisierung«[16] schmälert sich diese Prämie natürlich. Wichtiger aber ist: Ein nostalgischer Rückblick auf die Goldenen Jahre des westlichen Wohlfahrtsstaats übersieht, dass diese mit der relativen Abschottung des Westens vor der Armut des globalen Südens erkauft wurden. Dessen Los hat sich genau dann verbessert, als es mit den mittleren Schichten im globalen Norden abwärtsging – wobei der verbindende Faktor ist, dass die Industrie- und zunehmend auch die Wissensarbeit aufgrund globaler Produktions- und Wertketten in den globalen Süden abgewandert sind und dort zur Herausbildung einer (bescheidenen) Mittelklasse geführt haben.

Die Entwertung der Staatsbürgerschaft, wie immer auch im globalen Kontext zu relativieren, hat noch eine andere, eine externe Seite. Lange wurde diese Entwertung damit in Verbindung gebracht, dass seit den 1960er-Jahren essenzielle Zivil- und Sozialrechte immer weniger an den formalen Status der Staatsangehörigkeit gekoppelt sind, sondern bereits Eingewanderten mit permanentem Aufenthaltsrecht zukommen. Yasemin Soysal hat dieses Phänomen »postnationale

Mitgliedschaft« genannt.[17] In ihr gleichen sich die Rechte (gewisser) Eingewanderter immer mehr an die Rechte der Staatsbürgerinnen und -bürger an (mit der wichtigen Ausnahme der politischen Rechte). Der Neoliberalismus hat allerdings auch dies verändert, sogar die Richtung umgekehrt. Die neue Tendenz ist nicht mehr, nach oben anzupassen (aus Sicht der Eingewanderten), sondern nach unten (aus Sicht der sich in ihrer Rechtsausstattung verschlechternden Staatsbürgerinnen und -bürger). Das heißt, die Rechte der Staatsbürgerinnen und -bürger werden in wichtigen Bereichen, etwa im Familien- und Sozialrecht, an die Rechtsposition von Eingewanderten angeglichen. In Deutschland, Frankreich und Dänemark, zum Beispiel, wurde die rechtliche Privilegierung von Staatsbürgerinnen und -bürgern in der Familienzusammenführung zum Teil drastisch eingeschränkt (in der ethnisch diskriminierenden Annahme freilich, dass viele der Betroffenen ehemalige Eingewanderte sind).[18]

Den Zufall der Geburt beim Erwerb einer Staatsbürgerschaft beschreibt Ayelet Shachar, *The Birthright Lottery*, 2009

Die Staatsbürgerschaft ist eine janusköpfige Erscheinung: inklusiv nach innen, aber exklusiv nach außen.[19] In der deutschen Sprache gibt es für den externen Aspekt ein eigenes Wort: Staatsangehörigkeit. Während die Staatsbürgerschaft nach innen einen unaufhaltsamen Entwertungsprozess durchgemacht hat, so verhält es sich nach außen, also bezüglich der Staatsangehörigkeit, genau umgekehrt. Zumindest in der Rhetorik der politischen Eliten reicher OECD-Staaten ist die Staatsangehörigkeit der »höchste Preis«, den Einwandernde erlangen können, ein Preis also, der nur für einige Auserwählte erhältlich ist. Auch hier hat sich ein grundlegender Wandel vollzogen. Bis in die 1990er-Jahre hinein galt eine liberale Auffassung der Staatsangehörigkeit. Diese wurde als ein Recht begriffen, das gewissen Eingewanderten nach einer gewissen Aufenthaltszeit zusteht, und sie wurde als Mittel gesehen, um einen prinzipiell unabschließbaren Integrationsprozess zu fördern.

Seit dem neuen Jahrtausend setzt sich eine andere Sichtweise durch. Jetzt ist die Verleihung der Staatsangehörigkeit qua Naturalisierung nicht länger Recht, sondern Privileg, das »verdient« werden muss; und sie ist nicht länger Mittel zur Integration, sondern Belohnung für den Abschluss einer erfolgreich verlaufenen Integration, die zugleich staatlich kontrolliert ist. Die »verdiente Staatsangehörigkeit« *(earned citizenship)* beruht weiterhin auf einem liberalen Fundament: Ein kategorialer Ausschluss aufgrund von Rasse oder Geschlecht ist nicht erlaubt. Aber ihr Geist ist weniger liberal als neoliberal und nationalistisch, was eine ungewöhnliche Verbindung darstellt. Das neoliberale Element ist das Einfordern von individueller Leistung (vor allem in Arbeit oder Ausbildung zu stehen und einen Staatsbürgerschaftstest bestanden zu haben). Das nationalistische Element ist die Vorstellung von Staatsbürgerschaft als Privileg, was die politische Gemeinschaft im selben Zug überhöht und feiert.

Das auffälligste Merkmal der Staatsbürgerschaft im 21. Jahrhundert ist, dass eine intern abgewertete Staatsbürgerschaft in der Außendarstellung, qua Staatsangehörigkeit, rhetorisch aufgewertet wird. Dies geschieht auf zwei Weisen, die zwei Seiten desselben Phänomens einer zunehmend restriktiven Vergabepraxis sind: Einerseits ist die Staatsangehörigkeit schwerer zu bekommen (wenn sie nicht durch Geburt zugewiesen wird); andererseits ist sie leichter zu verlieren.[20] »Schwerer zu bekommen« meint, dass die Staatsangehörigkeit stärker als bisher an individuelles Verhalten, vor allem Leistung gekoppelt wird. Einst war die Messlatte das »durchschnittliche Individuum«, wie es etwa der US Supreme Court festsetzte; heute muss man *super citizen* sein,[21] ein strahlendes Vorbild. Eine diesem Modell verpflichtete, restriktivere Naturalisierung erfolgt vor allem in drei Hinsichten: Erstens sind wirtschaftliche Unabhängigkeit und Nichtinanspruchnahme von Sozialleistungen eine zunehmend eingeforderte und verschärfte Bedingung; zweitens können bereits harmlose Verwaltungsdelikte von der Anwartschaft ausschließen; und drittens, viel diskutiert und neu in Europa, müssen Sprach- und Zivilkenntnisse qua Staatsbürgerschaftstest nachgewiesen werden.

Die logische Kehrseite eines zunehmend auf individuelles Verhalten und Leistung abstellenden Zugangs zur Staatsangehörigkeit ist, dass »schlechtes« Verhalten leichter zum Entzug einer qua Naturalisierung erlangten Staatsangehörigkeit führen muss. Empirisch betrifft dies einen verschwindend kleinen Kreis: verurteilte Terroristen (seit 2019 in der Bundesrepublik). Begrifflich aber ist diese Entwicklung von Bedeutung, denn sie ist das logische Komplement einer verknappten und so vermeintlich »gestärkten« Staatsbürgerschaft.[22]

Am Schluss stellt sich die Frage: Sind die interne Abwertung der Staatsbürgerschaft und die externe Aufwertung der Staatsangehörigkeit miteinander verzahnte Prozesse – oder verlaufen sie in gesonderten Bahnen, einer je eigenen Logik folgend? Das ist nicht leicht zu beantworten. Gegen eine Verzahnung spricht, dass beide Prozesse in unterschiedlichen Rechts- und Politikbereichen stattfinden: hauptsächlich in der Sozialpolitik der eine, im Staatsangehörigkeitsrecht der andere. Zumindest ein Paradox kann einfach aufgelöst werden. Wenn es im Inneren der OECD-Welt so scheinen muss, dass das bloße Faktum der Staatsbürgerschaft nicht länger vor existenziellen Risiken wie Arbeitslosigkeit oder Alter schützt, dann muss im globalen Kontext eine Zugehörigkeit zu diesem privilegierten Klub immer noch als höchst begehrenswertes Gut, als »höchster Preis« eben, wahrgenommen werden – zumal in einer sich der Globalität und globaler Ungleichheiten zunehmend bewussten Welt. Es liegt hier kein Widerspruch vor: Es kommt ganz auf die Perspektive an.

Zugleich werden beide Prozesse, interne Ab- und externe Aufwertung, laufend selbst beobachtet, nicht zuletzt aufseiten der beide Prozesse simultan antreibenden (vorwiegend westlichen) Staaten. Der eigentliche Adressat der rhetorischen Aufwertung und »Stärkung« der Staatsbürgerschaft sind dann wohl nicht diejenigen, die an die Tür klopfen, sondern die, die bereits im Haus sind: »Beschwert euch nicht über das abgesessene Sofa; andernorts gibt es nicht einmal eins, auf dem ihr schlecht sitzen könnt.«

1 Vgl. Mau 2021.
2 Vgl. The Economist 10.7.2021.
3 Wolf 2020.
4 Ebd.
5 Marshall 1950.
6 Wolf 2020.
7 Piketty 2014.
8 Milanović 2016.
9 Streeck 2016, S. 2.
10 Vgl. Mau 2015.
11 Tooze 2021.
12 Ebd., Kap. 7.
13 Ebd., Schluss.
14 Vgl. Anderson 2015.
15 Milanović 2016, S. 133.
16 Vgl. Baldwin 2016.
17 Soysal 1994.
18 Vgl. Bonjour/Block 2016.
19 Vgl. Brubaker 1992.
20 Vgl. Joppke 2021.
21 Vgl. Badenhoop 2017.
22 Die britische Regierung etwa hat diesen Konnex explizit benannt, vgl. Joppke 2021, S. 21.

Dominique Hipp

Staatsbürgerschaft – eine Geschichte der Emotionen

»Kein Ausländer und doch ein Fremder, [der seine] Identität beweisen muss.«[1] Diese prekäre Situation beschreibt die Heidelberger Hip-Hop-Gruppe Advanced Chemistry 1992 in ihrem Song »Fremd im eigenen Land«. Die Musiker benennen in dieser Zeile zwei Themen: erstens die Frage von Identität und zweitens ihre alltägliche Erfahrung von Rassismus, verbunden mit der Konfrontation einer angeblichen Nichtzugehörigkeit. Letzteres zeigt die Widersprüchlichkeit auf, dass Menschen mit deutscher Staatsangehörigkeit – »Beweis? Hier ist mein Ausweis« – von anderen als nicht deutsch betrachtet werden. Die Frage der Zugehörigkeit stellt sich für die Musiker also nicht nur als eine von ihnen ausgehende ganz persönliche, sondern vielmehr als eine, die von außen an sie herangetragen wird. Ihnen wird durch diese auferlegte Beweislast die Agency genommen, selbst darüber zu bestimmen, was und wer sie sind.

Die Ausstellung *Staatsbürgerschaften. Frankreich, Polen, Deutschland seit 1789* macht es sich zur Aufgabe, das Ringen um ein Dazugehören zu thematisieren, sie zeugt auch von den bis heute damit verbundenen Emotionen. Der Blick auf die verschiedenen ausgewählten Biografien offenbart, mit welchen großen Gefühlen Menschen in den Aushandlungsprozessen konfrontiert waren und sind. Emotional ist diese Auseinandersetzung unter anderem aufgrund der (Loyalitäts-)Ängste der »Aufnehmenden«. Nicht selten findet sich eine politische Instrumentalisierung von Vorbehalten. Die um die Staatsbürgerschaft Werbenden wollen ein bestimmtes Ausweisdokument aber nicht nur als »Garantie [von] Schutz und Freiheit«,[2] sondern auch, weil sie damit konkrete lebensgeschichtliche Erfahrungen und Emotionen assoziieren. So ist der Entschluss zur Erlangung einer Staatsangehörigkeit nicht nur pragmatisch, es ist auch eine bewusste und folgenreiche Entscheidung für den zukünftigen Lebensweg.

Die Frage, wer dazugehört, ist wiederholt Streitthema in Medien, Gesellschaft und politischen Parteien. Dies liegt zuvorderst in der Tatsache begründet, dass durch Staatsbürgerschaft Zugehörigkeit manifest wird und deshalb diesem rechtlich neutralen Statusbegriff oftmals eine Überhöhung zuteilwird, die bis zur Mystifizierung reicht. Die mögliche Grenzziehung und die damit verbundene Gelegenheit, ein »Wir« zu konstruieren, sind somit ein wichtiger Bestandteil in den Auseinandersetzungen um Staatsbürgerschaft.

Bisher marginalisierte Perspektiven, wie zum Beispiel von Frauen, Jüdinnen und Juden, PoC und Migrantinnen und Migranten, sind entscheidend für den (historischen) Blick auf Staatsbürgerschaft, um Prozesse der »Aneignung, Umschreibung, Manipulation und Umwertung«[3] offenzulegen. Dies ist in einem Museum zuvorderst durch postrepräsentative Formen möglich, die nicht das Repräsentieren, sondern vielmehr das Aushandeln von Zugehörigkeiten darstellen.[4] Da unter anderem Politikerinnen und Politiker im Lauf der Geschichte wiederholt Gefühle instrumentalisieren, um Ängste zu schüren, ist das Thema der Staatsbürgerschaft auch deshalb ein emotionales. Im Streit um Zugehörigkeiten werden Ambivalenzen häufig geglättet und die Debatten um ein angebliches Migrationsproblem sind oftmals Stellvertreterdiskurse. Sie ermöglichen es, in Politik und Gesellschaft eine Auseinandersetzung mit anderen Problemen zu umgehen sowie Ursache und Verantwortung den Nichtstaatsangehörigen zuzusprechen.[5] Solch ein Diskurs ist nicht rational differenziert, sondern polemisch.

Aber benötigt eine »postmigrantische Gesellschaft«[6] in einer globalisierten Lebens- und Arbeitswelt überhaupt noch eine Staatsbürgerschaft oder ist diese vielleicht sogar ein störendes Hindernis, das es zu überwinden gilt? Diesen Gedanken greift die Installation »Infinite Passports« auf.[7] Die Collage zeigt, wie Pässe aussehen würden, wenn es möglich wäre, Anteile von Staatsbürgerschaften untereinander zu tauschen. Gleichzeitig verweist die Installation auf die unterschiedlichen Rechte, Pflichten und Privilegien, die mit bestimmten Staatsangehörigkeiten verbunden sind. Nicht alle Ausweisdokumente ermöglichen Reisefreiheit oder eröffnen Zugang zu staatlichen Hilfeleistungen.

Doch wenn die Staatsangehörigkeit verschwindet, wohin mit den Emotionen und wo gehören wir dann dazu?

1 Advanced Chemistry, Fremd im eigenen Land, 360° Records, 1992.
2 Gosewinkel 2016, S. 9.
3 Schmidt 2011, S. 14.
4 Vgl. Sternfeld 2018, S. 55.
5 Vgl. Foroutan 2019, S. 17.
6 »Der Terminus postmigrantisch ist als subversiver Verweis auf die Fluidität von Herkunft, Kultur und die Transformation kollektiver Identität entstanden. Wenn Neues hinzukommt und Altes bestehen bleibt, beides nebeneinandersteht, sich zusammenfügt, ausschließt oder ganz neu sortiert, dann braucht es dafür auch Begriffe, die diese Transitionsphasen benennen« (Foroutan 2019, S. 49). »Mit dem postmigrantischen Perspektivwechsel [...] ist selbstverständlich nicht gemeint, dass die Ära der Migration beendet ist, im Gegenteil: nach der Migration ist immer auch vor der Migration« (Espahangizi 2016).
7 Giuditta Vendrame und Fiona du Mesnildot, *Infinite Passports*, Installation, 2014/2017.

ANHANG

Verwendete Literatur

#IBelong 2014
https://www.unhcr.org/ibelong/ [18.3.2022].

Ahonen 2003
Pertti Ahonen, After the Expulsion. West Germany and Eastern Europe 1945–1990, New York 2003.

Akoka 2021
Karen Akoka, L'asile et l'exil. Une histoire de la distinction réfugiés/migrants, Paris 2021.

Alexopoulou 2020
Maria Alexopoulou, Deutschland und die Migration. Geschichte einer Einwanderungsgesellschaft wider Willen, Ditzingen 2020.

Anderson 2015
Bridget Anderson, »Heads I win. Tails you lose«, in: Current Legal Problems 68 (2015), H. 1, S. 179–196.

Ansky 1950
Michel Ansky, Les Juifs d'Algérie du décret Crémieux à la Libération, Paris 1950.

Antieau 1984
Chester James Antieau, States' Rights Under Federal Constitutions, London/New York 1984.

Arendt 1958
Hannah Arendt, The Origins of Totalitarianism, New York 1958.

Arendt 1962
Hannah Arendt, Elemente und Ursprünge totaler Herrschaft, Frankfurt a. M. 1962.

Arendt 1981
Hannah Arendt, Es gibt nur ein einziges Menschenrecht [1949], in: Otfried Höffe u. a. (Hrsg.), Praktische Philosophie/Ethik, Bd. 2, Frankfurt a. M. 1981, S. 152–167.

Arendt 2009
Hannah Arendt, Elemente und Ursprünge totaler Herrschaft, München/Zürich 2009.

Ausst. Kat. Berlin 2016
Deutscher Kolonialismus. Fragmente seiner Geschichte und Gegenwart, Ausst. Kat., hrsg. vom Deutschen Historischen Museum, Darmstadt 2016.

Ausst. Kat. Frankfurt a. M. 1989
Sklavin oder Bürgerin? Französische Revolution und Neue Weiblichkeit 1760–1830, hrsg. von Viktoria Schmidt-Linsenhoff, Historisches Museum Frankfurt, Marburg 1989.

Bade 1980
Klaus J. Bade, Massenwanderung und Arbeitsmarkt im deutschen Nordosten von 1880 bis zum Ersten Weltkrieg: überseeische Auswanderung, interne Abwanderung und kontinentale Zuwanderung, in: Archiv für Sozialgeschichte 20 (1980), S. 265–323.

Badenhoop 2017
Elisabeth Badenhoop, Calling for the Super Citizen, in: Migration Studies 5 (2017), H. 3, S. 409–427.

Baldwin 2016
Richard Baldwin, The Great Convergence, Cambridge/MA 2016.
Baur 2010
Eva Gesine Baur, Chopin oder Die Sehnsucht. Eine Biographie, München 2010.
Beaud 2002
Olivier Beaud, The Question of Nationality within a Federation. A neglected Issue in Nationality Law, in: Randall Hansen und Patrick Weil (Hrsg.), Dual Nationality, Social Rights and Federal Citizenship in the U.S. and Europe. The Reinvention of Citizenship, New York 2002, S. 314–330.
Bechhaus-Gerst 2007
Marianne Bechhaus-Gerst, Treu bis in den Tod. Von Deutsch-Ostafrika nach Sachsenhausen – Eine Lebensgeschichte, Berlin 2007.
Belgian Art Gallery
Belgian Art Gallery, Armand Apol, https://www.belgian-art-gallery.be/en/armand-apol/[18.3.2022].
Bizeul 2000
Yves Bizeul (Hrsg.), Politische Mythen und Rituale in Deutschland, Frankreich und Polen, Berlin 2000.
Blévis 2012
Laure Blévis, »Français musulman« ou sujet colonial: le statut des immigrés algériens, in: Vies d'Exil. Algériens en France. 1954–1962: la guerre, l'exil, la vie, hrsg. von Benjamin Stora und Linda Amiri, Cité nationale de l'histoire de l'immigration, Paris 2012, S. 22–26.
Blume u. a. 2016
Dorlis Blume u. a., Charles de Gaulle, 2016, https://www.hdg.de/lemo/biografie/charles-de-gaulle.html [18.3.2022].
Bonjour/Block 2016
Saskia Bonjour und Laura Block, Ethnicizing Citizenship, Questioning Membership, in: Citizenship Studies 20 (2016), H. 6/7, S. 779–794.
Bonwick 2000
Colin C. Bonwick, American Nationalism, American Citizenship and the Limits of Authority, 1776–1800, in: Cornelis A. van Minnen und Sylvia L. Hilton (Hrsg.), Federalism, Citizenship and Collective Identities in U.S. History, Amsterdam 2000, S. 29–42.
Borkowski 1995
Jan Borkowski (Hrsg.), Witos o demokracji. Wybór przemówień, pism i rozmów Wincentego Witosa, Warschau 1995.
Brie/Schütrumpf 2021
Michael Brie und Jörn Schütrumpf, Rosa Luxemburg. A Revolutionary Marxist at the Limits of Marxism, Cham 2021.
Brubaker 1992
Rogers Brubaker, Citizenship and Nationhood in France and Germany, Cambridge/MA 1992.
Brubaker 1993
Rogers Brubaker, De l'immigré au citoyen. Comment le jus soli s'est imposé en France, à la fin du XIXème siècle, in: Actes de la recherche en sciences sociales 99 (1993), H. 4, S. 3–25.
Brubaker 1994
Rogers Brubaker, Staats-Bürger. Deutschland und Frankreich im historischen Vergleich, Hamburg 1994.
Bukowska/Wnuk-Lipiński 2009
Xymena Bukowska und Edmund Wnuk-Lipiński, Obywatelskość à la polonaise – czyli jakimi obywatelami są Polacy?, in: Nauka 1 (2009), S. 23–46.
Caglioti 2020
Daniela Caglioti, War and Citizenship, Cambridge 2020.
Chwalba 2001
Andrzej Chwalba, Historia Polski 1795–1918, Krakau 2001.
Claro 1918
Charles Claro, Les Apatrides, in: La Loi 39 (1/2 mai 1918) N° 53, S. 1.

Cooper 2014
Frederick Cooper, Citizenship between Empire and Nation. Remaking France and French Africa, 1945–1960, Princeton 2014.
Curie 1958
Eve Curie, Madame Curie, Leipzig 1958.
Currle 2004
Edda Currle, Migration in Europa. Daten und Hintergründe, Stuttgart 2004.
Czartoryski 1781
Adam Kazimierz Czartoryski, Drugi list JMC Pana Doswiadczyńskiego do przyjaciela swego względem edukacji córek, Warschau 1781.
Czubaty 2011
Jarosław Czubaty, Księstwo Warszawskie 1807–1815, Warschau 2011.
Dedinger 2012
Béatrice Dedinger, The Franco-German trade puzzle: an analysis of the economic consequences of the Franco-Prussian war, in: Economic History Review, 65 (2012), H. 3, S. 1029–1054.
Dehio 1948
Ludwig Dehio, Gleichgewicht oder Hegemonie. Betrachtungen über ein Grundproblem der neueren Staatengeschichte, Krefeld 1948.
Depoid 1942
Pierre Depoid, Les naturalisations en France. 1870–1940, Paris 1942.
Diggelmann 2011
Oliver Diggelmann, Supranationalität in historischer Perspektive. Die »Articles of Confederation« (1781–1789), in: Thomas Bruha (Hrsg.), Europäischer Föderalismus im Licht der Verfassungsgeschichte, Schaan 2011, S. 117–148.
Ending Statelessness 2014
https://www.unhcr.org/ending-statelessness.html?query=ending%20 statelessness [18. 3. 2022].
Espahangizi 2016
Kijan Espahangizi, Das #Postmigrantische ist kein Kind der Akademie, 2016, https://geschichtedergegenwart.ch/das-postmigrantische-kein-kind-der-akademie/[18. 3. 2022].
Fahrmeir 2007
Andreas Fahrmeir, Citizenship. The Rise and Fall of a Modern Concept, New Haven/London 2007.
Farahat 2015
Anuscheh Farahat, Solidarität und Inklusion – Umstrittene Dimensionen der Unionsbürgerschaft, in: Die Öffentliche Verwaltung 2 (2015), S. 45–54.
Foroutan 2019
Naika Foroutan, Die postmigrantische Gesellschaft. Ein Versprechen der pluralen Demokratie, Bielefeld 2019.
Frevert 2001
Ute Frevert, Die kasernierte Nation. Militärdienst und Zivilgesellschaft in Deutschland, München 2001.
Fulchiron 2017
Hugues Fulchiron, Les enjeux contemporains du droit français de la nationalité à la lumière de son histoire, in: Pouvoirs 160 (2017), H. 1, S. 7–17.
Gargas 1928
Sigismund Gargas, Die Staatenlosen, in: Bibliotheca Visseriana. Dissertationum Ius Internationale Illustrantium, Leiden 1928, S. 1–130.
Gatrell 2015
Peter Gatrell, The Making of the Modern Refugee, Oxford 2015.
Gay 1996
Peter Gay, Kult der Gewalt. Aggression im bürgerlichen Zeitalter, München 1996.
Gemeinsame Erklärung der Außenminister 1991
Gemeinsame Erklärung der Außenminister von Deutschland, Frankreich und Polen zur Zukunft Europas, Weimar, 29. August 1991, https://www.auswaertiges-amt.de/de/aussenpolitik/

europa/zusammenarbeit-staaten/-/199100 [18. 3. 2022].

Gerson 2006
Daniel Gerson, Die Kehrseite der Emanzipation in Frankreich. Judenfeindschaft im Elsass 1778 bis 1848, Essen 2006.

Glaser 1992
Hubert Glaser (Hrsg.), Krone und Verfassung. König Max I. Joseph und der neue Staat, München 1992.

Górny u. a. 2007
Agata Górny u. a., Selective Tolerance? Regulation, Practice and Discussion Regarding Dual Citizenship in Poland, in: Thomas Faist (Hrsg.), Dual Citizenship in Europe. From Nationhood to Societal Integration, Aldershot 2007, S. 147–169.

Górny/Pudzianowska 2014
Agata Górny und Dorota Pudzianowska, Same letter, New Spirit. Nationality regulations and their implementation in Poland, in: Rainer Bauböck u. a. (Hrsg.), Citizenship Policies in the New Europe, Amsterdam 2014, S. 123–149.

Gosewinkel 2003
Dieter Gosewinkel, Einbürgern und Ausschließen. Die Nationalisierung der Staatsangehörigkeit vom Deutschen Bund bis zur Bundesrepublik Deutschland, Göttingen 2003.

Gosewinkel 2016
Dieter Gosewinkel, Schutz und Freiheit? Staatsbürgerschaft in Europa im 20. und 21. Jahrhundert, Berlin 2016.

Gosewinkel 2019 a
Dieter Gosewinkel, An der Grenze des Universalismus. Staatsbürgerschaft in der Geschichte Europas im 20. und 21. Jahrhundert, in: Peter Geiss u. a. (Hrsg.), Eine Wertordnung für die Welt? Universalismus in Geschichte und Gegenwart, Baden-Baden 2019, S. 289–308.

Gosewinkel 2019 b
Dieter Gosewinkel, »Staatsbürgerschaft« als interdisziplinäres Feld historischer Forschung, in: Julia Angster u. a. (Hrsg.), Staatsbürgerschaft im 19. und 20. Jahrhundert, Tübingen 2019, S. 1–77.

Gosewinkel 2021
Dieter Gosewinkel, Struggles for Belonging. Citizenship in Europe, 1900–2020, Oxford 2021.

Gosewinkel/Masing 2006
Dieter Gosewinkel und Johannes Masing (Hrsg.), Die Verfassungen in Europa 1789–1949. Eine wissenschaftliche Textedition, München 2006.

Goyer/Sepulveda 2011
David S. Goyer und Miguel Sepulveda, The Incident. A short story, in: Action Comics #900, New York 2011.

Green/Weil 2009
Nancy L. Green und François Weil (Hrsg.), Citizenship and those who leave. The Politics of Emigration and Expatriation, Urbana 2009.

Hagemann 2002
Karin Hagemann, »Mannlicher Muth und Teutsche Ehre«. Nation, Militär und Geschlecht zur Zeit der Antinapoleonischen Kriege Preußens, Paderborn u. a. 2002.

Halder 2014
Lucia Halder, Louise Otto-Peters, 2014, https://www.dhm.de/lemo/biografie/louise-peters-otto [18. 3. 2022].

Harpaz/Mateos 2019
Yossi Harpaz und Pablo Mateos, Strategic Citizenship. Negotiation Membership in the Age of Dual Nationality, in: Journal of Ethnic and Migration Studies 45 (2019), H. 6, S. 843–857.

Hause 1987
Steven C. Hause, Hubertine Auclert. The French Suffragette, New Haven/London 1987.

Hausteiner 2005
Eva Maria Hausteiner, Greater than Rome. Neubestimmungen britischer Imperialität 1870–1914, Frankfurt a. M. 2005.

Herbert 1999
Ulrich Herbert, Fremdarbeiter. Politik und Praxis des »Ausländer-Einsatzes« in der Kriegswirtschaft des Dritten Reiches, Bonn 1999.

Herzig 2010
Arno Herzig, 1650–1815. Territorialstaat und Schutzjudentum, in: Informationen zur politischen Bildung 307: Jüdisches Leben in Deutschland, Bonn 2010.

Hippel 1792
Theodor Gottlieb von Hippel, Über die bürgerliche Verbesserung der Weiber, Berlin 1792.

Jagielski 1998
Jacek Jagielski, Obywatelstwo polskie. Zagadnienia podstawowe, Warschau 1998.

Joppke 2021
Christian Joppke, Earned Citizenship, in: European Journal of Sociology 62 (2021), H. 1, S. 1–35.

Jung-Kaiser/Kruse 2010
Ute Jung-Kaiser und Matthias Kruse (Hrsg.), Chopin, der Antistar, Hildesheim 2010.

Kacprzak 2011
Paweł Kacprzak, Weryfikacja narodowościowa ludności rodzimej i rehabilitacja tzw. »volksdeutschów« w latach 1945–1949, in: Czasopismo Prawno-Historyczne 63 (2011), H. 2, S. 149–164.

Kaelble 2021
Hartmut Kaelble, Historisch vergleichen. Eine Einführung, Frankfurt a. M./New York 2021.

Kerber 2007
Linda K. Kerber, The Stateless as the Citizen's Other. A View from the United States, in: The American Historical Review 112 (2007), H. 1, S. 1–34.

Kettner 1978
James H. Kettner, The Development of American Citizenship 1608–1870, Chapel Hill/NC 1978.

Kleßmann 1978
Christoph Kleßmann, Polnische Bergarbeiter im Ruhrgebiet 1870–1945. Soziale Integration und nationale Subkultur einer Minderheit in der deutschen Industriegesellschaft, Göttingen 1978.

Kleßmann 1992
Christoph Kleßmann, Polen in Deutschland, in: Ewa Kobylinska u. a. (Hrsg.), Deutsche und Polen. 100 Schlüsselbegriffe, München 1992, S. 493–499.

Kollmeier 2013
Kathrin Kollmeier, Eine »Anomalie« des Rechts als Politikum. Die internationale Verhandlung von Staatenlosigkeit 1919–1930, in: Zeitschrift für Neuere Rechtsgeschichte 35 (2013), H. 3–4, S. 193–208.

Kollmeier 2019
Kathrin Kollmeier, Das Nansen-Zertifikat. Ein ambivalentes Schlüsseldokument des ersten internationalen Flüchtlingsregimes, in: Zeithistorische Forschungen/Studies in Contemporary History, Online-Ausgabe, 16 (2019), H. 2, S. 354–362.

Kołodziej 1982
Edward Kołodziej, Wychodźstwo zarobkowe z Polski 1918–1939. Studia nad polityką emigracyjną II RP, Warschau 1982.

Kowalski 2018
David Kowalski, Polens letzte Juden. Herkunft und Dissidenz um 1968, Göttingen 2018.

Kraft 2007
Claudia Kraft, Wie wird man Pole?, in: Rudolf von Thadden u. a. (Hrsg.), Europa der Zugehörigkeiten. Integrationswege zwischen Ein- und Auswanderung, Göttingen 2007, S. 113–133.

Kramer 1994
Larry Kramer, Understanding Federalism, in: Vanderbilt Law Review 47 (1994), H. 5, S. 1485–1561.

Krzywiec 2006
Grzegorz Krzywiec, Artikel »Kuczalska-Reinschmit (Reinschmidt), Paulina Jadwiga (1859–1921)«, in: Francisca de Haan u. a. (Hrsg.), A Biographical Dictionary of Women's Movements and Feminisms. Central, Eastern, and South Eastern Europe, 19th and 20th Centuries, Budapest/New York 2006, S. 274–276.
Kutz 2004
Martin Kutz (Hrsg.), Gesellschaft, Militär, Krieg und Frieden im Denken von Wolf Graf von Baudissin, Baden-Baden 2004.
Lamarche 2019
Karine Lamarche, »Si grand-père savait …« Le recours des Israéliens ashkénazes aux nationalités européennes de leurs ascendants, in: Genèses 116 (2019), H. 3, S. 27–48.
Le Fur 2013
Yves Le Fur, How can one be Oceanian? The display of Polynesian »cannibals« in France, in: Barbara Creed und Jeanette Hoorn (Hrsg.), Body Trade. Captivity, Cannibalism and Colonialism in the Pacific, London 2013, S. 36–46.
Lefebvre 2014
Noémi Lefebvre, Vive l'apatride, 18. 2. 2014, https://blogs.mediapart.fr/noemi-lefebvre/blog/180214/vive-lapatride [18. 3. 2022].
Lilla 2004
Joachim Lilla, Artikel »Forster, Albert«, in: Statisten in Uniform. Die Mitglieder des Reichstags 1933–1945. Ein biographisches Handbuch. Unter Einbeziehung der völkischen und nationalsozialistischen Reichstagsabgeordneten ab Mai 1924, bearb. von Joachim Lilla, unter Mitarbeit von Martin Döring und Andreas Schulz, Düsseldorf 2004, S. 148 f.
Lotz 1995
Jürgen Lotz, Frédéric Chopin, Reinbek 1995.
Lucassen 2005
Leo Lucassen, The Immigrant Threat. The Integration of Old and New Migrants in Western Europe since 1850, Urbana/IL 2005.
Maas 2021
Willem Maas, European Citizenship in the Ongoing Brexit Process, in: International Studies 58 (2021), H. 2, S. 168–183.
Madajczyk 2001
Piotr Madajczyk, Niemcy polscy 1944–1989, Warschau 2001.
Markiewicz 1993
Barbara Markiewicz (Hrsg.), Obywatel. Odrodzenie pojęcia, Warschau 1993.
Marshall 1950
T. H. Marshall, Citizenship and Social Class, Cambridge/UK 1950.
Mau 2015
Steffen Mau, Inequality, Marketization and the Majority Class, Basingstoke 2015.
Mau 2021
Steffen Mau, Sortiermaschinen. Die Neuerfindung der Grenze im 21. Jahrhundert, München 2021.
Mayer 2010
Michael Mayer, »Die französische Regierung packt die Judenfrage ohne Umschweife an«. Vichy-Frankreich, deutsche Besatzungsmacht und der Beginn der »Judenpolitik« im Sommer/Herbst 1940, in: Vierteljahrshefte für Zeitgeschichte 58 (2010), H. 3, S. 329–364.
Mażewski 2017
Lech Mażewski, Królestwo Polskie 1815–1874. Powstanie i upadek państwa, in: Przegląd Sejmowy 139 (2017), H. 2, S. 51–73.
Mazouz 2016
Sarah Mazouz, Politiques de la délégitimation: de la remise en cause de la double nationalité au projet d'extension de la déchéance de nationalité, in: Mouvements 88 (2016), H. 4, S. 159–167.

McMillan 2000
James F. McMillan, France and Women 1789–1914. Gender, Society and Politics, London/New York 2000.
Menke 2007
Christoph Menke, The »Aporias of Human Rights« and the »One Human Right«. Regarding the Coherence of Hannah Arendt's Argument, in: Social Research 74 (2007), H. 3, S. 739–762.
Metz 2017
Annie Metz, Éventail suffragiste, 1914, in: L'Histoire par l'image, 2017, https://histoire-image.org/de/etudes/eventail-suffragiste-1914 [18. 3. 2022].
Milanović 2016
Branko Milanović, Die ungleiche Welt. Migration, das Eine Prozent und die Zukunft der Mittelschicht, Berlin 2016.
Moch 2003
Leslie P. Moch, Moving Europeans. Migration in Western Europe since 1650, Bloomington 2003.
Münkler 2004
Herfried Münkler, Die neuen Kriege, Hamburg 2004.
Neitzel 2020
Sönke Neitzel, Deutsche Krieger. Vom Kaiserreich zur Berliner Republik – eine Militärgeschichte, Berlin 2020.
Noiriel 2006
Gérard Noiriel, Le creuset français. Histoire de l'immigration (XIXe–XXe siècle), Paris 2006.
Offen 2018
Karen Offen, Debating the Woman Question in the French Third Republic, 1870–1920, Cambridge/New York 2018.
Oltmer 2005
Jochen Oltmer, Migration und Politik in der Weimarer Republik, Göttingen 2005.
Oltmer 2012
Jochen Oltmer, Prekäre Duldung und aktive Intoleranz. Das Schicksal jüdischer Flüchtlinge in der Weimarer Republik, in: Berlin Transit. Jüdische Migranten aus Osteuropa in den 1920er Jahren, Göttingen 2012, S. 34–36.
Piketty 2014
Thomas Piketty, Das Kapital im 21. Jahrhundert, München 2014.
Piper 2018
Ernst Piper, Rosa Luxemburg. Ein Leben, München 2018.
Planert 2000
Ute Planert, Die Nation als »Reich der Freiheit« für Staatsbürgerinnen: Louise Otto zwischen Vormärz und Reichsgründung, in: Dies. (Hrsg.), Nation, Politik und Geschlecht. Frauenbewegungen und Nationalismus in der Moderne, Frankfurt a. M./New York 2000, S. 113–130.
Ponty 1988
Janine Ponty, Polonais méconnus. Histoire des travailleurs immigrés en France dans l'entre-deux-guerres, Paris 1988.
Pudzianowska 2013
Dorota Pudzianowska, Obywatelstwo w procesie zmian, Warschau 2013.
Radomska 2019
Malgorzata Radomska, What is »migration policy«? The case study of migration policy of the Second Republic of Poland (1918–1939), Paris 2019.
Rass 2010
Christoph Rass, Institutionalisierungsprozesse auf einem internationalen Arbeitsmarkt. Bilaterale Wanderungsverträge in Europa zwischen 1919 und 1974, Paderborn 2010.
Rockwell 2003
Sara Rockwell, The Life and Legacy of Marie Curie, in: Yale Journal of Biology and Medicine 76 (2003), H. 4–6, S. 167–180.
Rosental 2006
Paul-André Rosental, Géopolitique et État-providence. Le Bureau International

du Travail et la politique mondiale des migrations dans l'entre-deux-guerres, in: Annales HSS 61 (2006), H. 1, S. 99–134.

Ruprecht/Seekamp 2016
Anne Ruprecht und Mirco Seekamp, Fußballstar: Urgroßvater als »Kannibale« in Hagenbecks Tierpark ausgestellt, 2016, https://www.ndr.de/fernsehen/sendungen/panorama3/Fussballstar-Urgrossvater-als-Kannibale-in-Hagenbecks-Tierpark-ausgestellt,hagenbeck1384.html [18. 3. 2022].

Rürup 2011
Miriam Rürup, Staatenlosigkeit als Entmenschlichung. Hannah Arendt, The Origins of Totalitarianism (1951), in: Uffa Jensen u. a. (Hrsg.), Gewalt und Gesellschaft. Klassiker modernen Denkens neu gelesen, Göttingen 2011, S. 226–237.

Rürup 2014
Miriam Rürup, The Citizen and its Other. Zionist and Israeli Responses to Statelessness, in: Leo Baeck Institute Year Book 59 (2014), H. 1, S. 37–52.

Rürup 2016
Miriam Rürup, The Right to be Stateless. Dealing with Statelessness after World War II, in: Jahrbuch des Simon-Dubnow-Instituts XV (2016), S. 265–286.

Rürup 2018
Miriam Rürup, Wie aus Deutschen Juden wurden. Staatsangehörigkeit von Jüdinnen und Juden in den 1930er Jahren, in: Alina Bothe und Gertrud Pickhan (Hrsg.), Ausgewiesen! Berlin, 28. 10. 1938. Die Geschichte der »Polenaktion«, Berlin 2018, S. 50–59.

Saada 2007 a
Emmanuelle Saada, Le »modèle républicain« de la citoyenneté au miroir de la colonisation, in: Daniel Hémery und Benjamin Stora (Hrsg.), Histoires coloniales. Héritages et transmissions, Paris 2007, S. 75–81.

Saada 2007 b
Emmanuelle Saada, Les enfants de la colonie. Les métis de l'Empire français entre sujétion et citoyenneté, Paris 2007.

Sachs 1984
Michael Sachs, Die Merkmale verfassungsgesetzlicher Unterscheidungsverbote in Deutschland vom Ende des alten Reiches bis zum Grundgesetz, in: Der Staat 23 (1984), H. 4, S. 549–576.

Salmonowicz 2016
Stanisław Salmonowicz, Status prawny Polaka pod okupacją niemiecką (1939–1945). Uwagi o potrzebie badań, in: Krakowskie Studia z Historii Państwa i Prawa 9 (2016), H. 3, S. 345–360.

Schenk 2000
Dieter Schenk, Hitlers Mann in Danzig. Gauleiter Forster und die NS-Verbrechen in Danzig-Westpreußen, Bonn 2000.

Schmidt 2011
Sabine Maria Schmidt, Vom Potential des kulturellen Hackens – Anmerkungen zum kuratorischen Konzept, in: Hacking the City. Interventionen in urbanen und kommunikativen Räumen, hrsg. von Sabine Maria Schmidt, Museum Folkwang, Göttingen 2011, S. 12–15.

Schoeps 2013
Julius H. Schoeps, Von der Untertanenloyalität zum Bürgerpatriotismus. Preußen, die Juden und die Anfänge des Identifikationsprozesses zu Beginn des 19. Jahrhunderts, in: Irene A. Diekmann (Hrsg.), Das Emanzipationsedikt von 1812 in Preußen. Der lange Weg der Juden zu »Einländern« und »preußischen Staatsbürgern«, Berlin/Boston 2013, S. 6–19.

Schönberger 2005
Christoph Schönberger, Unionsbürger. Europas föderales Bürgerrecht in vergleichender Sicht, Tübingen 2005.

Schötz 2018
Susanne Schötz, Politische Partizipation und Frauenwahlrecht bei Louise Otto-

Peters, in: Hedwig Richter und Kerstin Wolff (Hrsg.), Frauenwahlrecht. Demokratisierung der Demokratie in Deutschland und Europa, Hamburg 2018, S. 187–220.

Seville 2016
Adrian Seville, The Royal Game of the Goose. 400 Years of Printed Board Games, New York 2016.

Siewer/Weizsäcker 2021
Tilo Siewer und Esther Weizsäcker, Stellungnahme für die Anhörung am 7.6.2021, Ausschuss für Inneres und Heimat, Deutscher Bundestag, Ausschussdrucksache 19(4)860B.

Skąpska 2001
Grażyna Skąpska, Zwischen Kollektivismus und Individualismus. Staatsbürgerschaft in der polnischen Verfassungsgeschichte, in: Christoph Conrad und Jürgen Kocka (Hrsg.), Staatsbürgerschaft in Europa. Historische Erfahrungen und aktuelle Debatten, Hamburg 2001, S. 255–278.

Smith, Douglas G. 1997
Douglas G. Smith, An Analysis of Two Federal Structures. The Articles of Confederation and the Constitution, in: San Diego Law Review 34 (1997), H. 1, S. 250–342.

Smith, Rogers M. 1997
Rogers M. Smith, Civic Ideals. Conflicting Visions of Citizenship in U. S. History, New Haven/CT 1997.

Snowden 2013
Edward Snowden, Statement, 1.7.2013, https://wikileaks.org/Statement-from-Edward-Snowden-in.html [18.3.2022].

Snyder 2012
Timothy Snyder, Bloodlands. Europe between Hitler and Stalin, Philadephia 2012.

Soysal 1994
Yasemin Soysal, Limits of Citizenship, Chicago 1994.

Stefaniuk 2009
Małgorzata Stefaniuk, Preambuła aktu normatywnego w doktrynie oraz w procesie stanowienia i stosowania polskiego prawa w latach 1989–2007, Lublin 2009.

Stegmann 2000
Natali Stegmann, Die Töchter der geschlagenen Helden. »Frauenfrage«, Feminismus und Frauenbewegung in Polen 1863–1919, Wiesbaden 2000.

Sternfeld 2018
Nora Sternfeld, Das radikaldemokratische Museum, Berlin 2018.

Stola 2000
Dariusz Stola, Kampania antysyjonistyczna w Polsce 1967–1968, Warschau 2000.

Stolleis 1994
Michael Stolleis, Recht im Unrecht. Studien zur Rechtsgeschichte des Nationalsozialismus, Frankfurt a. M. 1994.

Streeck 2016
Wolfgang Streeck, How Will Capitalism End?, London 2016.

Sumpf 2017
Alexandre Sumpf, Le vote des femmes en France: le »référendum« du 26 avril 1914, in: L'Histoire par l'image, 2017, https://histoire-image.org/de/etudes/vote-femmes-france-referendum-26-avril-1914 [18.3.2022].

Szlanta 2016
Piotr Szlanta, Niechciani Polacy, in: Polityka – Pomocnik Historyczny 2 (2016).

The Economist 10.7.2021
Some Britons crave permanent pandemic lockdown, in: The Economist, 10.7.2021.

Thode-Arora 2014
Hilke Thode-Arora, From Samoa with Love? Samoa-Völkerschauen im Deutschen Kaiserreich. Eine Spurensuche, München 2014.

Tooze 2021
Adam Tooze, Shutdown. How Covid Shook the World's Economy, New York 2021.
Trevisiol 2006
Oliver Trevisiol, Die Einbürgerungspraxis im Deutschen Reich 1871–1945, Göttingen 2006.
Van der Mei 2002
Anne Pieter van der Mei, Freedom of Movement for Indigents. A Comparative Analysis of American Constitutional Law and European Community Law, in: Arizona Journal of International and Comparative Law 19 (2002), H. 3, S. 803–861.
von Thadden u. a. 2007
Rudolf von Thadden u. a. (Hrsg.), Europa der Zugehörigkeiten. Integrationswege zwischen Ein- und Auswanderung, Göttingen 2007.
Wagner 2020
Izabela Wagner, Bauman. A Biography, Cambridge 2020.
Wahl 1974
Alfred Wahl, L'option et l'émigration des Alsaciens- Lorrains (1871–1872), Paris 1974.
Weil 1995
Patrick Weil, La France et ses étrangers. L'aventure d'une politique de l'immigration de 1938 à nos jours, Paris 1995.
Weil 2002
Patrick Weil, Qu'est-ce qu'un Français? Histoire de la nationalité française depuis la Révolution, Paris 2002.
Weil 2003
Patrick Weil, Nationalité: l'originalité française, in: Études 398 (2003), H. 3, S. 321–331.
Weil 2004
Patrick Weil, Qu'est-ce qu'un Français? Histoire de la nationalité française depuis la Révolution, erw. Aufl., Paris 2004.
Weil 2011
Patrick Weil, From Conditional to Secured and Sovereign. The New Strategic Link Between the Citizen and the Nation-State in a Globalized World, in: International Journal of Constitutional Law 9 (2011), H. 3/4, S. 615–635.
Weil 2013
Patrick Weil, The Sovereign Citizen. Denaturalization and the Origins of the American Republic, Philadelphia 2013.
Weil 2020
Patrick Weil, Avant-propos, in: Jules Lepoutre, Nationalité et Souveraineté, Paris 2020, S. XVII–XIX.
Weis 2005
Eberhard Weis, Montgelas. Bd. 2: Der Architekt des modernen bayerischen Staates 1799–1838, München 2005.
Weis 2008
Eberhard Weis, Montgelas 1759–1838. Eine Biographie, München 2008.
Wichmann 2014
Manfred Wichmann, Herschel Grynszpan, 2014, https://www.dhm.de/lemo/biografie/herschel-grynszpan [18. 3. 2022].
Willms 2019
Johannes Willms, Der General. Charles de Gaulle und sein Jahrhundert, München 2019.
Wolf 2020
Martin Wolf, Democracy will fail if we don't think as citizens, in: Financial Times, 6. 7. 2020.
Zalc 2016
Claire Zalc, Dénaturalisés. Les retraits de nationalité sous Vichy, Paris 2016.
Zawiszewska 2016
Agata Zawiszewska, Aktivitätsmodelle der deutschen Frauenbewegung um die Wende vom 19. zum 20. Jahrhundert in gesellschaftlicher und publizistischer Tätigkeit von Paulina Kuczalska-Reinschmit, in: Colloquia Germanica Stetinensia 25 (2016), S. 101–120.

Zimmer 2003
Oliver Zimmer, A Contested Nation. History, Memory and Nationalism in Switzerland, 1761–1891, Cambridge/UK 2003.

Zolberg 2009
Aristide R. Zolberg, The Exit Revolution, in: Nancy L. Green und François Weil (Hrsg.), Citizenship and those who leave. The Politics of Emigration and Expatriation, Urbana 2009, S. 33–60.

Autorinnen und Autoren

Maximilian Auth, M. A.
Wissenschaftlicher Volontär *Staatsbürgerschaften. Frankreich, Polen, Deutschland seit 1789*

Dr. Sabine Beneke
Sammlungsleiterin Kunst – Gemälde und Skulpturen, Deutsches Historisches Museum, Berlin

Dorlis Blume, M. A.
Fachbereichsleiterin Sonderausstellungen und Projekte, Deutsches Historisches Museum, Berlin; Projektleiterin *Staatsbürgerschaften. Frankreich, Polen, Deutschland seit 1789*

Dr. Monika Boll
Philosophin und Kuratorin, Düsseldorf

Dr. Jens Boysen
Professor für Internationale Beziehungen am Collegium Civitas, Warschau

Dr. Wolfgang Cortjaens
Sammlungsleiter Angewandte Kunst und Grafik, Deutsches Historisches Museum, Berlin

Dr. Marie Czarnikow
Wissenschaftliche Mitarbeiterin *Staatsbürgerschaften. Frankreich, Polen, Deutschland seit 1789*

Prof. Dr. Andreas Fahrmeir
Professor für Neuere Geschichte an der Goethe-Universität Frankfurt am Main

Julia Franke, M. A.
Sammlungsleiterin Alltagskultur, Deutsches Historisches Museum, Berlin

Dr. des. Lisa Sophie Gebhard
Wissenschaftliche Volontärin *Staatsbürgerschaften. Frankreich, Polen, Deutschland seit 1789*

Prof. Dr. Johanna Gehmacher
Außerordentliche Universitätsprofessorin am Institut für Zeitgeschichte der Universität Wien und Sprecherin des Schwerpunktes Frauen- und Geschlechtergeschichte der Historisch-Kulturwissenschaftlichen Fakultät

Prof. Dr. Dieter Gosewinkel
Wissenschaftszentrum Berlin für Sozialforschung und Professor für Neuere Geschichte an der Freien Universität Berlin; Kurator *Staatsbürgerschaften. Frankreich, Polen, Deutschland seit 1789*

Dr. Dominique Hipp
Wissenschaftliche Mitarbeiterin und Referentin Bildung und Vermittlung *Staatsbürgerschaften. Frankreich, Polen, Deutschland seit 1789*

Prof. Dr. Christian Joppke
Professor für Allgemeine Soziologie und Geschäftsführender Direktor, Institut für Soziologie an der Universität Bern

Prof. Dr. Jerzy Kochanowski
Professor an der Fakultät für Kultur- und Kunstwissenschaften der Universität Warschau

Dr. Kathrin Kollmeier
Historikerin und Leiterin der Akademie, der Programmabteilung für Bildung,

Vermittlung und Wissenschaft der Stiftung Humboldt Forum im Berliner Schloss

Prof. Dr. Claudia Kraft
Professorin für Kultur-, Wissens- und Geschlechtergeschichte am Institut für Zeitgeschichte an der Universität Wien

Dr. Crawford Matthews
Referent Bildung und Vermittlung *Staatsbürgerschaften. Frankreich, Polen, Deutschland seit 1789*

Dr. Sarah Mazouz
Soziologin am Centre National de la Recherche Scientifique (CNRS), tätig am Centre d'Études et de Recherches Administratives, Politiques et Sociales (CERAPS)

Dr. Matthias Miller
Leiter der Bibliothek und Sammlungsleiter Handschriften, Alte und wertvolle Drucke, Deutsches Historisches Museum, Berlin

Philine Pahnke, B. A.
Studentische Mitarbeiterin *Staatsbürgerschaften. Frankreich, Polen, Deutschland seit 1789*

David Pfeffer, M. A.
Projektassistent *Staatsbürgerschaften. Frankreich, Polen, Deutschland seit 1789*

Aubrey Pomerance, M. A.
Archivleiter, Jüdisches Museum Berlin

Friedrun Portele-Anyangbe, M. A.
Historikerin, Bildungsreferentin und Inklusionsberaterin, Berlin

Dr. Malgorzata Radomska
Leiterin des Department of Responsible Management and Leadership University of Winchester

Dr. Lili Reyels
Sammlungsleiterin Finanz- und Wirtschaftsgeschichte, Deutsches Historisches Museum, Berlin

Prof. Dr. Miriam Rürup
Direktorin des Moses Mendelssohn Zentrums für europäisch-jüdische Studien und Professorin an der Universität Potsdam

Prof. Dr. Christoph Schönberger
Professor für Staatsrecht, Staatsphilosophie und Recht der Politik sowie Direktor des Seminars für Staatsphilosophie und Rechtspolitik der Universität zu Köln

Paulina Szoltysik, M. A.
Wissenschaftliche Mitarbeiterin *Staatsbürgerschaften. Frankreich, Polen, Deutschland seit 1789*

Prof. Dr. Patrick Weil
Professor für Rechtswissenschaften an der Yale Law School in New Haven, Connecticut und Forschungsdirektor am Centre National de la Recherche Scientifique (CNRS) der Sorbonne, Paris

Dr. Sabine Witt
Sammlungsleiterin Alltagskultur, Deutsches Historisches Museum, Berlin

Personenregister

Bildnachweis

Deutschland

Berlin, Bundesarchiv, 75, 123
Berlin, bpk/DeAgostini/New Picture Library/A. Dagli Orti, 74; bpk/RMN – Grand Palais/Stéphane Maréchalle, 132; Foto: Heinrich Hoffmann, 180
Berlin, Deutsches Historisches Museum, Fotos: Sebastian Ahlers/Indra Desnica/Arne Psille, 45, 46, 59, 62, 69, 71, 73, 83, 91, 92, 93, 94, 96, 97, 110, 133, 137, 138, 141, 143, 146, 148, 154, 155, 166, 176, 177, 178, 185, 196, 200, 201
Berlin, DDR Museum, 62
Berlin, Deutsche Kinemathek, 184
Berlin, Geheimes Staatsarchiv Preußischer Kulturbesitz, 70
Berlin, IMAGO, Foto: Uwe Kraft, 161
Berlin, Jüdisches Museum Berlin, 136
Bonn, Stiftung Haus der Geschichte der Bundesrepublik Deutschland, 167, 216
Frankfurt a. M., dpa Picture-Alliance, Foto: Felix Kästle, 225; dpa Picture-Alliance, Foto: Alejandro Ernesto, 226
Frankfurt a. M., Jüdisches Museum Frankfurt am Main, 185
Kassel, Archiv der deutschen Frauenbewegung, Addf-NL-K-08/197–3, 111; A-F_NLK08-39-01, 117
Köln, Dimitri Broido, 218
Köln, Sammlung M. Bechhaus-Gerst, 159
München, Bayerisches Hauptstaatsarchiv, Verfassungsurkunden 2, BayHStA, Landtag 10 190, 55
München, Olga Mannheimer, 203
Rostock, Universität Rostock, 118

Frankreich

Aix-en-Provence, Centre d'Archives nationales d'outre-mer, 157
Lawarde, Centre Historique Minier, 35
Mulhouse, Musée des Beaux-Arts de Mulhouse, Foto: Christian Kempf, 194
Nanterre, La Contemporaine, Foto: Armand Adrien Marie Apol »Collection La contemporaine« LC_AFF_30232_19, 104, 179
Paris, Archives de la Préfecture de Police, IC 22 – dossier 32533, 72
Paris, Bibliothèque Marguerite Durand, 111, 116
Paris, Bibliothèque nationale de France, 90, 120, 156
Paris, Frédéric Arnold, 170
Paris, Keystone-France/Gamma Rapho, 34
Paris, Mémorial de la Shoah, 139
Paris, Musée Carnavalet, 100
Paris, Musée national de l'histoire de l'immigration, Foto: Lorenzö, ©Plantu, 39
Paris, Rassemblement National, 158
Saint-Branchs, Serge Orivel, 79, 82

Strasbourg, Musée Alsacien, Foto: Mathieu Bertola, 195

Polen

Gdina, Muzeum Emigracji w Gdyni, MEG/D/951, 28
Warschau, Archiwum Akt Nowych, 29
Warschau, Biblioteka Narodowa, 27, 115
Warschau, Centrum Informacyjno-Konsultacyjne Służb Zatrudnienia, 68
Warschau, Mazowiecki Urząd Wojewódzki, 169
Warschau, Muzeum Historii Żydów Polskich POLIN, 197
Warschau, Muzeum Narodowe w Warszawie, Foto: Krzysztof Wilczyński, 44
Warschau, Muzeum Niepodległości, 51, 124
Warschau, TVN, 214

Schweiz

Basel, Staatsarchiv Basel-Stadt, JD-REG 6a 6-3-1 (1) 1, 114

USA

New York, bpk/The Jewish Museum/Art Resource, 135
Seattle, Keystone-France via Getty Images, 160, 199

Nachweis der literarischen Zitate

Seite 10: Bertolt Brecht, Flüchtlingsgespräche, erw. Ausgabe, Frankfurt a. M. 2020, S. 7.

Seite 18: Stefan Zweig, Die Welt von gestern. Erinnerungen eines Europäers, Berlin/Weimar 1985, S. 432.

Seite 64: Elisa Diallo, Französisch verlernen. Mein Weg nach Deutschland, Berlin 2021, S. 30.

Seite 86 oben: Kurt Georg Kiesinger, Die Aufgaben der Bundeswehr im demokratischen Staat. Rede von Bundeskanzler Dr. h. c. Kurt Georg Kiesinger auf dem Festakt anläßlich der 8. Hauptversammlung des Deutschen Bundeswehr-Verbandes am 18. Juni 1969 in Bad Godesberg. Auszug aus der Wehrdebatte des Deutschen Bundestages vom 27. Juni 1969, hg. vom Presse- und Informationsamt der Bundesregierung, 1969, S. 18.

Seite 86 unten: Willy Brandt, Regierungserklärung, 28. Oktober 1969: https://www.1000dokumente.de/index.html?c=dokument_de&dokument=0021_bra&object=translation&l=de [05. 04. 2022].

Seite 106: Louise Otto-Peters, Sieg, in: Neue Bahnen 5 (1870), Nr. 18, S. 137–138.

Seite 128: Marcel Reich-Ranicki, Mein Leben, München 2000, S. 11.

Seite 150: Theodor Michael, Deutsch sein und schwarz dazu. Erinnerungen eines Afro-Deutschen, München 2015, S. 51.

Seite 172: Helga Novak, solange noch Liebesbriefe eintreffen. Gesammelte Gedichte, Frankfurt a. M. 1999, S. 34.

Seite 190: Ruth Klüger, weiter leben. Eine Jugend, München 1994, S. 30–31.

Seite 208: Saša Stanišić, Herkunft, München 2019, S. 32–33.

Impressum

Staatsbürgerschaften. Frankreich, Polen, Deutschland seit 1789
Eine Ausstellung des
Deutschen Historischen Museums
1. Juli 2022 bis 15. Januar 2023

DEUTSCHES HISTORISCHES MUSEUM

Gefördert von:

Die Beauftragte der Bundesregierung für Kultur und Medien

Ausstellung

Präsident
Raphael Gross

Abteilungsdirektorin Ausstellungen
Ulrike Kretzschmar

Projektleitung
Dorlis Blume

Kurator
Dieter Gosewinkel

Wissenschaftliche Mitarbeiterinnen
Marie Czarnikow, Paulina Szoltysik

Projektassistenz
David Pfeffer

Fachbeirat
Andreas Fahrmeir, Claudia Kraft, Sarah Mazouz, Pierre Monnet, Joachim von Puttkamer, Katarzyna Stokłosa, Dariusz Stola, Claire Zalc

Wissenschaftliche Beratung
Werner Konitzer

Visuelle Beratung
Mason Leaver-Yap

Ausstellungsgestaltung
Ingrid Jebram, Kira Soltani Schirazi

Registrar
Nicole Schmidt

Wissenschaftlicher Volontär und Volontärin
Maximilian Auth, Lisa Sophie Gebhard

Studentische Mitarbeiter und Mitarbeiterinnen
Dalila Daut, Philine Pahnke, Johanna Riedel, Jelle Spieker

Praktikanten
Carl Brockmeier Cenerelli, Antonia Wind

Bildung und Vermittlung
Brigitte Vogel-Janotta (Leitung), Verena Günther, Felix Hampel, Dominique Hipp, Crawford Matthews, Maciej Peplinski, Juliane Phieler, Wenke Wegner (Referententeam)
Ines Baginski, Andrea Schenk (Besucherservice)

Inklusion und Barrierefreiheit
Allgemeiner Blinden- und Sehbehindertenverein Berlin gegr. 1874 e. V.
Deutsches Zentrum für barrierefreies Lesen (dzb lesen), Leipzig
Fabian Müller, Prüfzentrum Leichte Sprache Schwaben, Donauwörth
Charlotte Röttger, München
Sign Support, Berlin
Tactile Studio, Berlin
yomma GmbH, Berlin

Ausstellungslektorat
Dorit Aurich, Rhodes Barrett, Stephen Locke, Berlin

Übersetzungen
Rhodes Barrett, John Berwick, Ewa Czerwiakowski, Stephen Locke, Valentine Meunier

Ausstellungsgrafik
BOK + Gärtner GmbH, Berlin/Münster

Grafikproduktion
Digidax, Potsdam

Mediengestaltung/Medientechnik
Sebastian Rau, Rolf Schmidt, Berlin

Medieninstallation
Eidotech GmbH, Berlin

Bildarchiv
Anne-Dorte Krause, Claudia Küchler

Fotoarbeiten
Sebastian Ahlers, Indra Desnica

Konservatorische Betreuung
Martina Homolka (Leitung), Michaela Brand, Kay Draber, Elke Enzmann, Julia Garve, Juliane Girndt, Ulrike Hügle, Barbara Korbel, Mathias Lang, Antje Liebers, Matthes Nützmann, Hannah Pesch, Theresa Schlagheck, Claartje van Haaften, Judith Zimmer

Passepartourierung/Rahmung
Sabina Fernández-Weiß

Ausstellungsaufbau/Werkstätten
Nicholas Kaloplastos (Leitung), Jens Albert, Sven Brosig, Christin Elle, Anette Forkert, Susanne Hennig, Torsten Ketteniß, Kai-Evert Kriege, Katrin Kunze, Holger Lehmann, Jörg Petzold, Ralf Schulze, Thomas Strehl, Stefan Thimm, Gunnar Wilhelm

Malerarbeiten
Malermeister Antosch, Berlin

Tischlerarbeiten
Max Leppinius GmbH Messebauten, Berlin

Objektmontage
Abrell & van den Berg – Ausstellungsservice GbR, Berlin

Sammlungen
Fritz Backhaus (Abteilungsdirektor), Wolfgang Cortjaens, Julia Franke, Thomas Jander, Carola Jüllig, Matthias Miller, Brigitte Reineke, Andrea von Hegel, Thomas Weißbrich, Sabine Witt

Kommunikation
Stephan Adam (Abteilungsdirektor), Ina Fodermann, Laura Groschopp, Desirée Hennecke, Jenny Jakubik, Henning Koch, Daniela Lange, Ilka Linz, Jana Nawrot, Berit Pohns, Nicola Schnell, Peter Schützhold, Oliver Schweinoch, Sonja Trautmann, Fee Wüstenberg

Wissenschaftliches Programm
Nike Thurn

Filmreihe
Mathias Barkhausen, Jörg Frieß, Frederik Lang

Hörführung
Janina Wurbs, Köln
K13, Kinomischung und Tonstudio, Berlin
soundgarden audioguidance GmbH, München

IT
Gerhard Schmitt (Leitung), Björn Eichberg, Jan-Dirk Kluge, Uwe Naujack, Magnus Wagner

Controlling
Lina Lassak, Ramona Selchow

Ausstellungsplakat
Studio Santiago da Silva, Berlin

Begleitpublikation

Staatsbürgerschaften.
Frankreich, Polen, Deutschland seit 1789

Herausgegeben von
Dorlis Blume, Dieter Gosewinkel
und Raphael Gross
für das Deutsche Historische Museum

Redaktion
Dorlis Blume, Dieter Gosewinkel

Bildredaktion
David Pfeffer

Lektorat
Dorit Aurich

Übersetzungen
Rhodes Barrett, Ewa Czerwiakowski, Dieter Gosewinkel, Lydia-Marie Lafforgue, Stephen Locke, Valentine Meunier, Tomasz Nowak

Fotografien
Sebastian Ahlers, Indra Desnica

Koordination und Herstellung
Ilka Linz

Projektleitung Piper
Anne Stadler

Herstellung Piper
Janine Erdmann

Satz
Tobias Wantzen, Bremen

Litho
Lorenz & Zeller, Inning am Ammersee

Druck und Bindung
Pustet, Regensburg

Printed in Germany

Bibliografische Information der Deutschen Nationalbibliothek
Die Deutsche Nationalbibliothek verzeichnet diese Publikation in der Deutschen Nationalbibliografie; detaillierte bibliografische Daten sind im Internet über http://www.dnb.de abrufbar.

ISBN 978-3-492-06439-2

www.dhm.de
https://www.piper.de/

Diese Veröffentlichung ist nach den Regeln der neuen Rechtschreibung gesetzt. Ausnahmen bilden Texte, bei denen künstlerische, philologische oder lizenzrechtliche Gründe einer Änderung entgegenstehen. Die Stiftung Deutsches Historisches Museum bemüht sich um eine geschlechtergerechte Sprache. Die Essays folgen dem Votum der jeweiligen Autoren und Autorinnen. Wenn aus Quellen zitiert wurde, wurden die Originalvorlagen ohne sprachliche Veränderungen wiedergegeben.

Wir bedanken uns bei allen Institutionen und Personen für die Abdruckerlaubnis. Wir haben uns bemüht, alle Copyright-Inhaber/innen ausfindig zu machen und um Abdruckgenehmigung zu bitten. Sollten wir eine Quelle nicht oder nicht vollständig angegeben haben, so bitten wir um Hinweise an die Stiftung Deutsches Historisches Museum, Berlin.